权威·前沿·原创

皮书系列为

“十二五”“十三五”“十四五”时期国家重点出版物出版专项规划项目

BLUE BOOK

智库成果出版与传播平台

吉林省社会科学院智库项目

吉林省城市竞争力蓝皮书

BLUE BOOK OF JILIN PROVINCE'S URBAN COMPETITIVENESS

吉林省城市竞争力报告（2021~2022）

ANNUAL REPORT ON URBAN COMPETITIVENESS OF JILIN PROVINCE (2021-2022)

经济韧性：城市竞争力的新维度

主　　编／崔岳春　赵光远

副 主 编／崔　巍　李冬艳　徐海东

特邀主编／张世彤　孙克强　徐剑峰

社会科学文献出版社

SOCIAL SCIENCES ACADEMIC PRESS (CHINA)

图书在版编目（CIP）数据

吉林省城市竞争力报告：经济韧性：城市竞争力的新维度．2021～2022／崔岳春，赵光远主编．--北京：社会科学文献出版社，2023.2
（吉林省城市竞争力蓝皮书）
ISBN 978-7-5228-1397-4

Ⅰ．①吉… Ⅱ．①崔… ②赵… Ⅲ．①城市-竞争力-研究报告-吉林-2021-2022 Ⅳ．①F299.273.4

中国国家版本馆 CIP 数据核字（2023）第 021794 号

吉林省城市竞争力蓝皮书
吉林省城市竞争力报告（2021~2022）
——经济韧性：城市竞争力的新维度

主　　编／崔岳春　赵光远
副 主 编／崔　巍　李冬艳　徐海东
特邀主编／张世彤　孙克强　徐剑峰

出 版 人／王利民
组稿编辑／任文武
责任编辑／方　丽　张丽丽
文稿编辑／白　银 等
责任印制／王京美

出　　版／社会科学文献出版社·城市和绿色发展分社（010）59367143
地址：北京市北三环中路甲 29 号院华龙大厦　邮编：100029
网址：www.ssap.com.cn
发　　行／社会科学文献出版社（010）59367028
印　　装／天津千鹤文化传播有限公司

规　　格／开　本：787mm×1092mm　1/16
印　张：19.75　字　数：293 千字
版　　次／2023 年 2 月第 1 版　2023 年 2 月第 1 次印刷
书　　号／ISBN 978-7-5228-1397-4
定　　价／128.00 元

读者服务电话：4008918866

《吉林省城市竞争力报告（2021～2022）》
编　委　会

主要编撰者简介

崔岳春 吉林省社会科学院城市发展研究所所长、研究员，中国软科学研究会第五届理事会常务理事，吉林省数量经济学会理事。1985年7月毕业于吉林农业大学。主要从事数量经济、区域经济研究。1992年设计吉林省首个数量经济学模型，并参与历年“吉林蓝皮书”总报告编写。发表《演化经济地理学：新范式还是“新瓶装旧酒”》等文章40余篇。出版《吉林省中部城市群集合效能研究》等专著3本。负责《吉林省科技发展第十二个五年规划》初稿的起草工作，并承担相关的前期研究课题。主持多项省级课题的研究。

赵光远 吉林省社会科学院农村发展研究所所长、研究员，中国软科学研究会第五届理事会常务理事。主要从事科技创新与区域发展研究。出版著作《科技创新引领区域发展》《农业信息化与新农村建设》，发表《吉林省科技创新投入对经济增长贡献的跟踪研究》《新时期科技创新引领区域发展案例研究》《赋予评价体系以人文精神》等文章10余篇。主持、负责完成多项省部级课题。《新时期大图们江地区开发与东北亚经济技术合作研究》获吉林省第九届哲学社会科学优秀成果（论文类）一等奖，《吉林省提升自主创新能力的20条建议》获吉林省第十届哲学社会科学优秀成果（咨询成果类）一等奖。

崔　巍 吉林省社会科学院城市发展研究所副研究员，主要从事科技创新与城市发展相关研究。在核心期刊发表论文6篇，主持各类规划项目及相关部门委托项目20余项，其中省级项目6项。获得吉林省社会科学优秀成果三等奖2项。发表研究报告20余篇，其中4篇研究报告获得省级领导肯定性批示。

李冬艳　吉林省社会科学院农村发展研究所研究员，吉林农业大学特聘教授、硕士研究生导师，吉林省农业与农村发展研究会副会长，松原市决策咨询委员会顾问，省农业农村厅、省工信厅咨询专家。在社会科学文献出版社和吉林人民出版社出版学术专著5部，主持省级项目5项，主持相关部门委托课题20余项，获得吉林省社会科学优秀成果二等奖1项、三等奖2项。发表论文和研究报告50篇，8篇研究报告获得省级及以上领导肯定性批示。

徐海东　就职于中国社会科学院财经战略研究院，经济学博士。《中国城市竞争力报告（No.16）》《中国城市竞争力报告（No.17）》副主编，作为核心成员参与编写《全球竞争力报告》《中国住房发展报告》等著作。

张世彤　吉林省科学技术信息研究所所长、研究员，吉林省第六批拔尖创新人才。先后主持国家级、省级科技计划项目12项；出版多部创新研究著作。

孙克强　江苏省社会科学院财贸研究所所长、研究员，江苏省金融研究院常务副院长。主持承担多项省市委托课题，主编《长三角年鉴》《南京都市圈年鉴》等，研究成果获得江苏省科技进步二等奖。

徐剑峰　浙江省社会科学院区域经济研究所所长、研究员，中国民主建国会会员。主要研究方向为区域经济、台湾经济与产业组织学。

摘　要

本书分为总报告、综合报告、地级市竞争力报告、县级市竞争力报告和比较与借鉴篇五个部分。总报告以“经济韧性：城市竞争力的新维度”为主题，从就业、结构、创新、融合四个维度，对吉林省及其9市（州）的经济韧性进行评价和分析，并指出结构维度和创新维度的问题是吉林省城市韧性和竞争力提升的主要制约因素。综合报告是对2021年吉林省地级市和县级市城市竞争力总体排名和整体情况的分析，较为系统全面地总结了全省各地区2021年城市竞争力的综合发展概况和综合表现。地级市竞争力报告对2021年吉林省8个地级市的竞争力进行分析，通过全面系统地分析各市竞争力发展的现状与优势、问题与不足、现象与规律等，有针对性地提出促进城市竞争力提升的政策建议。县级市竞争力报告对吉林省3个主要县级市的竞争力进行分析，主要从综合经济竞争力和可持续竞争力两个方面分析主要县级市的竞争力发展现状及趋势，以期为全省各县级市的发展提供参考。比较与借鉴篇以吉林省及其他地区的成功实践为研究对象，分析并总结了吉林省碳纤维产业创新联合体建设、吉林省教育信息化发展、吉林省智慧城市建设、吉林省儿童友好城市建设及东北地区国家创新型城市科技创新发展的经验，并以杭州市数字竞争力评价及提升路径为借鉴，提升吉林省城市的发展水平。

关键词： 城市竞争力　经济韧性　产业结构　科技创新　吉林省

目录

Ⅰ 总报告

Ⅱ 综合报告

Ⅲ 地级市竞争力报告

Ⅳ　县级市竞争力报告

Ⅴ　比较与借鉴篇

皮书数据库阅读**使用指南**

总 报 告

General Report

B.1
经济韧性：城市竞争力的新维度

赵光远　程明俊*

摘　要： 韧性时代已经开启，经济韧性决定城市竞争力的稳定性。在此基础上，本报告从就业、结构、创新、融合四个维度，对吉林省及其9市（州）的经济韧性进行评价和分析，并指出结构维度和创新维度存在的问题是吉林省城市韧性和竞争力提升的主要制约因素。在此基础上指出，吉林省各个城市发展既要融于全国统一大市场，又要同频“一主六双”全省大战略，实行内外兼修，这样城市经济韧性将会不断提升，并推动吉林在东北全面振兴大局中首先破局、率先突破。

关键词： 经济韧性　城市竞争力　产业结构

* 赵光远，吉林省社会科学院农村发展研究所所长、研究员，研究方向为科技创新与区域发展；程明俊，吉林省科技创新平台管理中心助理研究员，研究方向为科技创新与科技信息。

近年来，随着世界经济不确定性加剧，各个国家和国际经济组织越来越重视“经济韧性”这一概念。这一概念是相对于经济系统的脆弱性而言的，“韧性”是个人、家庭、社区、城市、机构、系统和社会面对各类风险，积极、高效和有效预防、抵抗、消化、适应、应对和恢复，同时维持可接受的运行水平，不损害全人类在可持续发展、和平与安全、人权和福祉方面长远前景的能力。国家“十四五”规划提出：“顺应城市发展新理念新趋势，开展城市现代化试点示范，建设宜居、创新、智慧、绿色、人文、韧性城市。”世界银行《全球经济展望》（2022 年 1 月）指出，各种下行风险给全球经济前景蒙上了阴影，这些挑战凸显了加强全球合作以促进绿色、有韧性和包容性复苏道路的重要性。[①] 世界银行《全球经济展望》（2022 年 6 月）又进一步指出，世界经济继续遭受一系列破坏性力量的冲击，众多风险可能会进一步破坏目前岌岌可危的复苏，各经济体和国际社会的决策者需要采取强有力和广泛的政策及应对措施，以促进增长，加固宏观经济框架，降低金融脆弱性，为弱势群体提供支持，并减轻近年来全球冲击的长期影响。[②] 2022 年 9 月 19 日，习近平总书记向“产业链供应链韧性与稳定国际论坛”致贺信指出：“维护全球产业链供应链韧性和稳定是推动世界经济发展的重要保障，符合世界各国人民共同利益。”结合以上情况，立足于经济基础决定上层建筑的基本规律，本报告对当前的经济背景进行了分析，从四个维度衡量了吉林省及其 9 市（州）的经济韧性，最后提出了吉林省及城市提升经济韧性的相关对策建议。

一　变局演进，韧性为王

全球经济社会不确定性加剧，世界经济和世界局势正在向大变局的方向深度演进，和平和发展主题受到巨大的冲击。

---

① World Bank, *Global Economic Prospects*, 2022 (1).

② World Bank, *Global Economic Prospects*, 2022 (6).

认清大国经济特征以稳制胜。从人类发展历史经验看，在大变局之下，只有稳住阵脚、自立自强才能走出困境。我国作为全球第二大经济体，本身就具有较强的抗冲击能力，在外部条件具有不确定性时，只有稳住底盘，不随波逐流，并根据自身情况随机应变，才能稳操胜券。认清大国经济特征是重要前提，根据这一特征科学施策是关键路径。从两次世界大战以及美苏冷战时期各国的发展经验看，大国之稳，一是要团结一致、形成合力，二是要守正前行、筑牢定力，三是要防范渗透、保障安全，四是要稳中求进、积累势能，五是要精准施策、解决问题。从现实看，我国正在吸取西方国家面对全球挑战时的经验并紧密结合我国实际，形成政治、经济、社会、生态、文化“五位一体”的“以稳制胜”思路，为增强韧性、应对变局奠定了良好基础。

全国统一市场利于强韧守稳。多年以来，我国一直在推动全国统一大市场建设，并于近期取得重大突破。随着居民收入增加和基础设施网络、公共服务网络、移动商务网络、资本投资网络、技术创新网络等的进一步完善，全国统一市场建设进入了新的发展阶段，每个人都具有消费全国产品的能力、投资全国项目的能力和选择在全国就业的能力，国内商品服务、人力资源、资本资源的流动性和法律制度的系统性、约束性等明显增强，有效提升了我国经济的抗风险能力和发展韧性。在这种情况下，进一步推进全国统一大市场建设，促进人、资金、商品、基础设施和政策制度的更深层次结合，促进经济发展的主体、对象和环境在全国范围内一体化发展，探索和建立具有中国特色的市场经济范式，既是强韧守稳的必要条件，也是强韧守稳的充分条件。

城市经济进入韧性为先的时代。城市集中了我国41%的人口和70%左右的科技、产业资源，是我国经济的核心力量、引领力量。随着全球经济和全国经济社会发展进入以变局为主的时代，城市应及时调整传统的以经济增长为目标的发展策略，树立以“韧性”为目标的发展新策略，这也是国家“十四五”规划把“韧性”作为城市发展最后一个定语的意义所在。稳住城市经济，核心是要稳住居民就业和生活水平，重点是推动居民多渠道创业和降低生活综合成本，要对一些挤占居民可支配收入的非必要消费和风险投资进行更有效的调控，以保障城市居民有更多的储蓄能力、资产空间或收入空间，以应对可能面临的气候变化、金融冲击等挑战。城市经济的产业项目选择和基层治理体系，都要围绕稳住居民就业和生活水平这个目标进行设计和改进，只有这样，城市经济才能率先进入韧性为先的时代，在全国增强经济韧性的大局中发挥更大的作用。

二 四重韧性，稳住底盘

近年来，我国较为重视强化经济韧性，“稳字当头、稳中求进”工作总基调的确立，“六保”“六稳”“自立自强”“内循环”等工作重点的提出，财政政策、货币政策以及产业政策导向等，在很大程度上体现了“经济韧性”这一主题。

稳住就业强化韧性。“稳定的就业大盘是经济韧性的基础。”[①] 对于大国经济和城市经济而言，稳住了就业，就保住了消费，要素和商品就能随之流动起来，就能形成以城市为主要节点的内循环网络。有了这样的网络，抵御外部冲击的能力就会显著增强。而稳住就业，关键要做到“四个兼顾”：兼顾人才创业和群众就业、兼顾单位就业和灵活就业、兼顾当前就业和未来就业、兼顾就业规模和就业能力。通过“四个兼顾”织密单个城市的就业网络，实现就业方面的高质量发展。这就要求在具体分析时，把就业作为评价城市经济韧性的核心指标。

结构升级强化韧性。“一柱擎天”“一产偏大”“产业链短”等产业结构特征较容易受到市场变化、气候灾难的影响，这一点在过去十余年的资源型城市转型、农业型县市萎缩等现实中已经体现出来。因此，需要不断推动结构升级，既要推动产业结构、行业结构多元化、关联化、系统化，也要围绕主导产业塑造高质量区域性内生发展网络，还要加强城市群或区域内产业结构的整体升级，形成互为支撑的产业系统。在相对欠发达地区则更要防

① 《支持灵活就业应常态化丨经济的韧性系列评论》，经济观察网，2020 年 10 月 30 日，http：//www. eeo. com. cn/2020/1030/428023. shtml。

范园区低端化、产业企业化、企业项目化思维和模式，要尽量降低第一产业比重，降低对区域特色资源的依赖。在这一方面，就需要把第一产业比重、工业细分行业结构等作为重要指标纳入城市经济韧性评价体系。

确保创新强化韧性。在创新时代也要牢记创新是一把“双刃剑”。随着科学技术的进步，提高韧性的手段在创新，冲击韧性的手段也在创新。在全社会大力推进科技创新的同时，既要加速创新成果在强化经济韧性方面的应用，如更快更好地推动产品生产等，也要防范创新成果在冲击经济韧性方面的应用，如在科技伦理、科技产品、数据安全等方面通过加强立法、执法等予以完善。特别是一些地方政府，在大力推动科技成果转化的同时，要切实加强对相关预防性措施的制定。在这一方面，需要把衡量创新的有关指标纳入城市经济韧性评价体系。

深化融合强化韧性。要想让创新发挥作用，结构实现升级，就需要促进科技与经济的融合，传统产业和新产业的融合，以及区域层面的城乡之间、城市之间的融合，只有通过融合形成系统性、整体性的力量，才能让经济韧性不断强化，抵御更大的风险。在促进融合的过程中，既要注重政策引导，注重文化熏陶，也要突出人才引领，强化数据赋能。政策、文化着力提升促进融合发展的社会氛围，人才着力提升促进融合发展的主体力量，数据着力发现融合发展的关键节点，只有这些因素共同作用，全社会的融合发展水平才能不断提升。从区域层面或地方层面看，最重要的因素是人才和数据，要把这两个因素放在首位予以推进。在这一方面，需要把人才、信息化水平的有关指标纳入城市经济韧性评价体系。

三　吉林城市，韧性考量

基于前一部分对经济韧性评价以及数据可获得性的思考，本部分从省域和市域两个层面对吉林省城市经济韧性的四个维度进行考量。

（一）就业维度

从省域看，2020 年底吉林省就业人员数为 1261 万人，城镇就业人员数为728万人，第二、第三产业就业人员数为789万人。城镇就业人员中私营单位就业人员数为470万人，城镇登记失业率为3.4%。进一步假设城镇人口中就业人员占比越高经济韧性越强，城镇单位就业人员占比越高韧性越强，城镇登记失业率越低韧性越强，以及城镇私营单位就业人员工资越高韧性越强，对全国31个省（区、市）[①] 的经济韧性进行评价。评价结果显示，吉林省就业维度的经济韧性在全国排第23位，与河南、江西、重庆、内蒙古4个省级行政区相当，居于东北三省首位（见表1）。

表1　2020年全国31个省（区、市）经济韧性（就业维度）评价

单位：分

省（区、市）	城镇人口中就业人员占比分值	城镇单位就业人员占比分值	城镇私营单位就业人员工资分值	城镇登记失业率分值	综合得分	综合排序
北　京	0.900	1.000	1.000	0.808	1.000	1
天　津	0.776	0.653	0.661	0.583	0.721	9
河　北	0.793	0.368	0.496	0.600	0.609	30
山　西	0.778	0.608	0.474	0.677	0.684	15
内蒙古	0.819	0.475	0.525	0.553	0.640	25
辽　宁	0.817	0.443	0.508	0.457	0.600	31
吉　林	0.821	0.487	0.465	0.618	0.645	23
黑龙江	0.752	0.472	0.427	0.618	0.612	29
上　海	0.917	0.739	0.884	0.568	0.838	3
江　苏	0.947	0.531	0.705	0.656	0.766	8
浙　江	1.000	0.512	0.668	0.750	0.790	5
安　徽	0.852	0.434	0.580	0.750	0.706	13
福　建	0.876	0.564	0.647	0.553	0.712	11
江　西	0.804	0.479	0.539	0.656	0.669	22
山　东	0.885	0.452	0.613	0.677	0.708	12
河　南	0.797	0.512	0.516	0.656	0.669	21
湖　北	0.878	0.464	0.533	0.618	0.672	20

① 数据统计不含港澳台，下同。

续表

省(区、市)	城镇人口中就业人员占比分值	城镇单位就业人员占比分值	城镇私营单位就业人员工资分值	城镇登记失业率分值	综合得分	综合排序
湖　南	0.812	0.445	0.565	0.778	0.701	14
广　东	0.981	0.530	0.743	0.840	0.834	4
广　西	0.834	0.422	0.499	0.750	0.676	17
海　南	0.883	0.469	0.567	0.750	0.720	10
重　庆	0.836	0.464	0.615	0.467	0.642	24
四　川	0.888	0.476	0.589	0.583	0.684	16
贵　州	0.807	0.472	0.523	0.553	0.635	26
云　南	0.926	0.381	0.507	0.538	0.635	27
西　藏	0.944	0.786	0.666	0.724	0.842	2
陕　西	0.844	0.545	0.527	0.583	0.674	19
甘　肃	0.802	0.584	0.483	0.636	0.676	18
青　海	0.809	0.537	0.511	1.000	0.771	7
宁　夏	0.797	0.432	0.551	0.538	0.625	28
新　疆	0.885	0.581	0.580	0.875	0.788	6
平　均	0.871	0.507	0.598	0.651	0.708	—

从吉林省各市（州）层面看，基于上述标准评价，长春、延边、松原的就业韧性排在前3位（见表2），但是整体上就业维度的经济韧性水平不高，换算成全国综合分值后，只有长春就业韧性略高于全国平均水平，与天津相当。延边、松原与吉林省水平相当，通化与云南和宁夏水平相当，其他市（州）分值均低于各省域评价值的最低值。

表2　2020年吉林省各市（州）经济韧性（就业维度）评价

单位：分

市(州)	城镇人口中就业人员比重分值	城镇单位就业人员比重分值	城镇私营单位就业人员工资分值	城镇登记失业率分值	综合得分	换算为全国综合分值	综合排序
长春	0.927	0.761	1.000	0.875	1.000	0.729	1
吉林	0.709	0.571	0.779	0.773	0.794	0.579	7
四平	0.785	0.507	0.719	0.875	0.810	0.590	5

续表

市(州)	城镇人口中就业人员比重分值	城镇单位就业人员比重分值	城镇私营单位就业人员工资分值	城镇登记失业率分值	综合得分	换算为全国综合分值	综合排序
辽源	0.970	0.358	0.701	0.739	0.777	0.566	8
通化	0.572	1.000	0.690	0.814	0.863	0.629	4
白山	0.602	0.684	0.655	0.734	0.751	0.547	9
松原	0.690	0.808	0.818	0.823	0.881	0.642	3
白城	0.662	0.587	0.686	0.930	0.804	0.586	6
延边	1.000	0.396	0.757	1.000	0.885	0.645	2
平均	0.804	0.647	0.849	0.852	0.885	0.645	—

（二）结构维度

由于数据的可获得性，用第一产业占比、工业产品的区位商情况对吉林省结构维度的经济韧性进行评价。吉林省区位商大于1/31的只有3个（乙烯、汽车、轿车），其中汽车、轿车的区位商大于0.1；第一产业占比为12.671%，对产业结构韧性影响较大。吉林省产业结构韧性的综合得分为0.344分，在全国31个省（区、市）中居第25位（见表3），与青海、内蒙古、新疆、甘肃等西部省区相当。

表3　2020年全国31个省（区、市）经济韧性（结构维度）评价

省(区、市)	区位商>1/31的产品数量(个)	区位商>1/10的产品数量(个)	第一产业占比(%)	综合得分(分)	综合排序
北　京	5	0	0.301	0.580	6
天　津	7	0	1.501	0.569	7
河　北	16	5	10.775	0.545	11
山　西	7	1	6.541	0.482	14
内蒙古	7	0	11.756	0.348	24
辽　宁	11	0	9.135	0.433	17
吉　林	3	2	12.671	0.344	25

续表

省(区、市)	区位商>1/31的产品数量(个)	区位商>1/10的产品数量(个)	第一产业占比(%)	综合得分(分)	综合排序
黑龙江	4	0	25.270	0.035	31
上　海	7	3	0.276	0.662	5
江　苏	26	16	4.414	1.000	1
浙　江	20	6	3.349	0.756	4
安　徽	15	3	8.368	0.545	10
福　建	13	2	6.262	0.554	8
江　西	5	0	8.703	0.399	18
山　东	28	8	7.369	0.772	3
河　南	14	2	9.867	0.483	13
湖　北	19	3	9.611	0.547	9
湖　南	6	0	10.208	0.374	21
广　东	23	13	4.258	0.915	2
广　西	9	1	16.482	0.283	28
海　南	0	0	20.409	0.111	30
重　庆	8	1	7.202	0.475	15
四　川	18	4	11.457	0.523	12
贵　州	5	0	14.221	0.280	29
云　南	8	4	14.709	0.381	19
西　藏	0	0	7.899	0.380	20
陕　西	6	2	8.717	0.451	16
甘　肃	4	1	13.231	0.317	27
青　海	5	1	11.230	0.367	23
宁　夏	1	0	8.546	0.374	22
新　疆	10	1	14.357	0.336	26
平　均	10	2.5	7.726	0.513	—

从市（州）层面看，利用同样的方法进行评价，吉林省结构维度经济韧性最高的城市是吉林市，换算成全国综合分值后，除吉林市外的其他城市产业结构韧性均低于全国平均水平（见表4）。特别是四平、白城、松原等吉林省中西部城市，第一产业占比过高已经成为影响城市经济韧性的主要原因。

表 4　2020 年吉林省各市（州）经济韧性（结构维度）评价

市(州)	区位商>1/9的产品数量(个)	区位商>1/3的产品数量(个)	第一产业占比(%)	综合得分(分)	换算为全国综合分值(分)	综合排序
长春	7	3	8.0	0.759	0.449	2
吉林	12	8	13.9	1.000	0.591	1
四平	3	0	34.7	0.059	0.035	9
辽源	3	0	11.6	0.472	0.279	6
通化	4	2	11.9	0.587	0.347	4
白山	3	1	12.6	0.505	0.299	5
松原	3	2	29.3	0.259	0.153	7
白城	2	0	28.4	0.154	0.091	8
延边	3	2	9.1	0.619	0.366	3
平均	4.4	2.0	12.6	0.582	0.344	—

（三）创新维度

从省域层面看，创新的关键在于政府愿不愿意增加投入引导创新，以及企业愿不愿意整合资源推动创新。同时，由于地方财政支出中有很多是国家专项转移支出，很难衡量一个地方的财政对科技投入的意愿，为此把财政科技支出占地方财政收入的比重作为一个指标，即政府投入意愿指标；另外两个指标则是企业整合财力资源情况和企业整合人力资源情况。其中，吉林省综合得分为0.330分，居全国31个省（区、市）的第27位，在东北三省中处于末位，与广西、山西、内蒙古、青海等省区相当（见表5）。吉林省创新维度评价值不高的原因在于企业整合人力资源、财力资源的能力不足，分别居第28、27位，政府投入意愿居第22位。

表 5　2020 年全国 31 个省（区、市）经济韧性（创新维度）评价

单位：分

省(区、市)	企业整合人力资源情况	企业整合财力资源情况	政府投入意愿	综合得分	综合排序
北　京	5.556	1.247	7.494	0.814	6
天　津	4.203	1.204	6.145	0.685	12
河　北	3.172	1.123	2.659	0.494	19

续表

省(区、市)	企业整合人力资源情况	企业整合财力资源情况	政府投入意愿	综合得分	综合排序
山　西	1. 694	0. 709	2. 878	0. 335	26
内蒙古	2. 097	0. 740	1. 579	0. 320	28
辽　宁	3. 071	1. 093	2. 738	0. 485	20
吉　林	1. 549	0. 587	3. 681	0. 330	27
黑龙江	1. 707	0. 783	3. 729	0. 380	22
上　海	4. 788	1. 607	5. 765	0. 787	8
江　苏	6. 292	1. 900	6. 451	0. 953	3
浙　江	7. 027	1. 775	6. 514	0. 970	2
安　徽	4. 950	1. 659	11. 504	1. 000	1
福　建	3. 400	1. 206	4. 853	0. 598	15
江　西	4. 216	0. 949	7. 806	0. 690	11
山　东	4. 635	1. 567	4. 552	0. 729	9
河　南	3. 126	1. 410	6. 100	0. 666	13
湖　北	4. 556	1. 493	11. 461	0. 943	4
湖　南	3. 880	1. 708	7. 334	0. 810	7
广　东	5. 350	1. 667	7. 395	0. 885	5
广　西	1. 622	0. 642	3. 859	0. 351	25
海　南	1. 847	0. 540	4. 371	0. 360	24
重　庆	4. 317	1. 616	3. 956	0. 702	10
四　川	2. 982	0. 918	4. 264	0. 496	18
贵　州	3. 411	1. 128	6. 335	0. 632	14
云　南	3. 594	0. 971	3. 068	0. 500	17
西　藏	0. 826	0. 270	4. 068	0. 238	30
陕　西	2. 994	1. 099	2. 501	0. 474	21
甘　肃	1. 848	0. 687	3. 667	0. 366	23
青　海	1. 066	0. 424	3. 544	0. 265	29
宁　夏	2. 796	0. 944	6. 654	0. 572	16
新　疆	0. 658	0. 335	2. 792	0. 199	31
平　均	4. 462	1. 409	5. 794	0. 729	—

从市（州）层面看，仅长春、通化高于全省平均值；吉林市的创新维度经济韧性和西藏相当，松原市略高于在各省（区、市）排第31位的新疆；其他城市则显著低于各省（区、市）的平均水平，且白山、辽源得分低于0.1分（见表5、表6）。

表 6　2020 年吉林省各市（州）经济韧性（创新维度）评价

单位：分

市(州)	企业整合人力资源情况	企业整合财力资源情况	政府投入意愿	综合得分	换算为全国综合分值	综合排序
长春	3.585	0.688	4.278	1.000	0.421	1
吉林	2.536	0.417	1.458	0.563	0.237	3
四平	1.221	0.199	1.253	0.308	0.130	7
辽源	0.791	0.132	1.156	0.225	0.095	8
通化	3.058	0.518	5.053	0.915	0.385	2
白山	0.222	0.044	1.932	0.178	0.075	9
松原	1.634	0.586	0.800	0.515	0.217	4
白城	1.433	0.115	1.977	0.336	0.142	6
延边	1.100	0.306	1.967	0.401	0.169	5
平均	2.647	0.588	3.208	0.783	0.330	—

（四）融合维度

人力资源投资、信息化程度是促进融合的重要手段，因此对财政教育投入情况和互联网宽带接入量情况予以考察。同时，城乡收入差距是融合发展的结果性指标，也纳入考察范围。吉林省融合维度的经济韧性居全国第 12 位（见表 7），主要得益于城乡收入差距较小，而代表信息化程度的单个企业电子商务规模居第 30 位。考虑到吉林省经济社会发展水平等因素，本报告认为吉林省属于低经济发展水平下融合程度较高的城市。吉林省融合维度的经济韧性水平与湖北、重庆、江西、新疆等中西部省（区、市）接近。

表 7　2020 年 31 个省（区、市）经济韧性（融合维度）评价

单位：分

省(区、市)	教育投入力度	单个企业电子商务规模	城乡收入差距情况	综合得分	综合排序
北　京	0.208	1.058	0.398	1.000	1
天　津	0.230	0.319	0.539	0.780	4
河　北	0.417	0.192	0.442	0.701	16
山　西	0.319	0.173	0.399	0.609	30
内蒙古	0.313	0.486	0.401	0.763	5

续表

省(区、市)	教育投入力度	单个企业电子商务规模	城乡收入差距情况	综合得分	综合排序
辽　宁	0.279	0.255	0.432	0.665	24
吉　林	0.485	0.081	0.481	0.714	12
黑龙江	0.488	0.093	0.520	0.758	6
上　海	0.142	0.777	0.457	0.890	3
江　苏	0.266	0.174	0.456	0.642	28
浙　江	0.260	0.160	0.509	0.684	19
安　徽	0.392	0.210	0.421	0.680	21
福　建	0.335	0.127	0.443	0.635	29
江　西	0.488	0.152	0.440	0.710	13
山　东	0.348	0.275	0.429	0.701	17
河　南	0.452	0.124	0.464	0.703	15
湖　北	0.475	0.196	0.444	0.730	10
湖　南	0.440	0.158	0.398	0.652	25
广　东	0.272	0.349	0.401	0.678	22
广　西	0.618	0.159	0.413	0.742	7
海　南	0.363	0.305	0.439	0.731	9
重　庆	0.360	0.340	0.409	0.719	11
四　川	0.396	0.221	0.416	0.682	20
贵　州	0.601	0.150	0.323	0.642	27
云　南	0.549	0.208	0.342	0.669	23
西　藏	1.239	0.070	0.355	0.904	2
陕　西	0.442	0.120	0.352	0.589	31
甘　肃	0.758	0.149	0.306	0.692	18
青　海	0.732	0.174	0.348	0.734	8
宁　夏	0.497	0.121	0.389	0.649	26
新　疆	0.615	0.106	0.403	0.705	14
平　均	0.346	0.265	0.391	0.658	

从市（州）层面看，受数据获得性限制，本报告以信息服务业就业人员占比作为评价信息化程度的主指标。结果显示，辽源融合维度的经济韧性综合水平最高，其次是四平。长春居第7位，吉林居第5位，延边居第8位（见表8）。整体看，核心城区发展水平越高、辖区面积越大的城市融合发展水平越低。不过，吉林省所有市（州）融合维度的经济韧性都高于全国水平。

表 8　2020 年吉林省各市（州）经济韧性（融合维度）评价

单位：分，%

市(州)	教育投入力度	信息服务业就业人员占比	城乡收入差距情况	综合得分	换算为全国综合分值	综合排序
长春	0.330	2.106	0.481	0.776	0.709	7
吉林	0.674	1.412	0.517	0.804	0.735	5
四平	0.838	1.772	0.543	0.938	0.857	2
辽源	1.002	1.840	0.533	1.000	0.914	1
通化	0.716	1.048	0.494	0.743	0.679	9
白山	0.951	1.355	0.486	0.871	0.796	4
松原	0.721	1.408	0.466	0.787	0.719	6
白城	0.795	1.824	0.458	0.877	0.801	3
延边	0.633	1.442	0.471	0.765	0.699	8
全省	0.526	1.726	0.481	0.781	0.714	—

（五）综合评价

对上述四个维度的评价结果采用求平均数后进行标准化处理的方式，得出综合评价结果。吉林省经济韧性评价得分为 0.599 分，低于全国平均水平 0.769 分，居全国 31 个省（区、市）的第 28 位（见表 9）。吉林省各城市得分均低于全国平均水平。长春、吉林、通化经济韧性居省内前 3 位，白山、白城、四平居省内后 3 位（见表 10）。

表 9　2020 年全国 31 个省（区、市）经济韧性综合评价

单位：分

省(区、市)	评价得分	位次	省(区、市)	评价得分	位次
全国平均	0.769	—	内蒙古	0.610	25
北京	1.000	1	辽宁	0.643	22
天津	0.812	9	吉林	0.599	28
河北	0.692	17	黑龙江	0.526	31
山西	0.622	24	上海	0.936	5

续表

省(区、市)	评价得分	位次	省(区、市)	评价得分	位次
江苏	0.990	2	海南	0.566	30
浙江	0.943	4	重庆	0.748	10
安徽	0.864	6	四川	0.703	15
福建	0.736	13	贵州	0.645	19
江西	0.727	14	云南	0.643	21
山东	0.858	7	西藏	0.696	16
河南	0.743	12	陕西	0.645	20
湖北	0.852	8	甘肃	0.604	27
湖南	0.747	11	青海	0.630	23
广东	0.976	3	宁夏	0.654	18
广西	0.604	26	新疆	0.597	29

表 10　2020 年吉林省各市（州）经济韧性综合评价

单位：分

各市(州)	评价得分	省内位次	各市(州)	评价得分	省内位次
长春	0.680	1	白山	0.506	7
吉林	0.631	2	松原	0.510	6
四平	0.475	9	白城	0.477	8
辽源	0.546	5	延边	0.553	4
通化	0.601	3			

城市经济韧性与人均 GDP 的关系（见图 1）表明，吉林省城市经济韧性在同等经济发展水平下低于全国平均水平，如果按现有趋势发展，只有吉林省人均 GDP 达 14 万元时，经济韧性才能达到当前的全国平均水平，但仍低于彼时全国平均水平 20%左右。与前述分析相结合，吉林省经济韧性水平相对较低，主要是受结构维度和创新维度指标影响，如果不能在这两个维度实现突破，吉林省经济韧性难以得到显著提升。

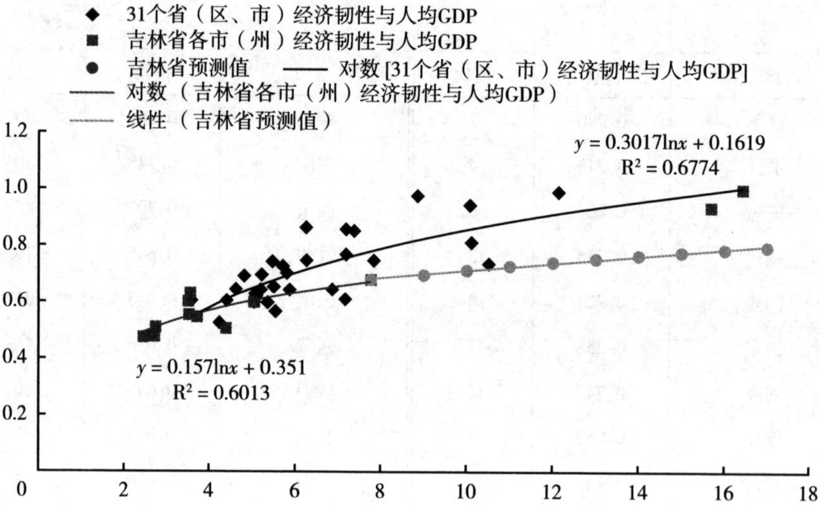

图 1　2020 年全国 31 个省（区、市）及吉林省各市（州）经济韧性与人均 GDP 关系

四　内外兼修，强韧之策

前面的分析表明了吉林省经济韧性的基本情况，创新维度的经济韧性是最大短板，结构和就业维度的经济韧性亦应大力提升。结合吉林省 5 万元左右的人均 GDP 发展水平和 2300 多万人的人口规模等现实情况，我们认为吉林省尚未进入高经济发展水平的融合发展阶段。吉林省在从低经济发展水平向高经济发展水平跃进的过程中，可以暂缓融合发展水平有关指标的提升，要着力针对“稳就业、调结构、突破创新”精准施策。具体建议如下。

第一，准确认识两个关系谋发展。加强对经济社会发展与经济韧性及其四个维度的认识，切实把强化经济韧性、防范经济风险放在首要位置。一是突出时代性，处理好经济发展与经济韧性的关系，深刻认识当前及以后一段时期，经济韧性的作用远远超过经济发展本身。二是突出复杂性，处理好经济发展与四个维度的关系，强化补短板意识，把结构调整好，把创新推动好，在全国统一大市场政策下推动就业维度和融合维度的改善。三是处理好四个维度之间的关系，稳就业是基础，调结构是路径，推动创新是动力，融合发展是未来，在当前一段时间里，夯实基础和找准路径是关键中的关键。

第二，切实发展实体经济稳就业。实体经济是生产力和生产关系协调发展的主要载体，只有发展实体经济，才能吸纳更多就业，更高水平地保障韧性。一是推动重点科技成果转化，加快发展未来产业，按照一个院士团队支撑一个细分行业的总体思路，全力扶持和推进吉林省 20 多个院士团队的成果向产业转化。二是推广本土成熟模式，加快形成生产力，加强对长光科技成果转化和产业孵化模式的研究，深化改革开放，尽快赋名“中国长春光谷”。尽快在全省主要市（州）或国家级高新区推动车谷、农谷、药谷、材料谷等专业化产业基地建设。三是培育一批硬实力企业。在对“专精特新”等企业开展评价的基础上，从省级层面在制造业领域评价出一批兼具技术硬实力和市场硬实力的企业，让实体经济更有底气、更加硬气。

第三，全力促进创新创业调结构。加速调整结构，必须强化市场方式，解决“一柱擎天”“一产偏大”“产业链短”等问题。这就要求大力促进创新创业，寻找新萌芽，育成新领域，打造新增长点。一是要支持大企业、大产业搞“双创”，推动“一柱擎天”产业加速裂解出新兴产业，如通过汽车产业育成新能源智能网联汽车产业，进而裂解出新能源产业、智能装备产业。二是要支持大农场、大合作社发展，引导大农场、大合作社内部创新和联盟创新，提升活力、增强动力。三是要引进大平台、大资本搞“双创”，借助域外力量，融入更大市场，孵化本地力量，寻找突破点和发力点。四是要围绕从 0 到 1 搞“双创”，通过引进人才或者注入资源等，让一批“人无我有”的成果向企业、向产业逐步转化升级，成为调整结构的新支撑。

第四，筑强企业韧性主体核心地位。企业有韧性，产业才会有韧性，进而区域经济全局才会有韧性。因此，要全力提升企业的韧性发展能力。一是提升企业的风险管理能力，加强对企业决策者的培训，确保能够通过最快的决策方式及时止损。二是提升企业的队伍团结能力，发挥工会、党建作用，用好股权手段，让企业管理者、职工能够一起面对风险挑战。三是提升企业的产业市场能力，针对不同行业进行分类引导，帮助企业聚力主产品、适度多元化、保障现金流、完善供应链。四是提升企业的产品品牌能力，坚持一个企业一个主品牌原则，推动企业统筹品牌、文化、标准、会展等工具，进一步加强品牌能力建设。五是支持行业类智库机构、行业协会等对企业的韧性发展和风险水平进行科学评价和预警预报，为提高企业的韧性发展水平提供决策咨询。

第五，降本优网塑特色融入大局。强化韧性，必须融入全国统一大市场网络，做不可或缺的节点或者打造不可或缺的优势。一是全力加强营商环境建设，简政与放权同行，服务与改革共促，按发达地区标准的120%来优化欠发达地区的营商环境，降低交易费用，以抵消区位、气候等造成的成本上升。二是优化产品产业品牌网络，促进企业主体在全国的投融资大网络、进出口大网络和市场化大网络中重新定位，不能满足于省域“小巨人”的荣光。三是学习先进模式、先进经验，全力提升区域竞争力，更好地总结梅河经验、长春新区经验以及摆渡创新工场经验，注意总结自创区、农高区经验，面向不同层级经济进行复制和推广。四是加大招商引资、招才引智的力度，输出实体经济和制造业基地形象，展示区域经济韧性特色。

五　结论及启示

韧性时代已经来临，而且将伴随我们一同前行。与韧性相随的是冲击和不确定性，这些挑战也将伴随我们一同前行。这是一个不可忽视的事实。我们的信心，将在韧性与冲击的博弈中愈发坚定；我们的政策，将在韧性与冲击的博弈中快速调整。在这个时代，对于区域经济而言，相对稳定的大国经济是最好的减震器，相对完善的产业体系是最好的避风港。吉林省作为韧性相对较弱的省份，在这种情况下最重要的是和全国统一大市场深度融合，和全国产业结构升级步伐保持一致，充分发挥市场经济作用和大国经济特点，在动荡的全球经济环境下找到自己的平衡点。吉林省各个城市的发展亦然，既要融于全国统一大市场，又要同频“一主六双”全省大战略。只有针对“稳就业、调结构、突破创新”精准施策，做到切实发展实体经济稳就业、全力促进创新创业调结构、筑强企业韧性主体核心地位、降本优网塑特色融入大局，吉林省城市经济发展和区域经济发展才能在东北全面振兴大局中首先破局、率先突破，形成白山黑土间的新发展模式。

综合报告

Comprehensive Reports

B.2

吉林省城市竞争力（地级市）年度排名

崔　巍*

一　2021年吉林省8个地级市综合经济竞争力排名

1. 2021年吉林省8个地级市综合经济竞争力排名（见表1）

表1　2021年吉林省8个地级市综合经济竞争力排名

城市	综合经济竞争力			经济增量竞争力			经济密度竞争力		
	指数	省内排名	全国排名	指数	省内排名	全国排名	指数	省内排名	全国排名
长春	0.404	1	59	0.214	1	71	0.427	1	57
吉林	0.182	2	224	0.051	4	267	0.232	2	200
辽源	0.173	3	227	0.044	6	278	0.224	3	208

* 崔巍，吉林省社会科学院城市发展研究所副研究员，研究方向为城市发展、科技创新。

续表

城市	综合经济竞争力			经济增量竞争力			经济密度竞争力		
	指数	省内排名	全国排名	指数	省内排名	全国排名	指数	省内排名	全国排名
通化	0.157	4	238	0.055	3	263	0.197	4	221
松原	0.141	5	244	0.032	8	283	0.190	5	224
白山	0.139	6	245	0.056	2	262	0.174	6	234
四平	0.120	7	251	0.039	7	280	0.159	7	242
白城	0.070	8	278	0.046	5	276	0.091	8	275

资料来源：中国社会科学院城市与竞争力指数数据库；吉林省社会科学院城乡发展指数数据库。

2.2021年吉林省8个地级市综合经济竞争力分项排名（见表2）

表2　2021年吉林省8个地级市综合经济竞争力分项排名

城市	当地要素竞争力			生活环境竞争力			营商软环境竞争力		
	指数	省内排名	全国排名	指数	省内排名	全国排名	指数	省内排名	全国排名
长春	0.520	1	30	0.430	2	112	0.610	1	32
吉林	0.435	2	51	0.625	1	36	0.495	2	54
四平	0.240	3	181	0.192	5	256	0.166	6	271
辽源	0.118	5	259	0.113	7	272	0.153	7	275
通化	0.143	4	246	0.238	3	236	0.188	5	255
白山	0.070	8	282	0.213	4	248	0.267	3	172
松原	0.100	6	265	0.094	8	275	0.234	4	208
白城	0.073	7	280	0.185	6	259	0.148	8	277
城市	营商硬环境竞争力			全球联系竞争力					
	指数	省内排名	全国排名	指数	省内排名	全国排名			
长春	0.483	1	50	0.585	1	30			
吉林	0.271	4	154	0.163	2	175			
四平	0.212	5	192	0.088	4	268			
辽源	0.178	6	220	0.072	7	276			
通化	0.299	2	134	0.084	5	269			
白山	0.295	3	138	0.068	8	278			
松原	0.101	7	263	0.099	3	262			
白城	0.084	8	275	0.075	6	271			

资料来源：中国社会科学院城市与竞争力指数数据库；吉林省社会科学院城乡发展指数数据库。

二 2021年吉林省8个地级市可持续竞争力排名

1.2021年吉林省8个地级市可持续竞争力排名（见表3）

表3 2021年吉林省8个地级市可持续竞争力排名

城市	可持续竞争力			综合人口增量竞争力			综合人口密度竞争力		
	指数	省内排名	全国排名	指数	省内排名	全国排名	指数	省内排名	全国排名
长春	0.400	1	49	0.494	1	35	0.381	1	70
吉林	0.212	2	190	0.257	2	152	0.244	2	210
四平	0.164	3	228	0.168	3	230	0.230	3	221
辽源	0.114	4	257	0.064	7	284	0.224	4	225
松原	0.105	5	264	0.125	4	260	0.164	6	260
通化	0.102	6	267	0.070	6	281	0.200	5	238
白山	0.071	7	277	0.057	8	285	0.159	7	263
白城	0.067	8	279	0.086	5	279	0.130	8	279

资料来源：中国社会科学院城市与竞争力指数数据库；吉林省社会科学院城乡发展指数数据库。

2.2021年吉林省8个地级市可持续竞争力分项排名（见表4）

表4 2021年吉林省8个地级市可持续竞争力分项排名

城市	经济活力竞争力			环境韧性竞争力			社会包容竞争力		
	指数	省内排名	全国排名	指数	省内排名	全国排名	指数	省内排名	全国排名
长春	0.468	1	72	0.451	3	184	0.729	2	33
吉林	0.152	2	259	0.418	5	221	0.736	1	32
四平	0.000	8	291	0.448	4	190	0.322	4	208
辽源	0.038	5	287	0.456	2	175	0.229	8	258
通化	0.068	4	282	0.465	1	155	0.310	5	219
白山	0.151	3	261	0.395	6	249	0.467	3	120
松原	0.009	7	290	0.341	8	275	0.298	6	226
白城	0.020	6	289	0.352	7	270	0.283	7	235

续表

城市	科技创新竞争力			全球联系竞争力					
	指数	省内排名	全国排名	指数	省内排名	全国排名			
长春	0.492	1	33	0.585	1	30			
吉林	0.489	2	34	0.163	2	175			
四平	0.226	3	109	0.088	4	268			
辽源	0.060	8	274	0.072	7	276			
通化	0.063	7	267	0.084	5	269			
白山	0.072	6	259	0.068	8	278			
松原	0.084	5	250	0.099	3	262			
白城	0.085	4	248	0.075	6	271			

资料来源：中国社会科学院城市与竞争力指数数据库；吉林省社会科学院城乡发展指数数据库。

B.3
吉林省城市竞争力（地级市）年度综述

崔 巍*

摘 要： “十三五”规划收官之际，吉林省面临前所未有的特殊困难和严峻考验，坚持稳中求进工作总基调，立足新发展阶段，克服汽车“缺芯”、煤电紧张等重大困难，国民经济继续保持恢复性增长，经济基础稳中加固，产业质量效益逐步提升。为扭转综合经济竞争力和可持续竞争力排名持续下滑的现状，吉林省应加速产业融合创新，促进区域协调发展，优化科技创新生态，强化韧性城市建设，以全面提升吉林省城市竞争力。

关键词： 城市竞争力 经济发展 韧性城市

“十三五”规划收官之际，吉林省面临前所未有的特殊困难和挑战，经历了新冠疫情、历史罕见的 3 场台风和雨雪冰冻灾害的严峻考验。全省上下因习近平总书记视察吉林受到巨大鼓舞，在以习近平同志为核心的党中央的坚强领导下，吉林省抗疫情、战台风、斗寒冰，迎难而上，共克时艰，推动经济社会发展取得新成就，圆满完成“两个确保”目标。坚持稳中求进的工作总基调，立足新发展阶段，克服汽车“缺芯”、煤电紧张等重大困难，国民经济继续保持恢复性增长，经济基础稳中加固，产业质量效益逐步提升。但长期积累的结构性问题叠加疫情防控常态化带来的新变化对经济发展

---

* 崔巍，吉林省社会科学院城市发展研究所副研究员，研究方向为城市发展、科技创新。

产生了深刻影响，吉林省仍需稳固经济增长态势，围绕“一主六双”高质量发展战略要求，加快优化产业空间布局与结构，积蓄新动能，重塑新优势，形成吉林全面振兴的良好局面。2021 年吉林省综合经济竞争力在全国位列第 30，在东北三省位列第 2；可持续竞争力在全国位列第 28，在东北三省位列第 2。近年来，吉林省综合经济竞争力和可持续竞争力两项排名持续下滑。城市竞争力排名变化趋势基本与区域经济发展水平吻合，推动经济高质量发展、实现吉林全面振兴，仍是吉林省城市竞争力提升的原动力。

一 现状与格局

（一）新发展格局构筑城市发展新动能

1. 经济实现稳步增长

2020 年，面对极为复杂的国内外形势和前所未有的困难挑战，特别是突如其来的新冠疫情的冲击，吉林省高举习近平新时代中国特色社会主义思想伟大旗帜，全面贯彻习近平总书记视察吉林重要讲话重要指示精神，落实党中央、国务院各项决策部署，按照省委、省政府工作要求，坚持稳中求进工作总基调，深入实施“三个五”战略，扎实推进中东西“三大板块”建设，加快构建“一主六双”产业空间布局，扎实做好“六稳”工作，全面落实“六保”任务，着力抓好疫情防控、稳定增长、结构调整、深化改革、扩大开放和增进民生福祉等各项工作，持续推动新动能不断成长壮大，实现“十三五”规划完美收官。

吉林省经济与财政实力处于全国中下游水平，近年来面临较大的经济增长压力，受新冠疫情影响，地区生产总值增速虽逐年降低，但依旧维持稳步增长的态势，2020 年吉林省实现地区生产总值 12311. 3 亿元，居全国第 26 位，排名与上年持平，经济规模整体较低；按可比价格计算，地区生产总值增速为 2. 4%（见图 1），高于全国增速 0. 2 个百分点，较上年小幅回落 0. 6

个百分点，回落幅度居全国第30位。分季度来看，第一季度、上半年、前三季度、全年吉林省地区生产总值增速分别为-6.6%、-0.4%、1.5%、2.4%，主要指标增速持续稳步回升，经济运行态势逐步向好。分产业来看，三大产业均实现正增长，其中第一产业增加值为1553.00亿元，增长1.3%；第二产业增加值为4326.22亿元，增长5.7%；第三产业增加值为6432.10亿元，增长0.1%。第一产业增加值占地区生产总值的比重为12.6%，第二产业增加值占比为35.1%，第三产业增加值占比为52.3%。三次产业结构为126∶351∶523，三次产业结构依旧呈现“三二一”格局。与上年相比，第一产业占比有所提升，第二、第三产业占比小幅回落。无论是从产业增加值还是从产业占比看，第三产业都是带动吉林省经济增长的主导力量。

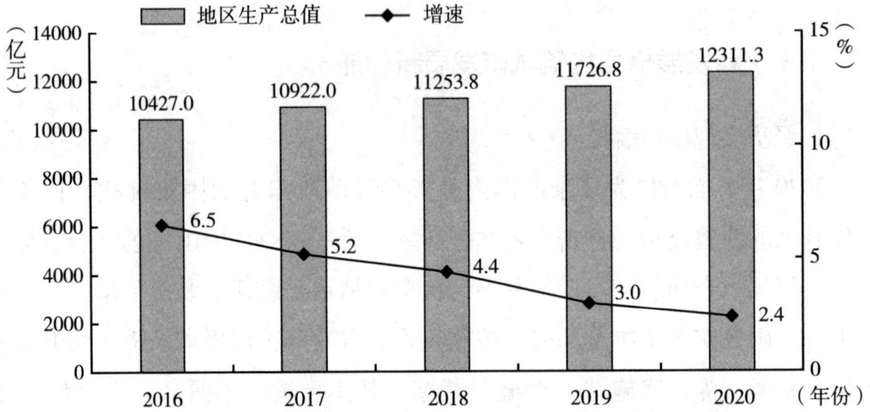

图1　2016~2020年吉林省地区生产总值及增速

从民生发展来看，吉林省在疫情期间制定出台了一系列保就业、稳就业、促就业的政策举措，确保城镇劳动力就业。据统计，城乡居民人均可支配收入分别增长3.4%和7.6%。城镇新增就业30.95万人，年计划完成率达147.38%。城镇零就业家庭动态清零。开工改造城市棚户区1.8万余套，老旧小区1945个。城镇小区配套幼儿园治理完成率达100%。保持市场价格平稳，居民消费价格指数上涨2.3%。新增放心消费示范单位2536家。安全生产形势稳定。奋力夺取防台防汛防雨雪冰冻灾害重大胜利，连续40年无重大森林火灾。

从国内贸易看，2021 年全省社会消费品零售总额为 3823.95 亿元，比上年下降 9.2%。从对外经济看，2021 年全省实现货物进出口总额 1280.12 亿元，比上年下降 1.7%。从固定资产投资看，2021 年全省固定资产投资增幅较大，比上年增长 8.3%。从数据上看，受疫情影响，国内外贸易均受到一定的冲击，而固定资产投资的增加帮助吉林省实现了经济的稳步增长，夯实了城市发展的基础。

2. 以“六新产业”和“四新设施”构建新发展格局

吉林省在全面开启“十四五”新征程之际，深入贯彻习近平总书记视察吉林重要讲话重要指示精神，坚持稳字当头、稳中求进，全面实施“一主六双”高质量发展战略，统筹推进“六新产业”发展和“四新设施”建设，持续夯实经济增长基础，坚定不移推动高质量发展。一是长春市城市能级不断提升。公主岭市于 2020 年正式划归长春市辖区，长春公主岭同城化打破了原来地域和行政上的限制，促使长春公主岭两城相向而行，本质上提升了长春市城市量级，扩大了长春市辖区面积。从城市体量上看，长春市在全国省会城市排名中位居第 3，进一步加快了长春建设东北亚区域性中心城市的进程。二是国家级示范区的建立强化了长春现代化都市圈的带动作用。吉林珲春海洋经济发展示范区建立，推动示范区与长春现代化都市圈、中部城市群相互支撑，加强了吉林省与浙江省的合作，特别是珲春与宁波的对口合作，进一步凸显吉林省作为东北亚地区区域合作中心枢纽的地位。中韩（长春）国际合作示范区的建立，有效地推动了创新和人文合作等方面的发展。长春临空经济示范区的建立，进一步提升了吉林省在区域性航空枢纽中的重要地位，也将加快建设吉林省面向东北亚的开放合作高地，促进以先进制造业、航空运输业和现代服务业为主的临空产业体系的构建。《长吉接合片区国家城乡融合发展试验区改革实施方案》的推进，促进了该片区率先建立城乡融合发展体制机制和政策体系，加速形成了农业大省和老工业基地互动推进城乡融合发展的经验模式。

（二）吉林省城市竞争力总体格局

1.综合经济竞争力

2021 年，从综合经济竞争力排名来看，吉林省仍处于全国下游水平，综合经济竞争力指数均值为 0.173，在全国排第 30 位，低于辽宁省 4 个位次，高于黑龙江省 2 个位次，在东北三省排名第 2。同 2020 年相比，综合经济竞争力指数均值降低了 0.006，排名下降了 2 个位次。从综合经济竞争力的两项显示性指标来看，吉林省经济增量竞争力指数为 0.067，在全国排第 31 位，与黑龙江并列，低于辽宁 1 个位次，居于东北三省第 2 位。吉林省经济密度竞争力指数为 0.212，居全国第 29 位，低于辽宁省 4 个位次，高于黑龙江省 3 个位次，在东北三省排名第 2（见表 1）。从东北三省综合经济竞争力总体表现来看，东北三省均值为全国最低，而且从近年的数据来看，均值和排名均呈下降趋势。吉林省经济密度竞争力表现虽优于经济增量竞争力，但仍呈下降趋势，而经济增量竞争力的表现整体拉低了综合经济竞争力的均值与名次。

表 1　2021 年东北三省综合经济竞争力及其显示性指标全国排名

省份	综合经济竞争力		经济增量竞争力		经济密度竞争力	
	指数	排名	指数	排名	指数	排名
辽宁	0.212	26	0.069	30	0.261	25
吉林	0.173	30	0.067	31	0.212	29
黑龙江	0.107	32	0.067	31	0.127	32

资料来源：中国社会科学院城市与竞争力指数数据库；吉林省社会科学院城乡发展指数数据库。

2021 年，吉林省地级市综合经济竞争力省内排名依次是：长春、吉林、辽源、通化、松原、白山、四平、白城。与 2020 年相比，从省内排名来看，长春、吉林、辽源依旧居于前 3 位，通化从第 6 位上升到第 4 位，松原、白山依次各下降 1 位，四平、白城位置无变化。从国内排名来看，除长春、通化、四平排名有所提升外，其他城市均有所下滑，除了长春位列第59，排名居于上游位置，其余城市均居全国第224~278位。相比于2020年，长春、通化、四平分别上升了1位、11位和20位，但是吉林、辽源、松原、白山、白城位次均有不同程度的下降，分别下滑15位、4位、10位、4位和1位。从结构来看，吉林省内部城市格局分化明显。作为吉林省区域经济的单核心，长春中心地位稳固，且全国排名开始上升，其他城市与长春差距较大。省内排名后5位的城市水平接近，排名分布更加集中。

从综合经济竞争力的两项显示性指标来看，吉林省地级市经济增量竞争力省内排名从高到低依次为：长春、白山、通化、吉林、白城、辽源、四平、松原。同2020年相比，吉林和辽源跌出前3位，分别下滑2位和3位，松原位次从第4位下滑至末位，白山和通化都上升3个位次，跻身前3位。经济密度竞争力的排名依次为：长春、吉林、辽源、通化、松原、白山、四平、白城，与各城市综合经济竞争力排名吻合。综合来看，城市综合经济竞争力包括经济增量竞争力和经济密度竞争力，长春市的区域中心地位稳固。省内其他城市竞争力排名集中靠后，省内分化程度较深。

从综合经济竞争力的分项指标来看，生活环境仍然是制约城市竞争力提升的重要因素，当地要素竞争力指标和全球联系竞争力指标严重拉低了整体排名。从生活环境竞争力全国排名来看，除吉林（第36位）和长春（第112位）外，其余6个城市均集中分布在第236~275位，排名接近。当地要素竞争力指标是各分项指标中唯一的全部城市排名均没有上升的指标。虽然长春（第30位）和吉林（第51位）进入全国前100位，但除白山排名保持不变外，其余7个城市的排名均出现不同幅度的下滑。其中，四平、通化、松原和白城下滑幅度较大，分别下滑了35位、33位、23位和16位，长春和吉林分别下滑了5位和7位。从营商软环境竞争力全国排名看，除长春（第32位）和吉林（第54位）以外，其余城市均在170名以外。从全球联系竞争力全国排名来看，除长春和通化排名有小幅上升外，其余6个城市排名均大幅下滑。

2. 可持续竞争力

2021 年，虽然吉林省城市可持续竞争力排名整体表现强于综合经济竞争力，但其排名下滑的趋势更加明显。吉林省可持续竞争力指数为 0. 1544，在全国排第 28 位，低于辽宁 3 个位次，高于黑龙江 4 个位次，在东北三省排第 2 位，与 2020 年相比，均值下降了 0. 198，排名下降了 7 个位次。从两项显示性指标来看，吉林省综合人口密度竞争力指数为 0. 2165，在全国排第 26 位，低于辽宁 3 个位次，高于黑龙江 6 个位次，居于东北三省第 2 位。吉林省综合人口增量竞争力指数 0. 1651，居全国第 26 位，低于辽宁 1 个位次，高于黑龙江 4 个位次，居于东北三省第 2 位（见表 2）。

表 2　2021 年东北三省可持续竞争力及其显示性指标指数和全国排名

省份	可持续竞争力		综合人口密度竞争力		综合人口增量竞争力	
	指数	排名	指数	排名	指数	排名
辽宁	0. 2152	25	0. 2812	23	0. 2140	25
吉林	0. 1544	28	0. 2165	26	0. 1651	26
黑龙江	0. 1105	32	0. 1610	32	0. 1420	30

通过东北三省可持续竞争力排名前 10 城市变化情况，分析双中心城市、引导东北三省城市格局，东北三省可持续竞争力排名前 10 城市依次为：大连、沈阳、长春、哈尔滨、盘锦、大庆、鞍山、营口、吉林、锦州（见表 3）。其中，辽宁省占据 6 席，吉林省占据 2 席，黑龙江省占据 2 席。从城市来看，大连、沈阳和长春位列东北前 3 强，跻身中国前 50 强，此外东北三省城市无论可持续竞争力、综合人口密度竞争力还是综合人口增量竞争力，总体呈下降趋势。从全国城市经济活力、总体格局、区域、省域、城市群、城市等核心指标和核心要素角度，剖析城市活力变化的总体趋势，发现东北三省经济活力水平较低。东北三省城市经济活力不足，南强北弱格局越发明显，南北经济活力差距不断拉大。省级经济活力越弱，城市内部差异越大。

表 3　2021 年东北三省可持续竞争力及其显示性指标全国排名及变化情况

排名	城市	省份	可持续竞争力		综合人口密度竞争力		综合人口增量竞争力	
			排名	排名变化	排名	排名变化	排名	排名变化
1	大连	辽宁	35	-6	41	-9	30	-5
2	沈阳	辽宁	41	1	52	-3	33	0
3	长春	吉林	49	-5	70	-15	35	-6
4	哈尔滨	黑龙江	86	-16	163	-28	52	-15
5	盘锦	辽宁	129	-26	78	-5	203	-36
6	大庆	黑龙江	130	-26	152	-22	117	-34
7	鞍山	辽宁	140	-23	127	-8	155	-33
8	营口	辽宁	158	55	121	30	196	69
9	吉林	吉林	190	-75	210	-63	152	-70
10	锦州	辽宁	202	-96	183	-76	207	-94

2021 年，吉林省地级市可持续竞争力省内排名依次是：长春、吉林、四平、辽源、松原、通化、白山和白城。与 2020 年相比，从省内排名来看，长春、吉林、四平依旧占据前 3 位，辽源从第 6 位上升到 4 位，松原、通化依次下降 1 位，白山、白城位次无变化。从国内排名来看，长春市（第 49 位）和吉林（第 190 位）进入全国前 200 位，其余 6 个城市居全国第 228～279 位。相对于 2020 年，所有城市排名均大幅下滑。

从可持续竞争力的两项显示性指标来看，吉林省地级市综合人口增量竞争力省内排名从高到低依次为：长春、吉林、四平、松原、白城、通化、辽源、白山。同 2020 年相比，前 4 位排名并无变化，白城和辽源分别上升 1～2 个位次，白山和通化分别下降 1～2 个位次。从综合人口增量竞争力全国排名来看，吉林省所有城市均呈下降趋势，降幅最小的长春市下降了 6 个位次，降幅最大的四平市下降了 96 个位次。吉林省地级市综合人口密度竞争力省内排名从高到低依次为：长春、吉林、四平、通化、松原、辽源、白山、白城。同 2020 年相比，前 3 位的长春、吉林、四平和最末 2 位的白山和白城并无位次上的变化，通化、松原分别上升了 1 个位次，辽源下降了 2 个位次。从全国排名来看，8 个地级市均呈不同程度的下降趋势，降幅均在

10 个位次以上，降幅最小的白城市下降了 12 个位次，降幅最大的吉林市下降了 63 个位次。

从可持续竞争力的分项指标来看，环境韧性竞争力指标和经济活力竞争力指标是拉低吉林省城市可持续竞争力的主要因素，社会包容竞争力指标有上升的趋势。从环境韧性竞争力指标全国排名看，吉林省 8 个城市均未进入全国前 100 位，排名前 3 位的是通化（第 155 位）、辽源（第 175 位）和长春（第 184 位），有 4 个城市居 200 位以后。从经济活力竞争力指标来看，全省仅长春市进入了全国前 100 位，其余 7 个城市集中分布在第 259 ~ 291 位，差距较小。对比 2020 年，除白城和通化排名分别上升 1 位和 6 位之外，其余 6 个城市均出现了排名下滑。从社会包容竞争力指标来看，除长春和白山的排名下滑外，其余 6 个城市排名均出现不同程度的上升。

二　问题与劣势

（一）经济发展趋缓，制约城市高质量发展

近年来，受国内外复杂多变的形势影响，吉林省经济发展面临诸多困难。“十三五”期间，虽然吉林省经济呈现稳步增长态势，但增速逐渐趋缓。吉林省综合经济竞争力呈逐年下降趋势。2016 年，吉林省在全国综合经济竞争力排名中位于中游偏下，在全国城市排名中，吉林省有 3 个地级城市在 200 位之内。2020 年，吉林省在全国综合经济竞争力排名中位于下游，除了长春市，其他 7 个城市均排在 200 位以外。从吉林省财政收入来看，实力较为薄弱，收入水平有待提高，财政自给能力整体较弱。2020 年，吉林省一般公共预算收入实现 1085 亿元，居全国第 26 位，一般公共预算支出为 41272 亿元，居全国第 26 位。财政平衡率为 26. 29%，低于全国财政平衡率 16. 25 个百分点，也低于东北三省平均水平 4. 27 个百分点，财政自给能力居于全国下游水平，对上级政府补助及转移支付的依赖程度较深。从年度变化来看，2020 年一般公共预算收入较 2019 年下降 2. 86%，在疫情冲击和减

税降费因素影响下，税收收入同比下降3.26%，同时为落实“六稳”“六保”任务，吉林省一般公共预算支出较2019年增长4.93%，增速高于收入，财政收支矛盾较为严重。这些都是吉林省与我国发达地区在经济发展水平上差距不断扩大的重要原因。经济发展水平是衡量城市竞争力的重要因素，只有经济高质量发展，才能实现城市竞争力的不断提升。

经济增长乏力必然制约城市竞争力提升。近几年，吉林省综合经济竞争力呈现下降趋势，综合经济竞争力指数均值逐年降低，这种变化趋势与吉林省经济发展水平基本吻合。此外，吉林省8个地级市的综合经济竞争力普遍大幅下降。本报告在分析综合经济竞争力分项指标及排名时发现，生活环境是制约城市竞争力提升的重要因素，生活环境实际反映的是当地市场需求情况，说明与国内发达地区相比，吉林省市场需求和消费能力相对较弱，对城市竞争力的拉动力量不足。从吉林省当地要素竞争力（指直接供给，包括人才、科技和金融要素）指标和全球联系竞争力指标表现不佳的情况来看，城市经济发展主体力量偏弱。此外，在吉林省城市可持续竞争力各分项指标中，与经济发展情况相关的指标大多处在落后的状态，这也是城市竞争力提升的制约因素。

（二）都市圈聚集质量不高，核心城市引领作用不明显

在全国范围内，从都市圈腹地的城镇化率以及第三产业、第二产业的占比来看，长春都市圈属于“先聚后散”型。该都市圈所处的阶段较为成熟，一般制造业逐渐迁出，生产性服务业逐渐占据高地。理论上，虽然长春都市圈属于“先聚后散”型，但此类都市圈的人口主要以迁出为主，人口城镇化率高于60%，并且除重工业外东北三省旅游资源丰富，当地重点发展旅游业，故第三产业、第二产业的占比偏高，实际上不具备高端生产性服务业的优势。东北三省都市圈低端产业聚集，中部地区都市圈逐渐崛起，东部地区都市圈低端扩散。从区域划分来看，东北三省的聚散系数最高，为1.3078，以集聚产业为主。但从具体的迁入企业来看，主要为食品制造、农副食品加工等一般制造业，东北受经济发展等因素影响，当地加工成本远低

于东部沿海城市，因此受成本影响较大的小产业更多迁移至低成本地区。从近年的数据情况来看，长春市的城市集聚效应要远大于溢出效应，从长春都市圈的整体发展情况来看，长春市作为区域经济增长极的带动作用并不明显，辐射能力也不强。与长三角、珠三角等国内发达地区的中心城市相比，吉林省作为中心城市，无论是在经济基础条件、经济体量规模，还是在区域产业分工协作能力以及城市规模、空间结构等方面，都处于劣势。这充分表明吉林省大城市对其他城市引领和辐射带动能力不足，且省内其他城市规模偏小、经济实力不强，更有甚者出现了城市收缩现象，省内中小城市与首位城市长春的差距越来越大。

在综合经济竞争力和可持续竞争力的各项指标排名中，长春市不仅在吉林省内遥遥领先其他城市，处于龙头地位，而且在东北的 34 个城市中，综合经济竞争力高居第 1 位，可持续竞争力居第 3 位。在全国的各项指标排名中，长春市也是吉林省唯一排名进入全国前 100 或前 50 的城市。省内其他城市各项指标的国内排名，基本都在 200 名以外。近年来，长春市“一枝独秀”的格局更为突出，在省内的优势明显，省内各城市发展不均衡。长春市作为长春都市圈的核心城市，其带动作用发挥得不是很充分。

（三）创新驱动仍需增强，经济发展内生动力不足

科技创新投入仍有不足。吉林省财政科技资金支出相对于发达地区仍具有规模小、增速低、支持力度不足等问题。2020 年，吉林省全社会 R&D 经费投入强度为 1.3%，低于全国 2.4%的平均水平，且吉林省多数企业创新意愿不强，追求“短平快”的发展模式。以吉林省企业主要的聚集地长春市为例，据初步统计，2020 年长春市规上工业企业中有研发活动的仅占 15%，规上工业企业 R&D 投入强度仅为 0.54%，只有少部分企业设有研发机构。科技投入不足直接导致企业科技创新活动维持在低端水平，科技成果转化能力偏弱。近年来，吉林省技术合同成交额快速增长，但是高校院所科技成果就地转化数量偏少。2020 年，吉林省技术合同成交额达 451.61 亿元，与江苏省的 2300 亿元相去甚远。科技创新服务仍有不足。吉林省科技

服务业市场化、企业化程度不高。科技服务机构数量少，技术转移示范机构建设与发达地区相比差距较大，科技服务供给能力无法与市场需求匹配。科技创新服务体系核心人才资源数量少、质量不高，是制约科技发展的重要因素。

（四）综合风险应对能力有待提高，城市韧性有待加强

在环境韧性竞争力指标排名中，吉林省 8 个城市均未进入前 100。环境韧性竞争力指标主要包括生态环境和基础设施等方面的测度，是城市实现可持续发展的硬件基础。我国城市发展面临的内外部环境发生了很大变化，发展环境的复杂性、严峻性、不确定性上升。韧性城市是城市安全发展的新范式，2020 年，吉林省不仅经历了新冠疫情的严峻考验，还遭受了 3 场历史罕见的台风和雨雪冰冻灾害。强雨雪大风冰冻天气导致省内部分地区遭受了突发性停电、停水，大面积地区不能正常供热。长春、吉林、四平、松原等部分地区的电力故障导致部分通信业务中断。长春高速公路出入口被迫关闭，仅去往机场的持机票人员可以通行。吉林省抗疫情、战台风、斗寒冰，迎难而上，共克时艰，最终都取得了胜利，但在应对综合风险方面也暴露出一些问题。

三　趋势与对策建议

（一）吉林省城市竞争力发展趋势

1. 综合经济竞争力有触底反弹之势

近年来，国际环境不确定性日益加剧，国际市场原材料、芯片等供应紧张，全球经济恢复增长的基础薄弱，吉林省综合经济竞争力也呈现逐年下降趋势。“十二五”末期，吉林省综合经济竞争力指数均值在全国居 20 位上下，到“十三五”末期，吉林省综合经济竞争力排名下滑到全国第 30 位。除省会城市外，其余 7 个地级城市的综合经济竞争力指数均值低于全国平均

水平，且大都位于200位以后。吉林省城市格局分化明显，长春市作为吉林省区域经济的单核心，中心地位稳固，且呈上升态势，有望引领吉林省综合经济竞争力触底反弹。

2. 可持续竞争力下滑趋势愈加明显

2021年，吉林省城市可持续竞争力总体表现优于综合经济竞争力，但排名下滑趋势更加明显。与2020年相比，吉林省8个地级城市排名均大幅下滑，平均下滑约41个位次。从前文的分析来看，经济活力和环境韧性是引起可持续竞争力下滑的主要因素，而青年人才比例是决定当地要素竞争力的关键变量。近年来，随着城市的不断发展，人才越来越成为城市发展的重要动力，各个城市、各个地区纷纷加入人才“保卫战”，但吉林省乃至东北三省的人才流失问题愈演愈烈。2020年以来，吉林省推出了一系列人才引育政策，目前人才净流出现象得到逐步改善，科技人才的注入有望助力吉林省经济活力的提升。

（二）对策建议

1. 加速产业融合创新，促进区域协调发展

一是在促进产业深度融合创新方面，推动农村一、二、三产业融合发展。以制度、技术、商业模式创新为动力，探索不同地区、不同产业的融合模式。以吉林省汽车、高端装备制造、医药制造为基础，以服务为导向，引导制造业企业不断创新商业模式，通过提升研发设计、市场拓展、品牌运作等服务的质量，延伸服务链条，促进服务业内部融合。推动包括物流、旅游与养老等行业在内的服务业跨界融合发展，不断完善服务业供应链条，促进企业流程再造和精益服务，使服务业的发展由单一服务向全过程服务转变，由一般服务向综合性服务转变。二是促进区域产业分工协调。按照吉林省“一主六双”高质量发展战略，深度优化产业空间布局，引导地区遵循差异化、特色化发展原则，打造具有比较优势的特色产业集群，建设升级一批高水平产业园区和现代产业基地，打造在全国乃至全球具有影响力的汽车产业集群、新材料发展集群、新能源产业基地等。发挥长春核心区的重要作用，

加快“四大板块”“两个基地”建设，壮大规模总量，形成东北亚区域极具影响力的经济板块，以产业创新、科技创新、体制创新引领发展、辐射带动，引导资源和成果向周边地区集聚转化。

2. 优化科技创新生态，打造创业创新创造新高地

促进新要素的聚集，在产学研协同创新方面，充分发挥协同效应，激发科技创新型企业活力。坚持以企业为主体、市场为导向、产学研深度融合为主导方向，推动产业链与创新链精准对接，积极推动企业与高校、科研机构建立长期稳定的产学研结合关系。建立“企业出题、协同攻关、政府补助”的产学研结合机制，鼓励高校、科研机构贴近企业、产业和市场，对创新资源进行合理整合。在优化“双创”环境方面，积极搭建各类创新交流平台，完善创业创新创造支持政策体系。提升小微企业“双创”园、“双创”示范基地等各类载体的综合能力，强化其带动作用，完善全链条孵化体系功能，培育初创型、成长型企业。大力扶持政府引导基金、天使投资、创业投资、科技金融等各类金融机构，根据创新企业的不同阶段，相应地给予适应其发展阶段的针对性资金扶持。在引育科技人才方面，重点打造一批科技领军人才，着力培养优秀学科带头人，以省内重大科技研发平台和科技计划项目为依托，对科技创新人才及团队进行全方位支持；积极实施高层次人才引进计划，采取团队引进、核心人才带动引进等方式，对高精尖人才、优秀人才在住房、子女教育、就医政策和福利待遇等方面给予充分的支持和激励。

3. 强化“六新产业”和“四新设施”建设，促进城市融合发展

“六新产业”以新能源产业、新装备产业、新材料产业、新农业产业、新旅游产业、新电商产业为主攻方向，“四新设施”以新基建、新环境、新生活、新消费为重点内容，加快数字化转型、智能化升级，促进融合创新。强化新能源产业建设，包括加快建设吉林省西部白城地区的“陆上风光三峡”，系统布局吉林省东部的“山水蓄能三峡”，规划实施“全域地热三峡”，建设国家级清洁能源基地。在强化新装备产业建设方面，应重点发展包括现代汽车、轨道装备、光电装备、卫星制造等在内的装备制造产业。在强化新材料产业发展方面，应重点支持碳纤维、电池、电子和环保等材料产

业的发展。在支持新农业产业发展方面，应重点围绕种子技术、耕种技术、黑土地保护等，加快实现产品系列化、产业规模化、品牌效应化。在新旅游产业发展方面，吉林省要进一步借助现代科技手段，不断丰富旅游产品，有效拓展旅游体验，做精做强东西旅游“双线”，以冰雪旅游、生态旅游为特色，并将其作为吉林省旅游业发展的重要方向。在新电商产业领域，吉林省要围绕区域商品的特点、功能与形态，按照区域、领域的特点，打造地区性或专业性新电商平台。在新基建发展方面，吉林省要加快推动交通、物流、水利、能源、环保等基础设施向智能化、安全化、便利化方向转变。在新环境建设方面，要系统谋划、推进市政基础设施建设向网络化、智能化方向改造和升级。在新生活建设方面，要针对“三孩”政策落地加快完善普惠托幼服务体系，进一步完善医养康养相结合的养老服务体系，以应对人口老龄化等变化趋势。在新消费建设方面，吉林省要加快构建“互联网+”消费生态体系。

4. 提高综合风险应对能力，强化韧性城市建设

将韧性城市建设融入城市规划、建设、管理和更新范畴，不断增强城市的空间韧性、经济韧性、工程韧性、管理韧性和社会韧性，着力提升城市抵御自然灾害和抗击各种风险的能力。强化对区域易发生和可能发生并影响城市安全的自然灾害、安全隐患等的安全系统分析，提高应对城市安全隐患的能力。统筹地上地下空间利用，在城市空间布局上最大限度降低灾害损失风险，在规划城市空间时注重适当的战略留白，当城市面临重大风险时，能够快速新建，或通过存量空间功能的快速转换，提升城市对重大风险的应对力、适应力和恢复力，确保城市能够以最小的代价渡过危机。提升城市经济韧性，促进城市经济适度多元化，使发展更具协调性，形成实体经济、科技创新、现代金融、人力资源协同发展的现代产业体系。一是要提高城市经济韧性，除了从生产端加强发力外，还要不断从消费端发力，增强消费对城市经济发展的基础性支撑作用，更好地满足人民日益增长的美好生活需要。二是要提升城市工程韧性，增强应对极端气象灾害、地质灾害和各类公共安全风险的能力。筑牢城市生命线工程，加强城市抗灾减灾能力建设，增强城市交通工程韧性，提升“新基建”工程建设水平。三是要提升城市管理韧性，提升城市法治水平，提升科学管理能力，激发系统治理效能，提升城市精细管理能力，提升城市管理智能化水平。四是要提升城市社会韧性，不断增强城市的社会动员能力和秩序保障能力，运用现代信息技术提升治理能力和治理效能，及时回应并科学引导社会关切，切实维护应急突发事件期间的市场秩序和社会稳定。

参考文献

［1］倪鹏飞、徐海东主编《中国城市竞争力报告（No. 19）》，中国社会科学出版社，2021。

［2］崔岳春、赵光远主编《吉林省城市竞争力报告（2020～2021）》，社会科学文献出版社，2021。

［3］《2021年吉林省政府工作报告》，人民网，2021年1月31日，http：//jl. people. com. cn/n2/2021/0131/c349771-34556570. html。

［4］《吉林省2020年国民经济和社会发展统计公报》，吉林省人民政府网站，2021年10月26日，http：//www. jl. gov. cn/sj/sjcx/ndbg/tjgb/202104/t20210412_8022807. html。

B.4

吉林省城市竞争力（县级市）年度排名

李冬艳*

表 1　2020 年吉林省 20 个县级市综合经济竞争力及其显示性指标排名

县级市	所属市(州)	综合经济竞争力		综合增量竞争力		综合效率竞争力	
		指数	排名	指数	排名	指数	排名
延吉	延边	1.000	1	1.000	1	1.000	1
梅河口	通化	0.513	2	0.472	14	0.538	2
公主岭	长春	0.401	3	0.377	16	0.404	3
临江	白山	0.334	4	0.886	4	0.112	10
榆树	长春	0.328	5	0.341	17	0.292	5
德惠	长春	0.321	6	0.249	19	0.378	4
双辽	四平	0.312	7	0.634	12	0.140	8
舒兰	吉林	0.303	8	0.660	11	0.124	9
图们	延边	0.301	9	0.891	3	0.090	11
集安	通化	0.276	10	0.817	6	0.080	12
大安	白城	0.250	11	0.743	8	0.071	13
洮南	白城	0.238	12	0.738	10	0.064	14
珲春	延边	0.236	13	0.742	9	0.063	15
龙井	延边	0.232	14	0.943	2	0.045	18
蛟河	吉林	0.181	15	0.795	7	0.028	19
敦化	延边	0.181	15	0.509	13	0.050	17
磐石	吉林	0.173	17	0.437	15	0.155	6
桦甸	吉林	0.133	18	0.256	18	0.050	16
和龙	延边	0.099	19	0.872	5	0.000	20
扶余	松原	0.049	20	0.000	20	0.146	7

资料来源：中国社会科学院城市与竞争力指数数据库；2015~2021 年《吉林统计年鉴》。

* 李冬艳，吉林省社会科学院农村发展研究所研究员，研究方向为区域经济与农村发展。

表 2　2020 年吉林省 20 个县级市可持续竞争力排名及分项指标等级

县级市	可持续竞争力		全域城市竞争力	知识城市竞争力	文化城市竞争力	信息城市竞争力	和谐城市竞争力	生态城市竞争力
	指数	排名	等级	等级	等级	等级	等级	等级
梅河口	1.000	1	★★★★	★★★★★	★	★★★★★	★★★★★	★★★★★
延吉	0.964	2	★★★★★	★★★★	★★★	★★★★★	★★★★	★★★★
集安	0.744	3	★	★★★★	★★★★★	★★★	★★★★★	★★★★
敦化	0.707	4	★	★★★	★★★★	★★★★★	★★★★	★★★★
榆树	0.621	5	★★★★	★★★★	★	★★	★★★★	★★★★★
龙井	0.538	6	★★	★★★★	★★★	★★	★★★★	★★
德惠	0.501	7	★★	★★	★	★★★	★★★★	★★★★★
图们	0.488	8	★★★	★	★★★★★	★★	★★★★	★
临江	0.462	9	★★	★★	★★★	★	★★★★	★★★
和龙	0.422	10	★	★★	★★	★★	★★★★	★★★★
洮南	0.384	11	★	★★	★	★	★★★★★	★★★
舒兰	0.358	12	★★★	★	★	★★	★★★	★★★★
磐石	0.358	13	★★★	★★	★★	★★★	★★★	★★
珲春	0.358	14	★	★★	★★	★★★★	★★★	★★
蛟河	0.349	15	★	★	★	★★★	★★★★	★★★
大安	0.345	16	★★	★★	★★	★	★★★★	★★★
双辽	0.304	17	★★	★	★	★★	★★★★	★★★
桦甸	0.248	18	★	★	★	★★	★★★	★★★
扶余	0.232	19	★★	★	★	★	★★★	★★★★★
公主岭	0	20	★	★	★	★	★	★★★★

资料来源：中国社会科学院城市与竞争力指数数据库；2021 年《吉林统计年鉴》。

B.5
吉林省城市竞争力（县级市）年度综述

李冬艳*

摘　要： 县级市在全省国民经济区域构成中具有关键地位和重要作用。本报告对吉林省县级市的格局与优势、问题与不足、现象与规律进行了分析和总结。2020年吉林省县级市竞争力不断提升，从县级市综合经济竞争力来看，中部地区较为领先，东部地区两极分化，西部地区整体位于中游水平；从县级市可持续竞争力来看，东部地区整体水平较高，中部地区具有较强的发展后劲，西部地区较弱。全省县级市竞争力发展存在的问题与不足具有普遍性，面对县级市发展的一般规律和发展趋势，应通过建立县域发展产业体系、培育县域创新能力、引进数字经济、强化绿色生态低碳等措施不断提升全省县级市竞争力。

关键词： 县级市　综合竞争力　可持续竞争力　县域经济

县级市已经具有市的功能，作为县域城镇化的中坚力量，具有特殊地位和作用。县级市是县级区域的政治、经济、文化、信息中心，在以县城为重要载体的城镇化建设过程中上接大中城市，下联小城镇和广大农村，带动、引导和促进县域经济发展。县级市是城乡融合的重要切入点，更是乡村振兴的主阵地。比起县政府和乡政府，县级市政府被赋予更加宽泛的职能，能够

---

* 李冬艳，吉林省社会科学院农村发展研究所研究员，研究方向为区域经济与农村发展。

按照自己的特点进行权事管理，在自身社会各项事业发展中发挥更加独特的作用。

吉林省面积18.74万平方公里，辖9个市（州）及长白山管委会，2020年，辖21个市辖区、20个县级市、16个县、3个自治县。本报告从综合经济竞争力和可持续竞争力两个方面验证县级市在区域经济发展中的地位和作用。在吉林省经济受新冠疫情影响、经济发展出现负增长的阶段，县级市应进一步发挥竞争力优势。面对新发展阶段将会出现的新问题和新挑战，县级市要有新的发展战略和发展措施。本报告针对提升县级市竞争力提出对策建议，试图促进吉林省县级市竞争力不断提升，推动全省经济逐渐走出低谷，重新走上经济健康发展轨道。

一　格局与优势

（一）总体概况

2020年，吉林省有延吉、梅河口、公主岭、临江、榆树、德惠、双辽、舒兰、图们、集安、大安、洮南、珲春、龙井、蛟河、敦化、磐石、桦甸、和龙、扶余20个县级市，区划面积8.72万平方公里，占全省的46.5%。20个县级市的人口占全省的36.7%，占县域的56.6%，县级市城镇人口占全省城镇人口的27.7%，占整个县域城镇人口的61.3%。2020年，20个县级市地区生产总值为2711.27亿元，占全省的22.0%，占整个县域的58.4%。县级市第一产业产值705.53亿元，占全省的45.4%，占县域的52.0%；县级市第二产业产值619.37亿元，占全省的14.3%，占县域的65.6%；县级市第三产业产值1386.38亿元，占全省的21.6%，占县域的59.3%。2020年，县级市人均GDP为28703元，比县域整体水平高3.1个百分点，较上年县级市人均GDP增加803元，增长率为2.9%；县级市人均GDP占全省人均GDP的60.1%，较上年的61.9%有所下降。2020年全省地区生产总值排名前3的县级市是公主岭、延吉、榆树。2020年县级市地方财政收入

203.83 亿元，占县域地方财政收入的 64.4%，与上年持平，占全省的 18.8%，比上年增加 6 个百分点。2020 年全省财政收入排名前 3 的县级市分别是延吉、梅河口、公主岭。2020 年县级市社会消费品零售总额 770.60 亿元，占全省的 20.2%，占县域的 67.1%（见表 1）。

2020 年县级市的城镇居民人均可支配收入为 24411 元，为全省平均水平的 73.1%；而农民人均可支配收入为 13677 元，为全省平均水平的 85.1%，尽管后者增速快于前者，但是两者绝对差值仍然达 10734 元，差距相对惊人，说明城乡居民生活水平差距仍然显著。

表 1　2020 年吉林省县级市概况

	县级市	县域	全省	县级市占县域比重（%）	县级市占全省比重（%）
行政区域土地面积（平方公里）	87200.00	172782.00	187400.00	50.5	46.5
总人口（万人）	944.60	1667.45	2577.10	56.6	36.7
城镇人口（万人）	350.24	571.25	1266.50	61.3	27.7
GDP（亿元）	2711.27	4640.00	12311.32	58.4	22.0
第一产业（亿元）	705.53	1356.39	1553.00	52.0	45.4
第二产业（亿元）	619.37	944.41	4326.22	65.6	14.3
第三产业（亿元）	1386.38	2339.21	6432.10	59.3	21.6
地方财政收入（亿元）	203.83	316.61	1085.02	64.4	18.8
地方财政支出（亿元）	1049.90	1915.07	4127.17	54.8	25.4
社会消费品零售总额（亿元）	770.60	1147.88	3823.95	67.1	20.2

资料来源：2021 年《吉林统计年鉴》。

（二）2020年吉林省县级市竞争力现状格局

在新发展阶段，吉林省 20 个县级市充分利用各自优势，克服发展中的困难，均取得良好的经济效益，综合经济竞争力和可持续竞争力不断提升，全省县级市竞争力格局发生了深刻变化。

1. 综合经济竞争力

从2020年综合经济竞争力排名来看，前10位的县级市中，东部地区[①]有延吉、临江、图们、集安有4个县级市，比2019年增加了2个；中部地区现有梅河口、公主岭、榆树、德惠、舒兰5个县级市，比2019年的德惠、梅河口、榆树、公主岭、舒兰、磐石少1个县级市；西部有双辽1个县级市，比2019年的扶余、大安少1个县级市。排在后10位的县级市中，东部地区有4个，比2019年减少了2个；中部有3个，与2019年比没有变化；西部有3个，2019年后10位县级市中没有西部县级市，变化很大。

综合经济竞争力排前5位的县级市是延吉、梅河口、公主岭、临江、榆树。延吉从2019年的第3位上升到第1位，梅河口位置未变，榆树下降1位，公主岭由第5位上升到第3位，临江由2019年的第8位上升到第4位，德惠2019年由第1位下降到第6位，跌出前5。

这一排名说明吉林省县级市竞争激烈，反映在位次上，变化较大，前3位、前5位都有变化。延吉是吉林省老牌县级市，地位一直稳定，梅河口是省辖市，梅河新区升格为正厅级开发区，省辖市的城市竞争力明显强于其他县级市。而公主岭已经划归长春代管，各种优势促进其快速发展。

从位于前10的县级市分布来看，中部地区竞争力最强，东部地区次之，西部地区最弱，而中部地区又以长春市最强，原因在于其副省级城市的地位较高，带动力较强，吉林市只有一个县级市进入前10。可见，区位优势对于县级市综合经济竞争力的影响十分明显，发挥区位优势对于提升县级市综合经济竞争力具有十分重要的作用。

在2020年综合增量竞争力排名前5的县级市中，延边的县级市占4位，前5位依次为延吉、龙井、图们、临江、和龙，2019年只有延吉位居第5，延边其他县级市都在前5以外，变化非常大；2019年前10位中也只有延

① 按照2014年《吉林省西部生态经济区总体规划》、2015年《吉林省东部绿色转型发展区总体规划》、2016年《吉林省中部创新转型核心区总体规划》划分吉林省东中西部县级市区位。

吉、临江、大安、集安、洮南5个县级市在其中，变化也很大。由于扶余没有2020年综合增量竞争力数据，其位置由2019年的第6位跌到第20位（见表2）。

在综合效率竞争力方面，排名前3的县级市是延吉、梅河口、公主岭，与综合经济竞争力指数前3位一样。尽管磐石、扶余综合增量竞争力分别排在第15位、第20位，但它们的综合效率竞争力分别排在第6位、第7位，具有相当强的竞争实力。

表2 2020年吉林省20个县级市综合经济竞争力及其显示性指标排名

县级市	所属市（州）	综合经济竞争力		综合增量竞争力		综合效率竞争力	
		指数	排名	指数	排名	指数	排名
延吉	延边	1.000	1	1.000	1	1.000	1
梅河口	通化	0.513	2	0.472	14	0.538	2
公主岭	长春	0.401	3	0.377	16	0.404	3
临江	白山	0.334	4	0.886	4	0.112	10
榆树	长春	0.328	5	0.341	17	0.292	5
德惠	长春	0.321	6	0.249	19	0.378	4
双辽	四平	0.312	7	0.634	12	0.140	8
舒兰	吉林	0.303	8	0.660	11	0.124	9
图们	延边	0.301	9	0.891	3	0.090	11
集安	通化	0.276	10	0.817	6	0.080	12
大安	白城	0.250	11	0.743	8	0.071	13
洮南	白城	0.238	12	0.738	10	0.064	14
珲春	延边	0.236	13	0.742	9	0.063	15
龙井	延边	0.232	14	0.943	2	0.045	18
蛟河	吉林	0.181	15	0.795	7	0.028	19
敦化	延边	0.181	15	0.509	13	0.050	17
磐石	吉林	0.173	17	0.437	15	0.155	6
桦甸	吉林	0.133	18	0.256	18	0.050	16
和龙	延边	0.099	19	0.872	5	0.000	20
扶余	松原	0.049	20	0.000	20	0.146	7

资料来源：中国社会科学院城市与竞争力指数数据库；2015~2021年《吉林统计年鉴》。

2. 可持续竞争力

2020 年梅河口、延吉、集安、敦化、榆树排在吉林省县级市可持续竞争力前 5 位（见表 3），对比 2019 年前 5 位的延吉、集安、敦化、梅河口、和龙变化较大。近年来，榆树经济快速发展，各项经济指标争先进位，综合经济竞争力和可持续竞争力都位列前 5。而公主岭、和龙经济发展起伏较大，个别经济指标存在不稳定性，综合经济竞争力与可持续竞争力排名不一致。和龙 2019 年位列前 5，2020 年下降至前 10。虽然此指标不能完全反映某个城市全部经济发展状况，但能从某一侧面指出城市发展的短板。

知识城市竞争力反映县级市的科技经费支出、教育支出、专业技术人员数量以及在校学生数量等情况，前 5 名的县级市是梅河口、延吉、龙井、集安、榆树，其中 3 个县级市属于东部地区，2 个县级市属于中部地区。

和谐城市竞争力反映县级市的社会保障、就业和医疗卫生财政支出等情况，排前 5 位的县级市是洮南、集安、梅河口、大安、和龙。这 5 个县级市十分重视公平且具有包容性，在社会保障方面做得较为到位，上述指标标准化综合得分较高。

生态城市竞争力反映县级市资源节约、环境质量、生态状况等方面的建设情况。前 5 位的县级市是梅河口、德惠、榆树、扶余、敦化。该排名说明这 5 个县级市在经济社会发展过程中，十分注重生态文明建设，单位 GDP 耗能、工业二氧化硫排放、绿地面积、省级保护区建设等方面都达标晋级，走在 20 个县级市前列。在生态文明建设进入国家发展战略的大背景下，这些县级市的经验模式需要认真总结，优秀经验值得其他县级市在发展中借鉴。

文化城市竞争力反映县级市历史文化、非物质文化和文化产业等方面的发掘与建设情况。文化城市竞争力排前 5 位的县级市是集安、图们、敦化、临江、龙井。全省仅集安 1 座第三批国家历史文化名城，集安的文化城市竞争力在全省居首的地位不可动摇；图们、敦化拥有的吉林省非物质文化遗产数量是全省县级市之最；临江有 4 个体育场馆，全省县级市最多。因此，这些县级市的文化城市竞争力排名靠前。

全域城市竞争力排前 5 位的县级市是延吉、榆树、梅河口、舒兰、磐石，均是中、东部县级市，这表明了西部地区的县级市在反映城乡一体化水平的全域城市竞争力方面存在不足。中、东部县级市在城乡居民收入、医疗教育、互联网、城镇化、公路交通、城市绿化等方面的发展好于西部，因此反映在全域城市竞争力指数方面，中、东部好于西部。

信息城市竞争力反映客体贸易、主体交流、信息交流、物质交流等方面的情况。排前 5 位的县级市是延吉、梅河口、敦化、珲春、德惠。延吉、梅河口、敦化、珲春都有对外口岸，因此进入前 4，尤其是延吉是吉林省目前唯一有机场的县级市，因此排名第 1；图们有两条铁路；珲春、敦化是吉林省出口额最多的县级市，其他县级市望尘莫及；梅河口的全社会固定资产投资总额居 20 个县级市首位，是吉林省的交通枢纽城市，拥有全省最多的高速公路；德惠当年实际使用外资金额居全省县级市首位。

表 3　2020 年吉林省 20 个县级市可持续竞争力排名及分项指标等级

县级市	可持续竞争力		全域城市竞争力	知识城市竞争力	文化城市竞争力	信息城市竞争力	和谐城市竞争力	生态城市竞争力
	指数	排名	等级	等级	等级	等级	等级	等级
梅河口	1.000	1	★★★★	★★★★★	★	★★★★★	★★★★★	★★★★★
延吉	0.964	2	★★★★★	★★★★	★★★	★★★★★	★★★★	★★★★
集安	0.744	3	★	★★★★	★★★★★	★★★	★★★★★	★★★★
敦化	0.707	4	★	★★★	★★★★	★★★★★	★★★★	★★★★
榆树	0.621	5	★★★★	★★★★	★	★★	★★★★	★★★★★
龙井	0.538	6	★★	★★★★	★★★	★★	★★★★	★★
德惠	0.501	7	★★	★★	★	★★★	★★★★	★★★★★
图们	0.488	8	★★★	★	★★★★★	★★	★★★★	★
临江	0.462	9	★★	★★	★★★	★	★★★★	★★★
和龙	0.422	10	★	★★	★★	★★	★★★★	★★★★
洮南	0.384	11	★	★★	★	★	★★★★★	★★★
舒兰	0.358	12	★★★	★	★	★★	★★★	★★★★
磐石	0.358	13	★★★	★★	★★	★★★	★★★	★★
珲春	0.358	14	★	★★	★★	★★★★	★★★	★★

续表

县级市	可持续竞争力		全域城市竞争力	知识城市竞争力	文化城市竞争力	信息城市竞争力	和谐城市竞争力	生态城市竞争力
	指数	排名	等级	等级	等级	等级	等级	等级
蛟河	0.349	15	★	★	★	★★★	★★★★	★★★
大安	0.345	16	★★	★★	★★	★	★★★★	★★★
双辽	0.304	17	★★	★	★	★★	★★★★	★★★
桦甸	0.248	18	★	★	★	★★	★★★	★★★
扶余	0.232	19	★★	★	★	★	★★★	★★★★★
公主岭	0	20	★	★	★	★	★	★★★★

资料来源：中国社会科学院城市与竞争力指数数据库；2021 年《吉林统计年鉴》。

3. 县级市竞争力区域格局

全省县级市资源禀赋不同，导致县级市竞争力在全省区域分布不均衡。2020 年中部有 8 个县级市，竞争力最强，梅河口、公主岭、榆树 3 个县级市的综合经济竞争力名列前茅，竞争力高于东、西部地区；东部地区综合经济竞争力发展不平衡，两极分化，延吉、临江分别位居第 1 和第 4，其他县级市的综合经济竞争力水平普遍不高。西部双辽、大安、洮南分别排在第 7 位、第 11 位和第 12 位，整体位于中游水平，扶余由于 2015~2020 年地区生产总值综合增量位于 20 个县级市的最后，综合经济竞争力指数也排在第 20 位。

2020 年，吉林省东部地区县级市可持续竞争力整体水平较高。8 个东部县级市中，延吉、集安、敦化、龙井、图们、临江、和龙 7 个县级市位列前 10，珲春排在第 14 位；中部地区的梅河口居第 1 位，榆树、德惠分列第 5、第 7 位，具有较强的发展后劲；西部地区的洮南、大安、双辽、扶余分列第 11、第 16、第 17 和第 19 位，可持续竞争力较弱。县级市可持续竞争力与该区域经济发展水平一致。县级市可持续竞争力指数区域格局说明，东部地区自然生态环境优越，具有可持续发展资源优势；中部地区也有比较丰富的自然资源，发展生态经济、特色经济的先天条件优越；西部地区的自然生态环境保护工作有待加强，可持续发展缺乏优势。

二　问题与不足

目前，吉林省经济发展面临的体制机制问题和结构性矛盾在县级市普遍存在；同时县级市存在经济总量较小，科技创新和成果转化能力较弱，地方财政收支困难等问题，制约县级市经济快速发展。

（一）县级市高质量发展动力不足

一是县域不发达，经济竞争力不强。吉林省经济增长极集中于大中城市，特别是集中于大城市，而县级市多为传统产业聚集，缺乏高新技术产业，内生发展动力不强，经济竞争力不足。2020 年全国综合实力百强县（市）[①] 中东北三省县级市很少，吉林省没有县级市入围。《中国县域高质量发展报告 2022》[②] 显示，培育发展类城市群中，哈长城市群没有千亿级别的县域；全国县域高质量发展百强中，吉林省只有 1 个，即梅河口市。二是高新技术产业较少，第二产业不发达。企业多为传统产业，对县级市发展的支撑不足。三是市场规模小，就业岗位匮乏。近两年，县级市经济受国际贸易摩擦加剧影响，吉林省又因新冠疫情出现经济增速下滑，相比于大城市，县级市抗压能力明显不强。县级市经济下滑，导致就业岗位减少，城乡居民收入水平下降，进而造成县级市政府税收减少，经济发展支撑能力减弱。

（二）城乡公共资源配置不均衡

虽然脱贫攻坚取得全面胜利，小康社会如期建成，城乡差距大幅度缩小，但是城乡公共资源配置仍然不均衡。吉林省的公共资源分配依然是城强乡弱，配置不均衡的状态没有根本改变。一是教育资源主要集中在县级及以

① 2020 年 12 月 1 日，中国社会科学院财经战略研究院发布“2020 年全国综合竞争力百强县（市）榜单”。

② 2022 年 6 月 7 日由壹城经济咨询中心（壹城智库）在京发布。

上城市的现状没有变化。农村公共基础设施投入少，建设标准低。农村医疗卫生、养老机构的配置标准远远落后于城镇。二是城乡发展政策的“碎片化”问题比较普遍。由于城乡之间的发展规划、基础设施建设、产业发展以及文教卫生等基本公共服务政策的有机衔接不到位，缺乏相互融合与良性互动，城乡发展政策的“碎片化”问题普遍存在。三是城乡公共信息资源分配不均，造成城乡发展的不均衡，严重影响县级市发展进程。

（三）县级市公共服务质量仍然较低

县级市所在地的基础设施供给能力有待提升。近年来，吉林省县级市城市建设投入不断增加，城市建设取得较大成效，但相对于快速集聚的人口，其设施配套仍有不少“欠账”。比如，县域公路养护经费供给缺位，导致道路通车不稳定；县级市农村公路建设远远没有达到公路等级标准，村村通公路管理、养护缺失，导致村村通公路破损率逐年上升。与此同时，县级市电网建设、光伏扶贫工程等都需要加强管理，以满足其经济发展的需要。

（四）县级市人口城镇化难以为继

吉林省经济发展滞后，导致县级市经济发展动能不足，辐射带动力弱。与大中城市相比，县级市第二产业发展水平较低，与此同时，缺乏高铁、机场、5G 基站等，交通、通信等基础设施发展水平远低于大城市。而医疗、教育等公共服务也不能满足县级市现代化发展的需要，尤其是产业竞争力不强，对外籍人口没有吸引力。相比于较大城市，县级市对人才的吸引力不足。一是县级市对精英人口的吸纳能力不足。每年吉林省县域会有大量学生通过高考去域外接受高等教育，这些人员毕业后很少选择回乡就业，大多数选择留在就读城市或更大的城市。外出打工、就业的农业劳动力也基本留在提供就业机会的大中城市。二是高新技术的发展使很多就业岗位被机器代替。劳动密集型企业通过技术革新，生产效率大幅提升，“机器换人”加速了岗位需求数量的下降。三是目前农业人口的红利超过城镇人口。农村合作医疗的报销比例高于城镇，报销路径也比城镇方便，导致县级市户籍缺乏吸引力，农业人口不愿意在城镇落户。

三　现象与规律

（一）县级市城镇人口不断流出

“十三五”以来，我国经济面对百年未有之大变局，以新发展理念应对新发展格局，经济发展取得了令人瞩目的成就。从全国来看，南方的经济形势比北方好，东部的经济形势比西部好，东北的经济形势不太乐观。没有好的经济形势，就没有好的就业、好的收入，从而导致吉林省的人口不断流出。据《吉林统计年鉴》数据，2015 年县级市人口占全省人口的 36.97%，县级市城镇人口占全省人口的 14.11%，县级市城镇人口占县级市人口的 38.17%。2020 年县级市人口占全省人口的 36.70%，比 2015 年减少 0.27 个百分点；县级市城镇人口占全省人口的 13.59%，比 2015 年减少 0.52 个百分点；县级市城镇人口占县级市人口的 37.08%，比 2015 年减少 1.09 个百分点。这是系统性减少，将严重影响东北三省包括吉林省经济的健康发展，影响社会稳定，因此要加强政策措施保障，控制人口流出。

（二）县级市经济在全省经济发展中占有重要地位

2020 年，吉林省 20 个县级市的地区生产总值合计为 2711.27 亿元，占全省地区生产总值的 22.0%；财政收入合计为 203.83 亿元，占全省财政收入的 18.8%；行政区域土地面积为 8.72 万平方公里，占全省的 46.5%；科研经费支出 8.72 亿元，占全省的 5.5%；专业技术人员 14905 人，占全省的 33.52%。由以上数据可见，县级市无论是地区生产总值还是财政收入都在全省经济发展中占有重要地位。占全省行政区域面积近 1/2 的县级市，拥有 1/3 的专业技术人员，科研经费支出却很少，说明县级市层面还没有把科技进步真正纳入县域经济发展的第一生产力范畴，因而县级市的经济发展，从地区生产总值和财政收入角度来讲，只是占有重要地位，而不是占据主要或者决定性地位。

（三）县域经济发展带动乡村振兴

吉林省县域经济发展促进了县域城镇化发展，带来了乡村经济发展所需的各种要素。县域经济发展提供大量不同于传统产业的工作岗位，导致人口结构发生改变，促进农村人口就地市民化。县域经济助力乡村产业转型升级和城乡一体化发展的同时，助力现代农业发展水平不断提升，推动农产品加工业成为乡村产业融合发展的重要引擎，助力农民持续增收，推动城乡公共服务设施建设，进而带动乡村振兴。县域经济发展使农民转移就业的空间扩大，工资性收入不断增加。2020 年，吉林省县级市农村居民人均可支配收入达 1.30 万元，与 2010 年相比年均增长 17.0%。受多重因素影响，农村居民收入继续保持较高速增长，但略显乏力。从增速看，农民增收已进入“减速带”，但工资性收入在同步降档减力的情况下，占比与上年同期相比基本持平，确保了农村居民人均可支配收入持续增加。县域经济发展吸纳农业转移劳动力，推动了土地流转、规模经营，为现代农业创造了规模化经营的条件，为农业现代化提供了物质技术支持。测土配方施肥在粮食主产区实现全覆盖，手机信息化服务也已实现全覆盖，农业科技进步贡献率平均值达 60%。

四　趋势与展望

（一）现代农业发展提升了县级市竞争力

在县域经济发展过程中，通过招商引资发展龙头企业，有利于促进农业产业化的龙头企业进行技术创新和扩大经营规模，提高龙头企业的经济效益，增加城镇的财政收入，实现“以工补农、以工建农”的现代农业发展模式，农产品加工业成为乡村产业发展的新引擎。吉林省农产品加工业稳步发展。2020 年，省级以上农业产业化龙头企业达 651 户，比上年增加 75 户，平均每个市县 12 户；其中国家级 54 户，实现重点产粮大县全覆盖。全省市（州）级农业产业化龙头企业超过 1500 户，平均每个乡镇 2.5 户，实现重点产业强镇全覆盖。农产品加工流通产业对农业生产的带动能力不断增强。虽然受当前国内外各种因素和经济不稳定趋势的影响，农产品加工业出现一定程度的萎靡，但是长期来看，农产品加工业作为全省的支柱产业，可以积极带动全省现代农业全面发展。吉林省农产品加工业和食品工业十大产业集群开始建立，国家农业产业化示范基地的建立将进一步推进龙头企业集聚，便于集中优势资源开展公共服务，支持龙头企业转型升级；促进经营主体集聚发展，提供“三产”融合组织载体；延长产业链、提升价值链，推动“三产”融合实现提质增效；提高辐射带动能力，带动农户共享“三产”融合发展成果。

（二）东中西部县级市发展各具特色

吉林省统筹强化制度设计，更加注重城镇常住人口市民化和农村人口就地城镇化，推进城乡发展互促共荣。在吉林省第十二次党代会精神的指引下，在“一主六双”战略框架下，遵循县域经济发展的客观规律，充分利用各地资源禀赋和发展优势，探索适合各地县级市的发展模式和发展路径，逐步形成了吉林省东中西部各具特色的发展格局。一是以延吉、集安为代表的东部县级市利用长白山优势发展县域经济。延吉利用少数民族和延边朝鲜族自治州政府所在地优势，充分挖掘长白山资源利用潜力，通过构建现代产业体系，发展特色农业，扩大开放合作，城市竞争力不断提高，2020 年综合经济竞争力排名第 1，可持续竞争力排名第 2。集安借助口岸优势，利用长白山资源优势，发挥“新开河”品牌和“集安清河野山参”影响力，大力发展国家人参现代农业产业园，城市竞争力稳步提升，2020 年可持续竞争力排名第 3，综合经济竞争力排名第 10。二是以梅河口、公主岭为代表的中部地区利用长、吉两市产业优势实现发展。梅河口利用省直管市以及梅河新区正厅级建制的体制机制优势，借助“一主六双”战略及长、吉两市的拉动作用，通过优先建设城市基础设施，走出了一条“发展中等城市，带动县域经济发展”之路，2020 年可持续竞争力排名第 1，综合经济竞争力排名第 2。公主岭借助融入长春大都市的机遇，实现建立国家现代农业高新技术产业示范区的突破，通过创新驱动、坚持农业农村优先发展，城市竞争力不断提升，2020 年综合经济竞争力排名第 3。三是双辽、洮南等西部地区利用独特资源优势发展生态经济。双辽利用国家硅质原料生产基地的独特优势，坚持“风光火”一体化发展。双辽处在东北电网和蒙东电网负荷中心，是吉林省西部的国家级清洁能源基地，在粮食生产、肉羊生产、瘦肉猪生产、科技进步、国土资源节约集约、生态建设等方面走在全省县级市前列，县级市竞争力稳步提高，2020 年综合经济竞争力排在西部地区第 1 位、全省第 7 位。洮南依托风光优势资源，充分发挥风光储氢新能源基地等重大项目的引领作用，构建西部特色产业新体系，增强县域发展新动力，推进“生态洮南”建设，不断提高城市竞争力，2020 年可持续竞争力排在西部地区第 1 位、全省第 11 位。

（三）新型城镇化成为未来县级市经济发展的重要力量

中共中央办公厅、国务院办公厅印发的《关于推进以县城为重要载体的城镇化建设的意见》进一步明确了以县城为重要载体的城镇化建设的发展目标和具体任务，凸显了以县城为载体的城镇化在我国城镇化战略中的重要地位。从表 1 吉林省县级市的各项经济指标来看，县级市的各种经济指标在县域、全省的占比都相当大。随着县域经济的发展壮大，县级市经济在全省经济发展中的地位将越来越重要。在新的发展阶段，县级市以往的发展模式难以为继。县级市经济发展的出路只能是转换发展动力，以创新引领发展，把创新摆在核心位置。必须推进以县城为重要载体的新型城镇化建设，以科技创新赋能城镇化建设，把理论创新、制度创新、文化创新融入新型城镇化建设，在政策制定、资源配置的过程中，充分考虑科技创新的作用，把科技创新作为战略资源融入县级市竞争力提升的主要措施。发展新型城镇化，促进县级市科技创新，将成为全省县级市经济转型突破的关键手段。通过科技进步和产业技术更新，补齐县域经济发展短板，巩固现有产业基础，创新县级市竞争力，提升产业体系和科技支持体系，在新型城镇化稳步发展的过程中，持续推动县级市竞争力的提升。

五 政策与建议

提高县级市竞争力是吉林省经济全面振兴、走出低谷的重要措施，也是提高县域经济发展水平的重要手段。需要超前谋划、做好顶层设计，通过加强战略研究、专项规划等措施完善政策，有效引导和推动数字经济与实体经济深度融合。需要补齐县级市发展短板，推动人工智能、工业互联网、物联网等新型基础设施建设，建设高速、移动、安全、泛在的新一代信息基础设施，推动基础设施数字化升级。需要强化政府在顶层设计、制定规划和出台针对性政策方面的作用，引导和支持以市场的方式方法推动数字经济与优势产业深度融合。加强人才培养引进，聚集专业人才，助力吉林省县级市竞争力提升和经济发展水平提高。

（一）建立县域发展产业体系，提升县级市竞争力

充分利用国家的县域城镇化发展战略，以“一主六双”战略为依托，通过建立产业集群，构建县域发展产业体系，进而提高县级市竞争力。一是构建以长、吉两市为核心的县级市密集型产业集群，主要包括梅河口、公主岭、榆树、德惠、舒兰、磐石、蛟河、桦甸，建立汽车及零配件产业集群、现代农业高新技术产业集群、制造业产业集群、冶金建材日用化工产业集群、电子信息产业集群、粮食深加工产业集群、梅花鹿产业集群、黑木耳产业集群。二是构建东部县级市特色产业集群，包括珲春、图们、延吉、龙井、和龙、敦化，培育和发展一批以长白山资源为主的特色产品加工产业集群，建立以临江、集安为一线的人参、中医药产业集群带。三是构建西部分散县级市产业集群，包括双辽、扶余、洮南、大安，建立油气产业集群、风电产业集群、生物能产业集群、杂粮杂豆产业集群、畜牧业及粮食精深加工产业集群。

（二）加强县域创新能力培育，提升县级市内生发展动力

县级市地区生产总值占县域的 58.4%，占全省的 22.0%，是吉林省经

济发展的重要区域，是各级政府的重点支持对象。各级政府应当全力支持县域经济扩量提质、加速发展。一是实施市场准入负面清单制度。遵循“非禁即入”理念，面向县域经济投资主体，建立重点项目、企业、产业甄别筛选机制，全面实施市场准入负面清单制度。在非禁止、限制投资经营的行业、领域、业务等方面，保障县域经济市场主体依法平等进入。二是建立县域经济发展重点项目库。按照“清单化管理、项目化实施、精准化落地”的要求，针对关乎县域经济发展的重点项目、重大工程，建立周期性且可适时调整的县域经济发展重点项目库，对其中条件成熟或有必要推动的项目，及时推动，迅速落地实施。三是用好用足各类支持性政策措施。如充分发挥西部地区风光资源富集的优势，推动增量配电试点改革，加快“绿电”示范区建设。用好用足“新增可再生能源和原料用能不纳入能源消费总量控制”、电价洼地、高纬度地区低温等优势，积极引入大数据等产业。减轻企业税收负担，积极协调税务部门，争取对符合“生态准入标准”和不在“生态准入负面清单”之列的企业实行所得税减免政策。具体减免幅度可根据企业的行业、规模、产值、效益等情况，按照现有税法及有关政策进行确定。

（三）引进数字经济，赋能县级市高新技术产业发展

县级市地区生产总值在全省经济总量中的占比约为1/5，地位重要，但没有占据主导地位。原因是技术尤其是高新技术投入较少，投入产出效率较低，县级市的高级人才大面积流失，对知识产权的保护和利用不够合理等。县级市要提高经济发展水平、提升竞争力，必须引进高新技术及产业，吸引高新技术人才，以技术创新驱动经济发展，依靠城市文化积淀，引导知识型城市建设，加强技术创新能力，培育好县级市新型业态、主导产业，提升可持续竞争力。一是加快县级市信息基础设施建设。在乡村实现4G深化普及，在县域实现5G创新应用，缩小城乡“数字鸿沟”，满足县域高新技术产业发展对信息基础设施的需求。二是加强基础设施共建共享，加快县域宽带通信网、移动互联网、数字电视网和下一代互联网发展。三是发展县域数

字经济，推进县域数字化转型，促进新一代信息技术与三次产业全面深度融合，打造科技产业、智慧产业、品牌经济。

（四）强化绿色生态低碳，确保经济可持续发展

保护和改善生态环境是县级市经济发展的重要内容和根本要求。一是健全生态环境监测网络。进一步优化涵盖大气、水、土壤、生态等因素的生态环境监测网络，加快完善生态环境监测体制机制，加快补齐生态监测短板。加强大气污染传输重要通道和重污染区域监测站点建设，完善大气环境质量监测网络；各地建立生态监测网站、城市暴雨次生灾害以及城市积涝风险预警和评估系统，推进乡镇交接断面和重要入江支流自动监测体系建设；整合永久基本农田土地质量监测网、农田土壤污染监测预警体系和土壤环境质量国控监测点位，建立土壤环境质量监测网络；建立城市噪声环境质量监测网络；构建生态修复型人工影响天气保障体系。二是深入完善土地占补平衡政策。灵活实施耕地占补平衡政策，保障县域经济发展对土地资源的需求。加强耕地资源系统认知，制定差异化耕地“红线”，加快构建土地生态工程技术体系，推进实施全域土地综合整治，研制耕地资源关键要素获取技术、装备与系统，提升耕地资源全程监测监管能力。三是强化科技成果转化。各地加强与高等院校、科研院所的紧密结合，建立政、企、研联盟，针对县域经济发展，设计并实施县级市经济发展计划。借助科学研究，更直接地实现成果应用与转化，解决好科研成果向现实生产力转化不力、不顺、不畅的痼疾。发挥地方政府在推动科技成果转化中的重要作用，加大政策、服务、金融创新力度，建立国家级科研成果转化示范区，探索可复制、可推广的县域经济可持续发展及高科技成果转化的经验与模式。充分发挥国家科技成果转化引导基金的作用，继续加大地方财政投入力度，创新投贷联动、众筹等科技金融手段，拓宽资金市场化供给渠道，推动科技成果融合转化，培育县域经济可持续发展的新增长点。

参考文献

［1］崔岳春、张磊主编《吉林省城市竞争力报告（2015）》，社会科学文献出版社，2016。
［2］倪鹏飞、徐海东主编《中国城市竞争力报告 No. 19》，中国社会科学出版社，2021。
［3］张磊主编《吉林省县域经济发展路径选择》，吉林人民出版社，2013。

地级市竞争力报告

Competitiveness of Prefecture-level City Reports

B.6

吉林省城市竞争力（长春市）报告

姚震寰*

摘　要： 在我国区域经济协调发展战略的引领下，长春深入落实东中西“三大板块”部署和“一主六双”高质量发展战略，加快建设长春现代化都市圈，聚焦“六城联动”和“四个服务”等重点任务，全力保主体、稳投资、促消费、惠民生、防风险，保障经济社会平稳健康发展。为实现城市可持续发展，未来长春应继续推进产业转型，推动核心竞争力能级跃升；全力保障改善民生，提升城市包容能力；加大开发开放力度，创建开放便捷的城市；加强环境污染治理，打造绿色宜居城市；不断优化营商环境，构筑城市宜商优势。

关键词： 城市竞争力　可持续发展　科技创新

* 姚震寰，吉林省社会科学院城市发展研究所副研究员，研究方向为城镇化建设与城市环境。

近年来，面对日趋复杂的内外部环境及前所未有的困难挑战，长春市综合经济竞争力和可持续竞争力排名仍处于全国上游水平，表现稳定。2021年，长春市综合经济竞争力指数为0.404，居全国第59位；可持续竞争力指数为0.400，居全国第49位。可以说，长春市的经济社会发展取得了显著成果，但综合经济竞争力和可持续竞争力仍有较大的提升空间，尤其是从二者的分项指标来看。因此，需要通过优化营商环境、释放经济动能、改善生活环境等，提升综合经济竞争力水平，同时通过加强环境保护、保障改善民生、集聚创新资源等，提升可持续竞争力水平。补短板、促改革、谋创新、重民生、优服务仍是长春实现高质量发展的核心要素，只有做好以上五个方面工作才能最终实现城市竞争力的整体提升。

一　格局与优势

（一）总体概况

长春市全面落实“三个五”战略、中东西“三大板块”部署、“一主六双”产业空间布局，2020年全市实现地区生产总值6638.03亿元，按可比价格计算，比上年增长3.6%。三次产业结构由2019年的5.9：42.3：51.8调整为8.0：41.6：50.4（见表1），人均地区生产总值达77634元，比上年增长3.6%；投资水平有所提升，全市固定资产投资增长8.8%，在15个副省级城市中排第2位。人民生活水平逐步提升，2020年全市城镇常住居民人均可支配收入达40001元，比上年增长5.7%。总体来看，长春市不断提升经济发展质量和效益，为城市竞争力水平的提升夯实了基础。

从可持续竞争力的要素方面看，长春市的创新动能不断释放，2020年全市投入科技经费18.55亿元，技术合同成交额达451.60亿元，有高新技术企业884户、科技成果259项。切实保障和改善民生，抓好重点群体就业增收，落实“建设幸福长春行动计划”，兜牢民生底线，补齐基层医疗短板，维护社会大局和谐稳定，提升城市发展韧性。开放合作持续深化，聚力深化“五个合作”，发挥长吉图开发开放战略腹地的支撑作用，积极发展内陆开放型经济，构建现代流通体系，更好地服务和融入新发展格局。2020年，全市实现进出口总额1027.6亿元，比上年增长3.0%。环境保护工作有力推进，围绕“双碳”示范城市建设，加快产业、能源、交通、用地等结构调整，统筹推进“无废城市”“海绵城市”“韧性城市”建设，构筑城市绿色廊道。长春在谋创新、抓改革、优环境、扩开放、促发展上持续发力，将引领推动吉林振兴发展取得新突破。

表1　2020年长春市基本情况

项目	数据
土地面积(平方公里)	24744
总人口(万人)	853.4
GDP及增长率(亿元,%)	6638.03,3.6
三次产业结构	8.0：41.6：50.4

资料来源：《2020年长春市国民经济和社会发展统计公报》，吉林省统计局网站，2021年8月6日，http：//tjj. jl. gov. cn/tjsj/tjgb/ndgb/202108/t20210806_ 8171557. html。

（二）现状格局

1. 综合经济竞争力排名稳中有升，经济密度竞争力表现优于经济增量竞争力

2021年，长春综合经济竞争力指数为0.404，在全国291个城市中排第59位，较2020年提升1个位次；在东北三省34个城市中排第1位，与2020年持平；在吉林省8个城市中排第1位，与2020年持平。从其显示性指标来看，2021年经济增量竞争力指数为0.214，居全国第71位，比上年下降3个位次，在东北三省和吉林省排第1位，与上年相同。经济密度竞争力指数为0.427，在全国排第57位，比上年下降1个位次（见表2）。长春综合经济竞争力表现平稳，近年来一直处于全国上游水平，经济密度竞争力优势明显，表明长春具备较强的经济发展活力，注重质量和效率的双重提升，未来发展空间较大。

表 2　2020～2021 年长春综合经济竞争力及显示性指标排名

年份	综合经济竞争力	排名			经济增量竞争力	排名			经济密度竞争力	排名		
		全国	东北	省内		全国	东北	省内		全国	东北	省内
2020	0.411	60	1	1	0.206	68	1	1	0.426	56	2	1
2021	0.404	59	1	1	0.214	71	1	1	0.427	57	3	1

资料来源：中国社会科学院城市与竞争力指数数据库；吉林省社会科学院城乡发展指数数据库。

2. 在综合经济竞争力分项指标中，生活环境竞争力表现不佳，其他分项指标表现较好

从综合经济竞争力的分项指标来看，2021 年长春市的当地要素竞争力、营商软环境竞争力、营商硬环境竞争力和全球联系竞争力分别居全国第 30 位、第 32 位、第 50 位和第 30 位，在东北和吉林省排名也处于上游水平，表明长春在市场化程度、营商环境建设、交通便捷性等方面表现优于全国大部分城市。长春市的生活环境竞争力居全国第 112 位、东北第 5 位、吉林省第 2 位（见表 3），表现低于其他 4 项指标，气候舒适度指数、环境污染度指数、居住成本指数排名相对靠后，成为制约长春生活环境竞争力提升的主要因素。

表 3　2020～2021 年长春综合经济竞争力及分项指标排名

年份	综合经济竞争力			当地要素竞争力			生活环境竞争力			营商软环境竞争力			营商硬环境竞争力			全球联系竞争力		
	全国	东北	省内	全国	东北	省内	全国	东北	省内	全国	东北	省内	全国	东北	省内	全国	东北	省内
2020	60	1	1	25	2	1	144	8	2	27	7	1	78	7	1	36	4	1
2021	59	1	1	30	3	1	112	5	2	32	4	1	50	4	1	30	4	1

资料来源：中国社会科学院城市与竞争力指数数据库；吉林省社会科学院城乡发展指数数据库。

3. 可持续竞争力略有下降，综合人口增量竞争力优于综合人口密度竞争力

2021 年，长春可持续竞争力指数为 0.400，在全国排第 49 位，比上年下降 5 个位次。其中，综合人口增量竞争力指数为 0.494，全国排第 35 位，比上年下降 6 个位次。综合人口密度竞争力指数为 0.381，全国排第 70 位，比上年下降 15

个位次（见表4）。综合人口密度竞争力全国排名低于综合人口增量竞争力，表明长春在人才流入方面相对薄弱，须着力加大人才引进、培养和投入等方面的政策力度，使其成为推动城市经济可持续发展的动力源。

表4　2020~2021年长春可持续竞争力及显示性指标排名

年份	可持续竞争力			综合人口增量竞争力			综合人口密度竞争力		
	全国	东北	省内	全国	东北	省内	全国	东北	省内
2020	44	3	1	29	2	1	55	3	1
2021	49	3	1	35	3	1	70	3	1

资料来源：中国社会科学院城市与竞争力指数数据库；吉林省社会科学院城乡发展指数数据库。

4. 在可持续竞争力的分项指标中，社会包容、科技创新和全球联系表现最佳，环境韧性表现欠佳

从可持续竞争力分项指标来看，2021年长春市社会包容竞争力、科技创新竞争力、全球联系竞争力、经济活力竞争力表现较好，分别居全国第33位、第33位、第30位和第72位，处于全国上游水平；环境韧性竞争力表现不佳，在全国排第184位，和其他4项指标相比差距明显，成为制约可持续竞争力提升的主要因素。但环境韧性竞争力在全国、东北三省和吉林省的排名均比上年有所提升，尤其是全国排名比上年提升了40个位次（见表5），表明长春在提升交通便捷度和环境污染治理水平等方面加大了力度，深入打好污染防治攻坚战，进一步提升空气质量，改善水环境质量，努力让生态美、环境好成为长春人民高品质生活的“标配”。

表5　2020~2021年长春可持续竞争力及分项指标排名

年份	可持续竞争力			经济活力竞争力			环境韧性竞争力			社会包容竞争力			科技创新竞争力			全球联系竞争力		
	全国	东北	省内	全国	东北	省内	全国	东北	省内	全国	东北	省内	全国	东北	省内	全国	东北	省内
2020	44	3	1	66	1	1	224	21	4	28	3	1	21	2	1	36	4	1
2021	49	3	1	72	2	1	184	14	3	33	5	2	33	4	1	30	4	1

资料来源：中国社会科学院城市与竞争力指数数据库；吉林省社会科学院城乡发展指数数据库。

总体来说，长春城市竞争力的优势主要体现在以下两个方面。

第一，2019~2021年，长春市综合经济竞争力一直处于全国上游水平，在东北三省和吉林省表现突出，表明长春积极践行新发展理念，聚焦“两确保一率先”目标，继续深入实施“一主六双”高质量发展战略，在经济发展、改革创新、产业转型升级、区域布局、民生改善等方面表现卓越。新冠疫情发生以来，长春高效统筹疫情防控和经济社会发展，具体而言，一是坚持促进金融服务实体经济发展，创新助力中小企业金融服务模式，设立金融服务热线，积极利用网络平台开展云上银企对接活动，推动“吉企银通”“长春金服平台”“信易贷”等平台发展；二是在产业布局上，依托产业基础和产品特色，大力发展以汽车装备、现代农业、新材料等为代表的特色产业，培育创新型产业集群，构建“三中心、三强市”“六城联动”新发展格局。长春抓住现代化都市圈建设的契机，固根基、扬优势、锻长板、补短板、强弱项，加快建设现代经济体系，努力提升城市综合实力。

第二，2021年，在可持续竞争力分项指标中，社会包容竞争力、科技创新竞争力和全球联系竞争力是推动可持续竞争力提升的重要因素。从社会包容竞争力的分维度指标分析，历史文化、社会公平、开放度、医疗健康机构等指标表现突出，表明长春在推进经济平稳运行的同时，逐步提升社会保障能力并改善人们的居住环境。长春以科技创新增强发展动能，抓住国家自主创新示范区建设机遇，积极推进重大科技创新平台建设和科技成果转化，专利申请、学术论文、科技企业等指标指数排名靠前，表明长春在不断聚资源、引人才、促升级。2020年，专利授权量17373件，比上年增长46.0%，其中发明专利授权量3472件，同比增长33.5%；科技经费投入18.55亿元，比上年增加7.25亿元。经济活力竞争力也处在全国上游水平，表明长春经济发展便利度较高，经商便利度、产权保护、劳动生产率等指标是经济活力提升的关键，即生产要素的外部环境相对较好。未来，长春应持续提升城市经济活力，补齐环境韧性短板，持续发挥社会包容、科技创新和全球联系等指标对城市可持续发展的促进作用，从而实现可持续竞争力的整体提升。

二　问题与不足

（一）效率水平表现欠佳，影响经济活力竞争力提升

经济活力可以反映一个城市的经济增长规模、生产效率、市场化程度等。经济增长率和劳动生产率是制约经济活力竞争力的主要因素，长春经商便利度、产权保护和青年人才比例等指标虽然排在全国上游水平，但仍有较大的提升空间。新冠疫情发生以来，实体经济的发展受到一定冲击，经济增长方式亟须从规模增长向质量、效率提升聚焦，产业融合型、数字赋能型服务业发展相对滞后，尤其是在数字经济和人工智能等新发展领域，重点企业的数量有待增加。长春营商环境建设相对滞后，人才环境、法制环境等方面须持续优化，为大众创业、万众创新提供高效服务。青年人才比例相对不高，应积极引育“双创”人才，围绕引才、育才、留才、用才等打造人才集聚高地，全面促进创新链、产业链、资本链、人才链、服务链“五链融合”，增强城市经济活力和人才吸引力。长春应从产业转型、技术创新、环境优化、人才培养、效率提升等方面提升城市经济活力，为构建新发展格局、建设现代化经济体系、推动高质量发展等创造条件。

（二）可持续竞争力各分项指标发展不均衡，生态保护力度亟待加大

2021 年，长春可持续竞争力各分项指标发展不够均衡，环境韧性竞争力与其他四项指标差距明显，成为制约可持续竞争力提升的重要分项指标。环境韧性竞争力反映城市竞争力的环境承载能力，2021 年长春环境韧性竞争力指数排在全国第 184 位、东北三省第 14 位、吉林省第 3 位，均比上年有所提升。但从其分维度指标来看，环境优良度、交通便捷度、气候舒适度三项指标排名均处于全国下游水平。相对于气温、降水、灾害天气等受自然环境影响较大的因素，$PM_{2.5}$浓度、CO_2排放量、SO_2排放量等可通过加强环境污染治理、推进交通综合治理等措施进行控制。可以看出，环境优良度和交通便捷度成

为制约环境韧性竞争力提升的关键因素。因此，长春应精准加强大气污染、水污染防治，强化多污染物协同治理，有效增加空气质量优良天数，提高居民对“吉林蓝”“长春蓝”的获得感和幸福感。推进交通综合治理，有效缓解交通压力，强力推进交通治堵各项工程，持续推进城市交通秩序改善，不断提升城市形象和承载能力。随着上述举措的深入实施，环境韧性竞争力与其他分项指标的差距将会缩小，城市生态环境将得到有效改善。

（三）环境污染和居住成本短板明显，制约生活环境竞争力提升

2021 年，长春生活环境竞争力指数为 0.430，居全国第 112 位、东北三省第 5 位、吉林省第 2 位，其 8 个分维度指标得分排名依次为文化设施指数（第 20 位）、医疗健康机构指数（第 35 位）、历史文化指数（第 43 位）、市民消费水平指数（第 104 位）、健体休闲设施指数（第 160 位）、环境污染指数（第 198 位）、居住成本指数（第 250 位）、气候舒适度指数（第 277 位）。环境污染指数、居住成本指数和气候舒适度指数排名靠后，成为制约生活环境竞争力提升的关键因素。首先，长春作为省会城市，须着力提升基础设施建设水平和环境污染治理水平，充分彰显历史文化资源优势，尤其是需要在污染防治攻坚、提升公共服务水平等方面加大力度，构建共建共治共享的城市治理新格局，增强人民的幸福感和安全感。其次，长春在居住成本指数上表现出劣势，房价收入比是居住成本的重要衡量指标，长春居民收入与房价之间的比值过低，长春须在创业就业、社会保障、税收优惠等方面制定一系列保障措施和优惠政策来提升居民收入。可见，长春须加紧改善生活环境并降低居住成本，提升城镇居民人均可支配收入和居民对城市的满意程度，更好地满足人们的美好生活需要，尽快补齐城市建设短板，稳步提高生活环境竞争力。

三　现象与规律

（一）城市综合经济竞争力稳中有升，经济运行保持平稳

城市综合经济竞争力作为城市发展的基石，能够衡量城市经济发展的实

力。2021 年，长春综合经济竞争力在全国排第 59 位，较上年有所提升，优势明显。长春经济增量竞争力指数为 0.214，在全国排第 71 位，在东北三省和吉林省排第 1 位，表明长春全力推动产业提质增效，为工业企业、中小企业和民营经济赋能升级，积极推进汽车、高端装备制造等重点产业发展，加快培育新能源汽车、生物医药、新材料、光电信息等新的增长点，为基础 GDP 和人均 GDP 的稳步增长创造条件。2021 年，全市规模以上工业总产值同比增长 2.5%，医药、光电、新材料等战略性新兴产业实现高速增长，同比分别增长 39.7%、19.0%、16.7%。长春经济密度竞争力指数为 0.427，在全国排第 57 位，在东北三省排第 3 位，在吉林省排第 1 位。长春须从要素驱动向创新驱动转变，在市场化、开放度和经商便利度等方面继续加强营商软硬环境建设，在“强保障、促转型、谋创新、优服务”等方面持续推进经济高质量发展。

（二）公平包容程度优势显现，助力城市和谐水平提升

公平包容程度是促进城市社会和谐的重要因素。2021 年长春可持续竞争力分项指标中，社会包容竞争力指标指数为 0.729，在全国排第 33 位，表明长春的公平包容程度持续加强。这一方面得益于长春切实保障改善民生需求，维护社会大局稳定，在提升民生品质上求突破；另一方面有赖于坚持以人民为中心的发展思想，提升城市品质，不断满足人民群众对美好生活的新期待。尤其是 2022 年，当新冠疫情得到有效控制后，长春在全面启动社会救助的基础上，密切关注 CPI 和与百姓生活密切相关的生活物资价格指数变化，及时发放价格临时补贴，并积极完善对困难群体的救助保障，对符合临时救助条件的困难群众及时给予救助，确保救助补助资金发放到位。同时应看到，居住成本与社会公平是制约社会包容竞争力提升的主要因素，优化房价收入比、提升城市户籍与非城市户籍公平性以及缩小居民收入差距等仍是长春未来提升城市和谐水平的关键。长春想要持续加深社会包容程度，有必要继续保持在历史文化、社会安全、开放度和医疗健康机构等方面的指标优势，创造良好宜居的城市外部环境，助力城市和谐水平不断提升。

（三）科技创新成效初显，引领可持续竞争力水平提升

我国已经进入新发展阶段，科教文化是引领一个城市发展的核心因素，科技创新在经济发展中的作用日益凸显。2019~2021 年，科技创新是长春可持续竞争力分项指标中表现较好的指标之一，一直排在全国前 40 的位置，在东北三省和吉林省的竞争优势也十分明显。科技创新的分维度指标中，大学指标、文化设施指标、学术论文指标、专利申请指标、科技企业指标均表现良好，具备较强的竞争实力和发展潜力。这表明长春坚持创新驱动、加速科研成果转化、注重人才引进与培养、强化与在长高校和科研院所的战略合作等举措初见成效。长春实施人才强市战略以来，一直秉持“抓人才就是抓发展”“服务人才就是服务发展”的理念，打造全方位、立体化人才服务保障体系，吸引各类人才集聚汇聚，为长春全面振兴、全方位振兴提供智力支持和人才保障。长春深化与在长高校和科研院所在政、产、学、研、用等方面的融合，发挥在长高校和科研院所在科技创新、产业发展、人才培养、基层建设等方面的重要作用，塑造发展新优势。长春充分发挥创新资源富集优势，协同企业、院校和科研院所，大力推动研发力量、科技企业聚集，创新完善合作模式，打造科技创新样板区，为推动高质量发展提供有力支撑。

四　趋势与展望

（一）产业结构更趋合理，经济活力不断彰显

2021 年，在可持续竞争力分项指标中，长春经济活力竞争力全国排名处于上游水平，在东北三省排名仅次于大连，在吉林省排第 1 位。近年来，长春深入落实“一主六双”高质量发展战略，不断促进产业结构转型升级和战略性新兴产业发展，夯基础、补短板，推动一二三产业融合发展。一是工业转型升级效果显著。作为 2020 年全国促进工业稳增长和转型升级成效明显市（州）之一，长春不断加强新型工业化产业示范基地建设并持续推

进工业企业技术改造升级。面对新冠疫情的冲击和严峻的经济下行压力，长春逐步加强对产业链配套、要素链供应、运输链畅通、应急物资生产、企业用工、融资需求、政策扶持七个方面的保障。2021 年，长春规模以上工业增加值增长 10.4%，在副省级城市中位列第 2。二是培育壮大战略性新兴产业。积极培育创新发展新动能，以产业创新为重点，着力提升“六新产业”“四新设施”和长春“1+6”产业体系的建设水平，加快产业转型升级。2020 年，长春市战略性新兴产业产值增长 31.1%，成为拉动工业增长的新动能。长春逐步加大对新产业、新业态、新模式的投入力度，推动新能源汽车、高端装备制造、生物医药、光电信息等产业集群的发展，经济活力竞争力优势不断彰显。

（二）当地要素表现卓越，投融资服务能力进一步提升

2021 年，在综合经济竞争力分项指标中，长春当地要素竞争力指标排全国第 30 位，在 5 个分项指标中排名靠前，分维度指标排名依次为：间接市场融资便利度（第 21 位）、学术论文（第 24 位）、劳动力总数（第 31 位）、直接市场融资便利度（第 36 位）、专利申请（第 42 位）、青年人才比例（第 81 位）。这表明长春在推进招商引资、加强市场主体与金融机构沟通、提供特色金融产品和精准投融资服务等方面优势明显。一是推进精准招商，围绕“六城联动”，加强与头部企业的合作。二是强化项目合作，谋划实施一批延链、补链、扩链、强链项目，发挥省会城市的引领带动作用，促进区域协同发展。2022 年 5 月，长春市开通 204 部“金融服务热线”，打通融资服务“最后一公里”，构建了覆盖全市的三级金融咨询服务热线平台，服务和保障企业渡难关、稳增长，切实发挥金融服务实体经济的作用。随着上述各项金融要素的不断优化，长春的投融资服务能力将得到进一步提升。

（三）营商软硬环境持续优化，市场化程度不断提升

营商环境是企业生存发展的基础，是解放生产力、提升竞争力的重要抓手。2021 年，在综合经济竞争力分项指标中，长春营商软环境竞争力指数

为0.610，在全国排第32位。具体看分维度指标，市场化、开放度、产权保护和经商便利度等指标表现卓越，表明长春深入实施《优化营商环境条例》，深化“放管服”改革，不断激发市场主体发展活力，聚焦企业发展痛点、堵点、难点、重点问题，着力为企业办实事、解难题。2021年，长春营商硬环境指数为0.483，在全国排第50位，从其分维度指标可以看出，电力充沛度、网络信息传输速度、机场设施等指标表现良好，表明长春在抓好营商软环境建设的同时，着力优化营商硬环境，硬件基础设施不断完善，城市基础设施建设水平得到提升。长春坚持营商软硬环境“两手抓”，为企业经济效益和生产效率的提升营造较好的外部环境，有力推动了城市经济社会健康快速发展。

（四）科技创新引领产业转型升级，促进可持续竞争力水平提升

2021年，在可持续竞争力分项指标中，长春科技创新竞争力指数为0.492，居全国第33位、东北三省第4位、吉林省第1位，表明长春不断增强科技创新引擎动力，着力提升创新发展首位度、协同度、活跃度、开放度、贡献度，积极构建以创新为引领、支撑的经济体系和发展模式。一是以提升科技型中小微企业创新能力为着力点，为中小微企业提供技术、人才、市场、创业辅导、科技金融等服务，同时优化科研技术平台、培育创新创业人才、开发高科技项目等。二是把科技企业孵化器作为推动高新技术产业发展、完善创新体系的重要抓手，在优化建设布局、完善服务体系、提升孵化能力、强化监督考核等方面加大力度。三是强化创新资源的跨区域流动，发挥创新载体的政策优势和引领作用，加速推进科技孵化载体向更宽领域、更高层次、更新模式持续健康发展。长春继续实施创新驱动发展战略，为创新发展赋能，长春科技创新城的建设步伐将持续加快。

（五）全球联系持续加强，打造对外交流的“长春名片”

2021年，在综合经济竞争力分项指标中，长春全球联系竞争力指数为0.585，在全国排第30位，比上年上升了6个位次，在东北三省排第4位，

在吉林省排第1位，和上年相比均没有变化。长春全球联系竞争力的全国排名与当地要素竞争力并列，处于上游水平，优势明显，发展潜力巨大，表明长春坚持高水平开发开放，并积极打造对外交流的“长春名片”。长春适时开展多种模式的招商引资，不断创新招商方式，积极开展网上招商、云端对话、线上签约等工作，掀起新一轮招商热潮。长春持续加快平台建设，高质量推进长春新区、中韩示范区、临空示范区、兴隆综保区等重大开放平台建设，扩大“长满欧”“长珲欧”等中欧班列运营规模，畅通对外贸易通道。随着上述工作的不断推进，全球联系竞争力指标排名将持续向好，对外区域合作将取得新进展。

五　政策与建议

（一）继续推进产业转型发展，推动核心竞争力能级跃升

首先，长春具有卓越的区位优势和坚实的产业基础。2021年，长春的经济活力竞争力排名处于全国上游水平，在东北三省和吉林省表现卓越。但从其分维度指标来看，经济增长率和劳动生产率表现欠佳，表明长春应加快提升经济质量和生产效率，抓住建设“国际汽车城”、“双碳示范城”、区域创新中心的重要机遇，在汽车、新能源领域深化合作。其次，长春应坚持实业立市、科技强市。深入探索习近平总书记在长春新区视察时指出的“集约化、内涵式发展道路”，培育更多“专精特新”中小企业，鼓励企业持续深化科技创新，加大自主研发力度，攻克更多关键核心技术，进一步提升生产质量和效率。再次，进一步增强产业链、供应链的抗风险能力。按照疫情要防住、经济要稳住、发展要安全的总体要求和吉林省“止跌、回升、增长”的经济发展目标，着力抓好常态化疫情防控，有效降低疫情对产业转型发展的影响，协同推动配套企业复工复产、货运物流“稳畅通”，在巩固疫情防控成果的基础上，加快经济社会发展步伐，提高产业竞争能力，实现更高质量、更高水平的发展。

（二）全力保障改善民生，提升城市包容能力

在可持续竞争力分项指标中，长春社会包容竞争力指标表现较好，但个别分维度指标短板明显，社会安全指标、社会公平指标和居住成本指标得分不高。为了扭转这一发展态势，具体可从以下几个方面着手。一是深入服务群众，提升社会保障能力。兜住民生底线，不断增强人民群众的获得感和幸福感。保障城市户籍人口与非户籍人口享受城市福利的公平性，这是改善民生的关键手段。二是保障就业创业，提升居民人均收入水平。长春居住成本指标排名处于全国下游水平，短板明显。长春作为省会城市，一方面要着力提升城镇居民人均收入水平，另一方面应逐步改善居住环境，努力坚持“房住不炒”的定位，提高人们对城市的归属感和满意度。总体来说，长春要在就业增收、教育医疗、交通出行、社会保障等民生保障方面着力提高政策精准性、服务对象知晓率、政策兑现实操性等，稳步提升社会包容竞争力。

（三）加大开发开放力度，创建开放便捷的城市

2021 年，在综合经济竞争力分项指标中，长春全球联系竞争力在全国排第 30 位，比上年提升了 6 个位次，优势明显。近年来，长春主动融入共建“一带一路”，扩大高水平开放，打造对外交流的“长春名片”。未来长春应继续加大开发开放力度。具体而言，一是加强交流合作，持续推进“五个合作”，推进区域协同发展、共同发展，打造高水平开放先行区。二是主动融入新发展格局，进一步发挥兴隆综保区五大口岸和三大平台功能，同时强化通道建设，保持中欧班列平稳运行。可以预见，随着长春积极构建全方位开发开放体系，对外联系竞争力将得到高质量提升，并快速融入国内国际双循环，创建开放便捷的城市。

（四）加强环境污染治理，打造绿色宜居城市

2021 年，在可持续竞争力分项指标中，长春环境韧性竞争力指标表现

欠佳。长春应在治理环境污染、提升城市生活品质、打造绿色宜居城市等方面做出更多努力。具体而言，首先，持续改善城市生态环境，打好蓝天、碧水、黑土、青山、湿地“五大保卫战”，积极开展城市生态修复和伤痕修补工作，让生态美、环境好成为吉林人民高品质生活的“标配”。切实加强中央生态环保督察，对反馈的问题进行整改落实，坚持举一反三、完善机制，努力通过一个问题整改推动一类问题解决。其次，持续提升城市治理水平，继续调整优化城市结构、功能、布局。整治交通拥堵，完善区域内外交通网络；推进城市精细化管理，实施道路绿化美化改造工程，提升城市整体形象和社会文明水平，让城市更自然、更生态、更和谐。

（五）不断优化营商环境，构筑城市宜商优势

长春亟须创造良好的营商环境，助力实体经济发展，主要应从以下几个方面着手。一是助力企业破解融资难题，执行减税降费政策，有效降低贷款利率和担保费用，确保资金第一时间直达基层、直惠企业。二是积极引进、培育人才，深入推进“高校毕业生留吉”工程，积极搭建创新创业平台，用好“奋斗有我、‘就’在吉林”“创业有你、‘就’在吉林”等平台，为人才提供政务审批、法律咨询、资金扶持等咨询服务，开辟人才服务绿色通道。三是优化服务，提升审批效率，加强包容审慎监管，在提升基层组织力、服务效力、治理能力上下功夫、求实效。长春在金融助企、减税降费、政策补贴、人才保障等方面表现卓越，并形成政企核心、攻坚克难、共渡难关的强大合力，长春营商环境将不断优化、宜商优势将迅速彰显。

参考文献

[1] 倪鹏飞、徐海东主编《中国城市竞争力报告 No. 19》，中国社会科学出版社，2021。

[2] 崔岳春、赵光远主编《吉林省城市竞争力报告（2020~2021）》，社会科学文献出版社，2021。

[3]《长春市政府工作报告》，长春市人民政府外事办公室网站，2021 年 1 月 22 日，http：//ccfao. changchun. gov. cn/ywdt/zwdt/syw/202101/t20210122_ 2678126. html。

[4]《2020 年长春市国民经济和社会发展统计公报》，吉林省统计局网站，2021 年 8 月 6 日，http：//tjj. jl. gov. cn/tjsj/tjgb/ndgb/202108/t20210806_ 8171557. html。

[5]《吉林省 2020 年国民经济和社会发展统计公报》，吉林省人民政府网站，2021 年 10 月 26 日，http：//xxgk. jl. gov. cn/zsjg/tjj/xxgkmlqy/202110/t20211026_ 8259328. html。

B.7
吉林省城市竞争力（吉林市）报告

肖国东*

摘　要： 吉林市虽然经济总量平稳增长、投资规模持续扩大、产业结构进一步优化、旅游产业加速发展、资源环境更加优良，但仍然面临经济总量偏小、人均地区生产总值较低、传统产业占比较高等问题，因此吉林市综合经济竞争力和可持续竞争力的全国排名有所降低。未来，随着新兴动能积蓄壮大、开发区建设不断加强、县域经济发展壮大、产业强镇助力乡村振兴，吉林市应全力推动产业转型升级，全力打造文化旅游名城，全力推动农业高质量发展，全力打造创新创业高地，全力打造生态宜居城市，充分展现吉林市综合经济竞争力优势。

关键词： 综合经济竞争力　可持续竞争力　结构调整

吉林市满语为“吉林乌拉”，意为沿江之城，森林覆盖率达54.9%，有“北国江城”的美誉，在东北三省第一个荣获“全国绿化模范城市”称号。吉林市辖区面积27120平方公里，总人口404.7万人（见表1）。城区人均绿地面积高于国家标准。2021年，吉林市综合经济竞争力居东北第13位、省内第2位；经济增量竞争力居东北第23位、省内第4位；经济密度竞争力居东北第13位、省内第2位。2021年，吉林市可持续竞争力排东北第9位、省内第2位；吉林市综合人口增量竞争力居东北

* 肖国东，吉林省社会科学院经济研究所副研究员，研究方向为数量经济、产业经济。

第 6 位、省内第 2 位；综合人口密度竞争力居东北第 13 位、省内第 2 位。

表 1　2020 年吉林市基本情况

项目	数据
辖区面积(平方公里)	27120
总人口(万人)	404.7
GDP 及增长率(亿元,%)	1452.6,0.6
三次产业结构	13.8∶35.2∶51.0

资料来源：《吉林市 2020 年国民经济和社会发展统计公报》，吉林省统计局网站，2021 年 6 月 17 日，http：//tjj.jl.gov.cn/tjsj/tjgb/ndgb/202106/t20210617_8107416.html。

一　现状与优势

（一）总体概况

2020 年，面对复杂多变的内外部形势、艰巨繁重的工作任务以及新冠疫情的影响，吉林市深入贯彻习近平总书记关于吉林工作的重要讲话和重要指示批示精神，认真落实省委、省政府各项决策部署，坚持稳中求进工作总基调，统筹疫情防控和经济社会高质量发展，攻坚克难、砥砺奋进，坚持经济运行平稳发展不动摇，人民生活不断改善，社会事业加快发展，全面建成小康社会取得决定性胜利。2020 年实现地区生产总值 1452.6 亿元，比上年增长 0.6%。三次产业结构的比例关系由上年的 11.5∶36∶52.5 调整为 13.8∶35.2∶51.0，产业结构进一步优化。2020 年全市实现农林牧渔业增加值 209.2 亿元，比上年增长 2.7%。全年粮食种植面积 65.6 万公顷，比上年增长 0.4%。其中，玉米种植面积 48.6 万公顷，增长 0.2%；大豆种植面积 3.2 万公顷，增长 7.8%。大豆产量 7.6 万吨，增长 21.6%。2020 年全市工业增加值 420.2 亿元，比上年增长 3.0%；全市社会消费品零售总额 480.0 亿元，比上年下降 13.9%。

（二）现状与格局

第一，综合经济竞争力下降。同2020年相比，2021年吉林市综合经济竞争力指数下降了0.030，全国排名下降了15位。2021年，吉林市经济增量竞争力指数为0.051，在全国排第267位，与2020年相比，指数下降了0.013，排名下降了15位。2021年，吉林市经济密度竞争力指数为0.232，在全国排第200位，与2020年相比，指数下降了0.020，排名下降了24位。从东北三省看，2021年吉林市综合经济竞争力在东北三省排第13位，与2020年相比，下降了2位；经济增量竞争力在东北三省排第23位，与2020年相比，下降了10位；经济密度竞争力在东北三省排第13位，与2020年相比，下降了1位。从吉林省内看，2021年吉林市综合经济竞争力与经济密度竞争力排名均为第2位，与2020年相比，排名没有变化。2021年，经济增量竞争力在省内排第4位，与2020年相比，下降了2位（见表2）。

表2　2020~2021年吉林市综合经济竞争力及显示性指标排名

年份	综合经济竞争力	排名			经济增量竞争力	排名			经济密度竞争力	排名		
		全国	东北	省内		全国	东北	省内		全国	东北	省内
2020	0.212	209	11	2	0.064	252	13	2	0.252	176	12	2
2021	0.182	224	13	2	0.051	267	23	4	0.232	200	13	2

资料来源：中国社会科学院城市与竞争力指数数据库；吉林省社会科学院城乡发展指数数据库。

第二，可持续竞争力下降。与2020年相比，2021年吉林市可持续竞争力指数下降了0.046，全国排名下降了75位。与2020年相比，2021年吉林市综合人口增量竞争力指数下降了0.133，排名下降了70位。与2020年相比，2021年吉林市综合人口密度竞争力指数下降了0.048，全国排名下降了63位。从东北三省看，2021年吉林市可持续竞争力在东北三省排第9位，与2020年相比，下降1位；综合人口增量竞争力在东北三省排第6位，与2020年相比，下降1位；综合人口密度竞争力在东北三省排第13

位，与 2020 年相比，下降了 3 位。从吉林省内看，与 2020 年相比，2021 年吉林市可持续竞争力、综合人口增量竞争力、综合人口密度竞争力排名没有变化，省内排名均为第 2 位（见表 3）。

表 3　2020~2021 年吉林市可持续竞争力及显示性指标排名

年份	可持续竞争力				综合人口增量竞争力				综合人口密度竞争力			
	指数	全国	东北	省内	指数	全国	东北	省内	指数	全国	东北	省内
2020	0. 258	115	8	2	0. 390	82	5	2	0. 292	147	10	2
2021	0. 212	190	9	2	0. 257	152	6	2	0. 244	210	13	2

资料来源：中国社会科学院城市与竞争力指数数据库；吉林省社会科学院城乡发展指数数据库。

二　问题与劣势

（一）经济总量偏小

2020 年吉林市地区生产总值为 1452. 6 亿元，占全省比重为 11. 80%，与 2019 年相比，下降了 0. 27 个百分点。其中，第一、第二、第三产业增加值分别为 201. 4 亿元、510. 8 亿元和 740. 4 亿元，占全省第一产业、第二产业、第三产业增加值的比重分别为 12. 97%、11. 80% 和 11. 51%。2019 年吉林市地区生产总值为 1416. 6 亿元，占全省比重为 12. 07%，其中第一、第二、第三产业增加值分别为 162. 8 亿元、510. 3 亿元和 743. 5 亿元，占全省第一产业、第二产业、第三产业增加值的比重分别为 12. 60%、12. 34% 和 11. 79%。

（二）人均地区生产总值较低

2020 年吉林市人均地区生产总值为 35588 元，低于全省平均 15212 元，低于长春市 42046 元。2020 年吉林市人均地区生产总值没有到达全省平均水平，也不及长春市的一半。从市县情况看，2020 年桦甸市、蛟河市、磐石市、舒兰市和永吉县地区生产总值分别为 24568 元、23430 元、25902 元、21361 元和 20756 元，没有达到全省平均水平，桦甸市、蛟河市、舒兰市和永吉县地区生产总值甚至没有达到全省平均水平的一半。

（三）传统产业占比较大

吉林市传统产业占比大，精细化工、新材料、汽车、电子及医药健康等高附加值产业发展不足。2020 年，吉林市十大行业产值六升四降，其中冶金行业、能源行业、轻纺行业、机械加工与制造行业、建材行业和农副食品加工行业产值分别增长 5.4%、5.4%、11.3%、5.0%、3.3%和 12.1%，石化行业产值下降 15.5%，医药健康行业产值下降 5.6%，汽车及配件制造行业产值下降 2.9%，电子行业产值下降 2.2%。2020 年，吉林市规上工业重点产品中，原煤、发电量、化学纤维、水泥和成品钢材产品产量分别比上年增长 51.0%、7.4%、25.5%、15.2%和 15.3%，原油加工量、铁矿石原矿量、乙烯、石墨及碳素制品、粗钢、黄金和汽车产品产量分别下降 3.9%、14.3%、0.8%、28.8%、3.0%、30.5%和 74.6%。

三　现象与规律

（一）工业稳步发展

2020 年，吉林市高新技术产业增加值占规模以上工业增加值的比重为 8.6%，比上年增加 1.4 个百分点。分经济类型看，国有控股企业亏损 0.7 亿元，比上年减亏 27.6 亿元；股份制企业利润 17.7 亿元，增长 8.5%。分门类看，采矿业利润 1.6 亿元，比上年扭亏增盈 8.0 亿元；电力、热力、燃气及水生产和供应业亏损 1.1 亿元，比上年减亏 0.8 亿元。石化产业持续推动产业结构改善，丙烯腈等一批高附加值产品不断涌现。工业精准帮扶及专项活动有序推进，产业合作平台高效对接，工业营商环境不断改善。

（二）旅游产业加速发展

2020年，吉林市接待游客总人数为3729.9万人次，实现旅游总收入547.2亿元。全年推动全域智慧旅游、金珠花海等15个新建、5个续建文旅项目。吉林市被评为“2020年冰雪旅游十强城市”和“2020年度中国冬游名城”。红石国家森林公园获评国家AAAA级景区，万科松花湖被评为省级旅游度假区，意禾田生态家庭农场被评为省AAAAA级乡村旅游经营单位，全地区10个村入围首批省级乡村旅游重点村。全年发放文旅消费券550万元。针对疫情防控变化，推出了32条旅游精品线路，设计和推广20余条自驾游线路、50余项旅游产品及60余条春夏秋冬四季出游线路。在“2020中国特色旅游商品大赛”和“2020中国旅游商品大赛”中，取得了1金3铜的成绩。2020~2021年雪季，市区5家滑雪场共接待游客76.31万人次，同比增长29%，实现收入2.47亿元，同比增长34%。2021年元旦期间，全市共接待国内外游客109.19万人次，实现旅游收入6.53亿元。2021年，在旅游市场主体恢复运营后，全市春节假期接待游客262.59万人次，旅游收入21.50亿元，旅游市场明显回暖，超额实现预期目标；2月末开始，各滑雪场频频出现接待高峰，万科松花湖滑雪场最高日接待1.2万余人、北大湖滑雪场最高日接待0.7万余人。①

（三）投资规模持续扩大

2020年，吉林市全社会固定资产投资（不含农户）比上年增长8.3%，其中三次产业固定资产投资增速分别为260.0%、0.3%和9.7%。房地产开发投资比上年增长13.6%，其中住宅投资下降10.2%，办公楼投资增长6.7%，商业营业用房投资增长22.3%。2020年新签约招商引资项目207个，投资额1349.7亿元，其中工业项目132个，占比63.8%；2020年新开

① 《2020—2021雪季吉林市文旅业满载收官　接待游客超1800万人次　旅游收入超310亿元》，中国吉林网，2021年3月31日，http://ji.cnjiwang.com/cs/202103/3346291.html。

工招商引资项目157个，投资额656.5亿元，其中工业项目106个，占比67.5%；当年签约当年开工项目129个，投资额594.3亿元。

（四）资源环境更加优良

2020年，全市大气主要污染物细颗粒物（$PM_{2.5}$）的平均浓度为41.0微克/米^3，比2015年的58.0微克/米^{3}下降29.30%；全年优良天数比例达81.40%。松花江吉林江段兰旗大桥、哨口、白旗、烟筒山断面水质由三类改善为二类。2020年全社会综合能源消费量为2023.8万吨标准煤，单位GDP能耗降低率为0.06%，“十三五”期间单位GDP能耗累计下降7.70%。其中规模以上工业综合能源消费量为1455.3万吨标准煤，单位工业增加值能耗降低率为2.40%。2020年全社会用电量为158.2亿千瓦时，增长0.50%，其中工业用电量为115.8亿千瓦时，增长0.10%。

（五）民生福利事业全面进步

居民收入稳步增加。2020年，吉林市城镇常住居民人均可支配收入为31027元，农村常住居民人均可支配收入为16035元，增速分别为2.9%和7.7%。物价处于合理区间，全年全市居民消费价格水平上涨2.1%。城乡就业不断向好。全年吉林市实现城镇新增就业4.7万人次，农村劳动力转移就业56.0万人次。开展职业技能培训11.1万人次，农民工向农技工转型培训5224人次，创业培训4576人次。全年发放创业担保贷款4.7亿元，扶持4005名创业者，带动就业9201人次。

四　趋势与展望

（一）新兴动能培育壮大

2020年，全市招商引资到位资金457.0亿元，比上年增长36.0%。当年新签约招商引资项目207个。科技创新蓬勃发展。2020年，全市共认定技术合同287份，技术合同成交总金额达58957.9万元；申请省级以上项目180项，扶持资金3936.0万元；获得省科学技术奖46项（一等奖1项，二等奖12项，三等奖33项）；省级以上科技企业孵化器（众创空间）16个。高技术产业发展迅速。2020年，全市吉林省科技“小巨人”企业达96户，国家高新技术企业达216户。全市高新技术产业增加值占规模以上工业增加值的比重为8.6%，比上年增加1.4个百分点。

（二）城乡面貌不断改善

城市建设不断完善。全市现有市政道路765条，总长度为2146.9公里，总面积为29.0平方公里。现有市政桥梁98座，总长度27.8公里，面积66.3万平方米。其中，大型桥梁31座、中型桥梁38座、小型桥梁29座。现有水厂5座，DN75以上管网903.7公里，日供水总能力为50.5万吨，最高日供水量41.0万吨。现有热电厂5家、供热企业25户，在网供热面积8950万平方米。全年有7049户家庭享受住房租赁补贴1508万元，完成计划的103.0%。对28个老旧小区实施综合宜居改造，涉及住宅楼249栋，建筑面积157万平方米，居民2万户。城市名片更加亮丽。2020年推动全域智慧旅游、金珠花海等15个新建、5个续建文旅项目。吉林市被评为“2020年冰雪旅游十强城市”和“2020年度中国冬游名城”。红石国家森林公园获评国家AAAA级景区，万科松花湖被评为省级旅游度假区，意禾田生态家庭农场被评为省AAAAA级乡村旅游经营单位，全地区10个村入围首批省级乡村旅游重点村。

（三）县域经济发展壮大

近年来，吉林市县域经济不断发展壮大，其中永吉县、蛟河市、舒兰市在全国排名靠前，特色突出，成绩显著，分别获得了“国家首批农业现代化示范县”“全国中小城市投资潜力百强县市”“中国生态稻米之乡”称号。一批县域特色产业园区涌现，建设规模不断壮大，永吉装备制造业、桦甸食品医药业、蛟河石材加工业发展较快，项目建设规模不断壮大，尤其是磐石的钢管生产及蛟河的食用菌产业，规模经济基本形成，成为县域经济的重要支撑产业。

（四）开发区建设不断加强

2020年，吉林高新技术产业开发区外资到位资金1260.0万美元，增长80.0%，招商引资到位资金65.7亿元，增长73.4%，固定资产投资增长45.9%。2020年，吉林经济技术开发区固定资产投资增长81.5%，规模工业增加值增长17.8%。2020年，吉林中新食品区招商引资到位资金2.3亿元，增长130.0%，固定资产投资增长52.4%；外资到位资金500.0万美元，增长25.0%。2020年，吉林北大湖体育旅游经济开发区全口径财政收入0.9亿元，比上年下降38.1%；地方级财政收入0.3亿元，下降27.5%；固定资产投资增长10.0%；招商引资到位资金8.0亿元，增长11.0%，实际利用外资110.0万美元。

（五）产业强镇助力乡村振兴

近年来，吉林市乡村产业的发展立足农业资源禀赋，聚焦农产品加工八大产业集群建设，以产业融合发展为路径，突出集群成链，充分利用国家政策和扶持资金，打造了一批“特色鲜明、功能多元、内涵丰富”的农业产业强镇，形成了多主体参与、多业态打造、多要素集聚、多利益联结、多模式创新的“五多协同”发展格局，让农业产业强镇成为资源要素的聚集区、县域经济的增长极、乡村振兴的样板田，引领乡村产业高质量发展。磐石市取柴河镇和桦甸市二道甸子镇进入国家农业产业强镇创建名单。吉林市农业产业强镇示范创建项目建设成效初步显现。桦甸市八道河子农业产业强镇项目占地15.0万平方米，总投资4100万元。桦甸市二道甸子肉牛产业强镇建设项目规划占地面积2.8万平方米，总投资400万元。素有“中国吉林滑菇之乡”的磐石市取柴河镇，被农业农村部授予“农业产业强镇创建单位”称号。依托生态、产业、环境、旅游、电商等方面的优势，取柴河镇以食

（药）用菌产业为主线，按照“扩总量、提质量、重加工、拓销路、强保障”的主攻方向，强化强镇项目建设，

五 政策与建议

（一）全力推动产业转型升级

改造提升传统产业，发展壮大新兴产业，进一步优化产业结构，打造现代产业基地。围绕碳纤维、新能源、生物医药、基础设施、现代农业、现代服务业、装备制造等领域，加快产业转型升级，提高产业集聚度，促进重点产业链补链、延链、扩链、强链。改造提升传统产业。推动吉化北方等产业链上下游企业做大做强，促进吉化与化工园区融合发展。深度开发高档日化用品、高端汽车涂料、绿色农药、高性能材料制品等下游产品，促进化工产业加速迈入千亿级行列。促进冶金产品加速向精深加工、高附加值方向发展。着力布局汽车电池、汽车电子和车用化工品等项目，促进汽车产业加速向“新四化”方向迈进。发展高端建材产业。建立减污降碳激励约束机制，坚决遏制“两高”项目盲目发展。发展壮大新兴产业。做强碳纤维产业，全力打造国家级碳纤维高新技术产业化基地和碳纤维产业集群。做深医药健康产业，依托吉化等大企业的化工原料优势，盘活低效医药产业资源，大力发展化学合成药、中成药、高端保健品等产品。围绕风电、光伏、地热、生物质发电、抽水蓄能和氢能制备存储等领域开展规划布局，加快绿电产业园、能源互联网产业园建设，构建全省领先的新能源综合开发利用体系。

（二）全力打造文化旅游名城

积极践行“绿水青山就是金山银山”“冰天雪地也是金山银山”的理念，发展生态旅游产业，科学开发并有效保护环境，走资源节约型、环境友好型文化与旅游发展道路。依托吉林市旅游资源优势，依托雾凇冰雪、历史

文化、现代农业、现代工业、医药健康等产业基础，深入推动文化与旅游融合发展，将政策传统要素与新兴要素融合，创新新型及融合型文旅产品，推动传统业态与新兴业态多业并举。以大众旅游需求为导向，推动传统假日观光游向体验游、休闲游转变，大力发展温泉旅游、乡村旅游，以“旅游+”的融合发展方式打造旅游度假区、特色旅游产品。打造冰雪强市，创新发展国家冰雪经济高质量发展试验区，建设中国冰雪经济强市和世界级冰雪旅游产业基地。推进旅游业高质量发展，做大做强旅游业，发展全域旅游，发展四季全时旅游，构建“旅游+”产业体系，推动旅游业融合发展，将旅游业打造成支撑国民经济的重要支柱产业。发展新旅游，打造全链条旅游产品，建设国家和省级乡村旅游重点村镇、全省乡村旅游精品点，支持松花湖创建国家 AAAAA 级景区。

（三）全力推动农业农村高质量发展

促进农业高质高产，建设高标准农田，实施保护性耕作，稳定粮食产量。科技是实现农业高质量发展的关键力量。用现代设施、装备、技术手段武装传统农业，依靠科技推动质量变革、效率变革、动力变革。新建各类标准棚室，加快建设桦甸国发、舒兰皓月 2 个万头肉牛示范园区，落地优质种牛繁育示范基地项目，推进特色产业集群化发展。加快中药材种植及种苗繁育基地建设，积极创建水产健康和生态养殖示范区。壮大农产品加工产业，启动正大百万头生猪屠宰加工、益海嘉里扩建等项目建设。提升农业数字化水平，实施品牌强农战略，推动大米、肉牛、黑木耳、林蛙、鹅绒、榛子等更多优势农产品成为国家地理标志。深入实施乡村建设，创建宜居宜业美丽乡村示范村。落实防返贫动态监测和帮扶机制，培养新型职业农民。大力发展新型经营主体和集体经济，引导广大农民充分利用农闲时间增收致富，大力发展劳务经济、庭院经济、棚膜经济、农村电商、乡村旅游。

（四）全力打造创新创业高地

深入实施科技成果转化工程。围绕长吉一体化科技创新试验区，启动化学化工成果转化基地建设，推动中科院应化所生物降解、清华大学废气碳化处理等技术转化，支持中科院吉林市分中心、苏州医工所吉林市工研院、浙江大学吉林市技术转移中心、吉林大学吉林市研究院、长春工业大学吉林市碳纤维重点实验室、吉林市科创中心等平台加快发展，为“专精特新”企业提供技术支撑。深入实施校城产城融合工程。支持东北电力大学创建新能源研究院、北华大学创建智慧冰雪研究院、吉林农业科技学院创建肉牛产业研究院，加快建设吉林医药学院生物检验检测等技术创新中心，完成市农业科学院搬迁。依托中国农科院特产研究所、吉化研究院、吉林化工学院碳纤维产业研究院等平台优势，推进生物制品、化工品、碳纤维制品等的研发应用。

（五）全力打造生态宜居城市

推进实施城市规划提升工程，构建山清水秀的生态空间布局，统筹生产、生活、生态三大空间布局。大力实施城市更新行动，围绕中心城市“四大板块”布局，发挥重大工程支撑牵引作用，开展城市修补，推动城市功能、形象、品位全面提升。充分依托山水林田湖环境优势，持续开展大规模国土绿化行动，持续完善自然保护地体系建设，加强生物多样性保护，加快构建覆盖全市的森林生态网络，积极创建国家森林城市。启动松花江生态旅游航道建设，完成温德河城区段河道治理。推动建成吉林铁路枢纽西环线，确保九江大路建成通车，全力打造贯通吉西北工业走廊的交通动脉。推进实施城乡人居环境提升工程，持续巩固创建成果。常态化深入开展爱国卫生运动、文明新风十大行动，努力创造高品质生活。持续开展城乡“七边”环境卫生治理行动、“走遍江城”城市精细化治理专项行动，提升城市精细化管理水平。推进实施城市管理提升工程，建设智慧城市。依托数字化、智能化和“互联网+”，推进新型智慧城市建设，全面落实市容、环卫、绿化、维修、物管等管理任务的精细化、网格化、常态化、智慧化。强化静态交通管理，建设全要素智能化管理（应急）平台。

参考文献

[1]《吉林市 2020 年国民经济和社会发展统计公报》，吉林市人民政府网站，2021 年 6 月 17 日，http：//www. jl. gov. cn/sj/sjcx/ndbg/gdzs/202106/t20210618_8108861. html。

[2]《吉林省 2020 年国民经济和社会发展统计公报》，吉林省人民政府网站，2021 年 10 月 26 日，http：//xxgk. jl. gov. cn/zsjg/tjj/xxgkmlqy/202110/t20211026_8259328. html。

[3]《吉林市人民政府关于发布吉林市国民经济和社会发展第十四个五年规划纲要的通知》，吉林市人民政府网站，2021 年 6 月 9 日，http：//xxgk. jlcity. gov. cn/szf/xbgkml/202106/t20210609_ 962483. html。

[4]《吉林省人民政府关于印发吉林省国民经济和社会发展第十四个五年规划和 2035 年远景目标纲要的通知》，吉林省人民政府网站，2021 年 3 月 30 日，http：//xxgk. jl. gov. cn/szf/gkml/202103/t20210330_ 7983210. html。

[5] 倪鹏飞、徐海东主编《中国城市竞争力报告 No. 19》，中国社会科学出版社，2021。

[6] 倪鹏飞主编《中国城市竞争力报告 No. 18》，中国社会科学出版社，2020。

B.8
吉林省城市竞争力（松原市）报告

张丽娜*

摘　要： 2020年，面对严峻复杂的国内外环境特别是新冠疫情的冲击，松原市深入贯彻习近平总书记视察松原重要指示精神，统筹推进疫情防控和经济社会发展，坚持稳中求进工作总基调，稳步推进复工复产，协调开展“四城”联创，开创生产生活生态“三生”融合新路，经济发展趋势逐渐向好，主要指标出现回升。但疫情的深度影响叠加洪涝、台风等灾害考验，使松原市经济下行压力明显加大，综合经济竞争力和可持续竞争力持续下降。未来，松原市仍需加快转变产业结构，厚植生态优势，不断积累新动能，早日把习近平总书记“松原发展很有潜力”的厚望变成生动现实。

关键词： “四城”联创　可持续发展　城市竞争力

松原位于东北地区几何中心和哈长城市群核心区域，恰好处于中国地图“雄鸡”眼睛的位置，联结8市14县（市），辐射人口3400多万。东南与长春市、四平市为邻，西部与白城市、内蒙古自治区接壤。松原市1992年成立，现辖“四县一区”，即前郭尔罗斯蒙古族自治县、宁江区、扶余市、长岭县、乾安县。全市辖区面积2.2万平方公里，共有78个乡（镇）、1123个行政村。现有2个国家级开发区（经济技术开发区、国家农业科技园

---

* 张丽娜，吉林省社会科学院软科学研究所所长、研究员，研究方向为宏观经济和产业经济。

区）、5 个省级开发区［查干湖旅游经济开发区、哈达山生态农业旅游示范区、石油化学工业循环经济园区、前郭经济开发区、海峡两岸（吉林）生态农业先行合作实验区］。松原市民族众多，拥有吉林省唯一的蒙古族自治县，2020 年常住人口为 225.3 万人（见表 1）。

表 1　2020 年松原市基本情况

项目	市域数据
土地面积(平方公里)	22000
总人口(万人)	225.3
地区生产总值增长率(%)	2.1
三次产业比例	29.3∶18.3∶52.4

资料来源：《松原市 2020 年国民经济和社会发展统计公报》，吉林省统计局网站，2021 年 6 月 9 日，http：//tjj.jl.gov.cn/tjsj/tjgb/ndgb/202106/t20210609_ 8099655.html。

松原位于松嫩平原南部，河湖、林田、草原、湿地等各类生态要素齐备，国家 AAAA 级旅游景区和国家级自然保护区、地质公园、水利风景区遍布境内。土地资源丰富，地处世界著名的黄金玉米带、黄金水稻带和东北黑土带，是国家大型商品粮、油料基地和吉林省重要的畜禽、渔业生产基地。矿产资源种类繁多，尤其是油气资源储量较大，是一座典型的资源型城市。

2020 年初，受国际市场原油价格波动等因素影响，松原经济社会发展经受了较为严峻的考验。虽然主要经济指标止跌回升，但长期未解决的内生动力问题影响了整体竞争力的提升。2021 年，松原的综合经济竞争力在全国排第 244 位，较上年下降了 10 位，下降幅度进一步收窄；在吉林省排第 5 位，较上年下降 1 位；在东北三省排第 16 位，较上年下降 1 位。2021 年可持续竞争力在全国排第 264 位，较上年下降了 54 位；在省内排第 5 位，后退 1 位；在东北三省排第 23 位，后退 8 位。这说明松原市新旧动能转换较慢，发展后劲不足，尤其是单一的油气结构抵抗外界市场波动的能力不足。

一　现状与格局

（一）总体概况

1. 经济发展保持稳定

2020 年，松原市统筹推进疫情防控和经济社会发展，全面打好“稳增长保卫战、调结构攻坚战、促发展持久战”，实现了经济社会稳步发展，经济增速小幅上涨。2020 年，地区生产总值达 752.88 亿元，按可比价格计算，比上年增长 2.1%，居全省第 4 位。其中，第一产业增加值为 220.24 亿元，增长 3.1%；第二产业增加值为 137.89 亿元，增长 2.8%；第三产业增加值为 394.76 亿元，增长 1.1%。三次产业结构为 29.3∶18.3∶52.4。2020 年全市完成全口径财政收入 76.2 亿元，比上年增长 11.4%；完成地方级财政收入 50.3 亿元，增长 5.0%，其中税收收入 22.1 亿元。

2. 农业发展稳步提升

一是农业综合生产能力不断提高。2020 年，松原落实粮食播种面积 1499.27 万亩，虽然遭遇了三次台风，但是由于前期气象条件好，加之粮食作物播种面积有所增加，全市粮食总产量仍然保持在 700 万吨水平，达 140.93 亿斤。全市畜牧业总体向好，生猪、肉牛、肉羊、禽类饲养量分别为 375 万头、45.2 万头、342 万只和 3529 万只。二是农业机械化水平不断提高。通过落实深松补贴政策、保护性耕作补贴政策和购机补贴政策等，以水稻全程机械化、机械深松整地、旱作节水农业为重点的农机作业水平不断提高。全市农机总动力达 750 万千瓦，拖拉机拥有量达 24 万台，配套农具 79 万台（套），完成机耕整地 1550 万亩、机械播种 1890 万亩、机械收获 1750 万亩。全市综合机械化水平达 95%，居全省首位。三是农产品品牌影响力日益提升。充分利用新媒体、推介会、展览会等平台，通过政府推介、企业推介、展览展销等形式，全方位、多角度、深层次宣传展示松原优质特色农产品品牌，品牌影响力和竞争力明显增强，年度新增“两品一标”认证50个。查干湖大米入选全国名特优新农产品。“互联网+”农产品出村进城工程全面启动，扶余市成为首批“互联网+”农产品出村进城工程试点县。

3. 工业生产向好发展

2020年，松原市全部工业增加值达111.26亿元，比上年增长2.5%。从规模以上工业产值和增加值的变动趋势来看，年初相关影响因素尚未完全显现，原油价格高位运行，产值、增加值增速也在全年最高点。随着影响因素逐步显现，产值、增加值陆续出现全年最低值，2020年5月增加值增速最低，为0.1%，7月产值增速最低，为-13.4%。2020年下半年，各类因素影响逐步减弱，产值、增加值增速逐步回升，全年产值下降8.3%，增加值增长4.0%。其中，中央省属企业工业增加值增长4.3%，地方企业工业增加值增长3.5%。从主导产业看，石油和天然气开采业仍是重要支撑，规模以上工业中，石油和天然气开采业增加值比上年增长4.7%，占规模以上工业增加值总量的46.6%；开采辅助活动增加值增长5.4%，占比为14.8%；电力、热力、燃气及水生产和供应业增加值增长5.0%，占比为14.9%；农副食品加工业增加值增长7.5%，占比为8.7%。新旧动能转换较慢，高技术产业规模和占比仍需进一步提高，2020年高技术制造业增加值下降31.5%。

4. 服务业持续复苏

一是服务业增速呈逐步恢复态势。服务业是受疫情影响最为明显的产业，分季度看，第一季度服务业增速下降0.6%，第二季度下降0.1%，第三季度增长0.1%，2020年末，服务业增加值完成394.76亿元，增长1.1%，占地区生产总值的比重达52.4%。从服务业增加值内部结构看，生产性服务业（含批发）与生活性服务业分别占39.0%和61.0%；传统服务业与现代服务业分别占58.3%和41.7%。现代商贸、物流、房地产三大重点产业占比达39.4%。全市初步形成了旅游、商贸、物流、金融、数字经济、会展、电子商务、健康、养老、家庭服务业十大行业体系。全年服务业营业收入同比下降4.9%，降幅比上半年收窄35.9个百分点，比第三季度收窄17.2个百分点。其中，其他营利性服务业营业收入同比下降6.1%，降幅比上半年收窄23.9个百分点，比第三季度收窄32.5个百分点。二是服务业发展提档升级。以生态旅游为引领，大力发展绿色康养、数字经济、冰雪经济、现代金融等新型服务业态，努力打造新的经济增长极。全面落实促进消费政策，繁荣早市经济、夜经济，开展消费促进月、直播带货等系列活动。大力开展农村电商基础物流建设，建成电商村15个。支持中东、金钻、大润发等商超推广“无接触”式消费，推动“食色松原”“乡村生活网站”等平台上线运营。投入4070万元开展消费券促销活动，撬动消费3亿元，促进消费实现恢复性增长。成功举办查干湖冬捕节、湿地文化旅游节等节庆活动，查干湖生态小镇建设、查干湖AAAAA级景区创建工作进展顺利。前郭尔罗斯蒙古族自治县入选首批省级全域旅游示范区，扶余增盛镇兴发村等6个村被评为省级乡村旅游重点村。在疫情稳控的前提下，接待游客654万人次，实现旅游收入83亿元。

5.民生福祉大幅改善

一是民生实事成果显著。松原市已经连续9年实施民生行动计划，不断增进民生福祉，增强人民群众的获得感和幸福感。2020年完成投资70.0亿元，市县两级151件民生实事全部兑现承诺。新增城镇就业2.60万人，转移农村劳动力45万人，实现疫情之下群众稳定就业。对被台风损毁的3500套房屋进行重新建设并全部竣工。实施城市更新工程，改造棚户区房屋3402套，整治老旧小区374个，767万平方米的无籍房登记颁证任务彻底办结清零，8.3万户群众受益。二是社会保障能力不断提升。圆满完成社保提标、医保整合、异地就医结算等工作。截至2020年末，全市城镇基本养老保险覆盖总人数达47.75万人，比上年增长0.4%；全市城乡居民基本医疗保险参保人数增长至200.41万人，其中职工基本医疗保险参保人数达36.73万人。截至2020年末，失业保险参保人数达17.60万人，工伤保险参保人数达30.69万人。2020年全市共发放城乡低保资金4.0亿元，共保障城乡低保对象57615户，惠及94116人。三是“四城”联创取得重要突破。加强城乡基础设施建设，大力改造背街巷路、人行过道、公交候车亭等短板设施，促进城乡均衡发展、有效联通。创建国家卫生城市，一年内连续通过国家暗访、技术评估、综合评审和社会公示“四道关口”，创造了“松原创卫速度”，前郭尔罗斯蒙古族自治县获评省级卫生县城。15 个单位及镇村获评全国精神文明建设先进集体，松原市进入全国文明城市提名行列。“百万亩造林”工程实现“三年任务、两年完成”，国家森林城市创建步伐加快。

（二）现状格局

1. 综合经济竞争力下降幅度收窄

2021 年，松原市综合经济竞争力在全国排第 244 位，降幅进一步收窄，较上年下降 10 位，仍处于全国下游水平。从综合经济竞争力的两个显示性指标来看，经济增量竞争力指标在全国排第 283 位，较上年下降 11 位；在东北三省排第 30 位，在吉林省内居第 8 位，基本都处于下游。这种下降与近年来松原市经济增速持续下滑趋势一致，增速的走低引起经济增量的不足。经济密度竞争力指标在全国排第 224 位，比上年下降 6 位；在东北三省排第 16 位，处于中游水平；在吉林省内排第 5 位（见表 2），处于中下游水平，表明松原市经济活动的效率和土地资源利用的程度处于中等水平。

表 2　2020~2021 年松原市综合经济竞争力及显示性指标排名

年份	综合经济竞争力	排名			经济增量竞争力	排名			经济密度竞争力	排名		
		全国	东北	省内		全国	东北	省内		全国	东北	省内
2020	0.166	234	15	4	—	272	25	6	—	218	14	3
2021	0.141	244	16	5	0.032	283	30	8	0.190	224	16	5

资料来源：中国社会科学院城市与竞争力指数数据库；吉林省社会科学院城乡发展指数数据库。

2. 可持续竞争力表现不佳

可持续发展是新发展理念的重要内容，一个城市的可持续竞争力主要体现在经济活力竞争力、环境韧性竞争力、社会包容竞争力、科技创新竞争力和全球联系竞争力等方面。2020 年，松原市以“四城”联创为引领，不断补齐短板弱项，探索生产生活生态“三生”融合新路，尽快引进投资和科技资源，厚植生态资源优势，可持续发展的基础进一步夯实。但以油气为主的产业结构较为单一，受外界影响深重，导致经济活力不足，新旧动能转化较慢。2021 年，松原市的可持续竞争力在全国排第 264 位，下降幅度较大，较上年下降了 54 位，处于全国的下游水平；在东北三省排第 23 位，下降 8 位；在吉林省内排第 5 位，下降 1 位。从可持续竞争力的显示性指标来看，无论是综合人口增量竞争力指标还是综合人口密度竞争力指标均表现较差。从第七次全国人口普查数据来看，2020 年松原市人口数为 225.3 万人，占全省人口比重较 2010 年降低 1.13 个百分点，而且引才留才难度较大。从现实情况看，由于地域原因，软件产业高学历、精英类人才不愿意留在松原市发展，企业招聘高端人才困难，一些企业发展到一定规模后在技术突破上遇到瓶颈，行业人才支撑不足，专业型技术人才短缺，从而对整体经济活力产生消极影响。2021 年，松原市综合人口增量竞争力指标和综合人口密度竞争力指标均在全国排第 260 位，分别较上年下降了 84 位和 39 位。两项指标在东北三省分别排第 21 位和第 23 位，在吉林省分别排第 4 位和第 6 位（见表 3）。

表 3　2020～2021 年松原市可持续竞争力排名

年份	可持续竞争力	排名			综合人口增量竞争力	排名			综合人口密度竞争力	排名		
		全国	东北	省内		全国	东北	省内		全国	东北	省内
2020	0.171	210	15	4	0.300	176	12	4	0.224	221	17	6
2021	0.105	264	23	5	0.125	260	21	4	0.164	260	23	6

资料来源：中国社会科学院城市与竞争力指数数据库；吉林省社会科学院城乡发展指数数据库。

二　问题与不足

（一）结构不优影响综合经济竞争力提升

一是“一油独大”的结构性矛盾尚未得到有效破解。一直以来，重化工业是松原市的支柱产业，松原市产业结构单一，抵抗外界风险能力较弱，对经济发展影响较大。2020 年，原油价格低位运行，最低时为 1116 元/吨，全年均价约为 2183 元/吨，比 2019 年均价低 1023 元/吨。吉林油田全口径原油产量为 400 万吨，同比增长 0.8%。原油价格大幅下跌导致吉林油田产值减少 33.6 亿元，投资减少 7.6 亿元，全口径税收减少 6.4 亿元，地方级税收减少 2.4 亿元，地方级财政收入减少 2.5 亿元。二是产品结构不够优化。“原字号”“初字号”产品仍占主导，油气资源加工、农产品精深加工、生物质开发、清洁能源利用水平不高，产业规模不大、产业链条不长、产品附加值不高的局面还没有明显转变。

（二）固定资产投资结构不优

投资结构将影响行业的未来发展，也直接影响国民经济产业结构的变化。从投资结构看，第一产业占比 5.6%，第二产业占比 37.3%，第三产业占比 57.1%。第二产业投资结构占比偏低，如果扣除油田和高速投资，第二产业占比仅为 22.4%。

（三）服务业受疫情影响较大

新冠疫情对服务业造成一定的冲击，尤其是松原市传统服务业多，金融、科研、信息咨询等新兴服务业发展滞后，所受影响更加突出。批发零售、住宿餐饮和交通运输等传统产业增加值占全市服务业增加值的比重为 23.8%，但是发展速度较慢、发展质量较低；全市旅游资源融合发展程度不够深，短时游、短线游是主体形式，带动效应不强；公共管理、社会保障和社会组织实现增加值居全市第三产业各行业之首，占 17%，这一行业的增加值绝大部分来源于政府公共支出，与工资总额有关，发展空间极为有限；信息技术产业增加值占全市服务业增加值的 0.5%，科学研究占 1.2%，文化体育娱乐业占 1.2%，不足以弥补传统服务业受疫情影响产生的损失。

三　现象与规律

（一）经济增速持续下滑导致经济活力明显不足

经济活力竞争力通常用经商便利度、产权保护、青年人才比例、经济增长率、劳动生产率等指标衡量。2021 年，松原市经济活力竞争力指标在全国排第 290 位，在东北三省排第 34 位，在省内排第 7 位，表现均不理想，说明松原市经济发展的活力不足。这一方面是受疫情影响，另一方面是因为经济增长缓慢，增速处于下滑的趋势（见图 1）。2021 年，松原市经济增长率 5 年变化量指标在全国排第 290 位，基本处于下游水平，直接影响了整个竞争力指标。而青年人才比例在全国排第 196 位，劳动生产率在全国排第 279 位，均与 15 岁以上适龄人口数量有关。根据第七次全国人口普查数据，2020 年松原市 15~59 岁人口占全市人口比重为 65.31%，略高于全省平均水平（65.23%），但每 10 万人中拥有大专以上学历的人数为 10126 人，在全省 9 市（州）中排名末位，与全省平均水平（16738 人/10 万人）相差 6612 人。15 岁以上人口的平均受教育年限为 9.24 年，低于全省平均水平 0.93 年。说明松原市人口中的人才占比较低，而且国民素质需要进一步提升。

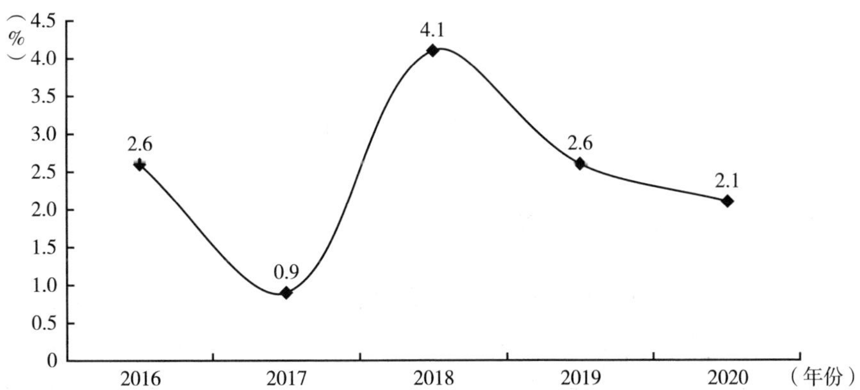

图 1　2016~2020 年松原市经济增速

（二）环境韧性受自然因素拖累略显不足

环境韧性竞争力是可持续竞争力的一项重要指标，它是一个城市交通便捷度、电力充沛度、生态多样性、气候舒适度、环境污染度、自然灾害处理能力的综合表现。2021 年，松原市环境韧性竞争力指标在全国排第 275 位，主要是受气候舒适度指标拖累，其他指标表现良好。松原市一直重视对生态环境的治理与改善，生态资源丰富，拥有世界著名的黑土资源、湿地资源和水资源。全市草场面积达 16 万公顷，境内有“三江、一河、一湖”（嫩江、松花江、松花江干流、拉林河、查干湖），年过境流量达 377 亿立方米，水资源总量达 14 亿立方米。境内国家级自然保护区、国家级地质公园、国家级水利风景区、省级自然保护区和湿地保护区多达 10 个。2021 年，生态多样性指标在全国排第 32 位，位于全国前列。2020 年，松原市协调开展国家森林城市、国家卫生城市、国家环境保护模范城市、全国文明城市创建活动，优化居住环境，改善生态质量，取得的效果比较显著。环境污染度指标在全国排第 131 位，处于上游圈。气候舒适度指标主要由气温、降水、灾害天气、能见度等自然因素指标构成。松原市地处吉林省中西部，属于典型的大陆性季风气候，春季多干旱，夏季多降雨，昼夜温差较大。2020 年多次出现霜冻、大风、寒潮、雷电等灾害天气，气候舒适度较低。2021 年，气候舒适度指标在全国排第 282 位，表现不佳，对环境韧性竞争力产生的负向影响较大。

四　趋势与展望

（一）社会包容性不断增强

社会包容竞争力更多体现的是一个城市的和谐度、公平度、安全度和开放度，主要指标包括历史文化、社会安全、社会公平、居住成本、开放度和医疗健康机构。2021 年，松原市社会包容竞争力指标在全国排第 226 位，在所有可持续竞争力分项指标中表现最优，这与松原市近几年加强社会治理、提高保障水平密不可分。松原市历史文化底蕴深厚，辽金文化、满蒙文化、草原文化、渔猎文化、农耕文化、佛教文化、石油文化等交融共生。松原市拥有查干湖冬捕习俗等10余项国家级非物质文化遗产，境内辽金文化遗址众多，博物馆、文化馆建设较快，2021年历史文化指标在全国排第193位，处于全国的中游圈。2020年，松原市加大扫黑除恶力度，坚决开展命案积案攻坚行动，严厉打击电信诈骗、毒品交易等多发性犯罪，刑事案件立案率下降14%，社会安全指数显著上升。2021年，社会安全指标在全国排第78位，处于上游水平。松原市稳控房价，房地产市场平稳发展，2021年居住成本指标在全国排第41位，处于全国前列，对社会包容竞争力提升形成了有力的支撑。

（二）营商软环境明显改善

营商软环境的改善可以进一步吸引企业和人才，增加经济发展的活力与动力。松原市持续推进重点领域改革，加快服务型政府建设，行政职能得到进一步优化。简政放权继续深化，提高放权赋权比例至62%。审批流程再度精简，项目建设审批时限由185天缩减到59天，政务服务效率和水平显著提升，达到“一窗受理、集成服务”的省级先进标准。2021年，松原市营商软环境指标在全国排第208位，较上年上升33位，在全省居第4位。营商软环境竞争力指标的社会安全、市场化、开放度以及经商便利度等分维度指标排名处于中上游水平。随着营商环境的进一步改善，松原经济发展的活力和潜力将会得到激发。

五　政策与建议

（一）切实推进全市经济稳步增长

一是稳定粮食产能。稳定粮食作物播种面积，抓好重大增产技术措施的推广应用，抓好高标准农田建设项目和黑土地保护利用项目的实施，提高农业防灾减灾能力。扩大棚膜蔬菜种植规模，提高反季节蔬菜生产能力和标准化生产水平，丰富城乡居民“菜篮子”。二是全力以赴稳企业。切实帮助企业解决疫情防控与生产经营保障方面的困难，进一步帮助企业协调上下游产业链，联动复工复产，帮助企业稳生产、稳经营。同时，鼓励和帮助企业拓展销售渠道，通过互联网创新营销模式，对接国内市场。三是开展精准帮扶，提振企业发展信心。进一步落实帮扶政策，尤其是对停业、效益下滑的企业，采取“点对点”的精准帮扶措施，政府出台助企惠企政策，行业部门帮助企业用好、用足、用活各项优惠政策，全面提振企业发展信心，优化营商环境，助推经济发展。

（二）以重点项目为抓手优化投资结构

一是增加项目储备，大力推进前期工作。各县区要加大前期经费投入力度，围绕国家政策和投资方向、“十四五”规划、省市定位、补短板、行业领域发展前沿和新经济等重点，分步骤做好制定规划、建设用地、环评、资金筹措等工作，提高项目成熟度，形成有效项目库，做到在建有项目、近期有开工、长远有谋划。二是大力突破制约投资发展的瓶颈。持续营造良好的营商环境以推动各种要素资源集聚；积极用好中央预算内投资、地方专项债以及基础设施领域的不动产投资信托基金等政策性金融工具，确保投资资金直达企业和项目；进一步激发民间资本活力，不断拓宽贷款、股权投资、债券融资以及资本市场等融资渠道。三是按照“政府引导、市场主导、企业运作”的思路，聚焦项目谋划，做好规划布局和政策支持工作，整合力量、集中人员，着力支持配合好基础设施建设，全方位谋划推动融合基础设施、创新基础设施项目落地，充分发挥“新基建”的强大经济带动力。

（三）全力提升市场消费水平

一是精准实施各项促消费政策，继续发挥消费券的“杠杆作用”，加大在传统节日的促销力度，促进本地市场消费。二是进一步拓展农村消费，规范提升农村大集，组织开展汽车下乡活动，鼓励家电下乡。三是发展多元产业，促进消费市场繁荣。发挥旅游业对消费市场的拉动作用，利用地域优势，打造松原特色文化旅游产业。充分利用现有旅游资源，打造餐饮购物、休闲游乐、特色住宿、生态景观一体化的查干湖旅游小镇，促进旅游业可持续发展，推动消费增长。四是线上、线下共同发力，拉动经济繁荣。利用互联网转变传统经营方式，推动企业线上、线下业务发展，鼓励“批零住餐”企业通过自营平台、微信小程序、公众号等渠道，建立顾客群，拓宽销售渠道；餐饮企业借助美团、饿了么等平台进行外卖配送，增加订单量，进一步搞活消费品市场。

（四）大力发展现代服务业

一是优化提升现代物流业。加强物流基础设施和信息化、标准化建设，引导物流设施资源聚集发展，培育一批具有较强服务能力的生产服务型物流园区和配送中心。积极推动松原内陆港建设，不断扩大便民货运快车覆盖的城镇范围。鼓励现有运输、仓储、货代、快递等企业进行功能整合和服务延伸，规范物流运输市场秩序，提高服务质量和运作水平。二是壮大发展文化、体育和娱乐业。以吉林省建设山水生态旅游带为契机，积极打造一批集冰雪、休闲、度假、温泉、养生保健、餐饮、住宿、购物、娱乐等于一体的旅游度假区和旅游综合服务区。大力发展体育服务业，依托吉林省冰雪资源优势，发展冰雪竞技运动。打造查干湖冰雪汽车场地越野拉力赛等赛事品牌，制定全民冰雪运动普及计划，积极引导学校和青少年举办冰雪冬令营活动。发放文化领域专项消费券，推动影院行业复苏。

参考文献

［1］《松原市政府工作报告》，松原市人民政府网站，2022 年 1 月 11 日，http：//wap. jlsy. gov. cn/zwgk/jcxxgk/gzbg/202201/t20220111_ 456300. html。

［2］《松原市 2020 年国民经济和社会发展统计公报》，吉林省统计局网站，2021 年 6 月 9 日，http：//tjj. jl. gov. cn/tjsj/tjgb/ndgb/202106/t20210609_ 8099655. html。

［3］倪鹏飞主编《中国城市竞争力报告（No. 18）》，中国社会科学出版社，2020。

B.9

吉林省城市竞争力（四平市）报告

李 平*

摘 要： 在我国乃至全球经济下行压力不断增大的背景下，四平市通过不断深化体制机制改革，经济运行逐步改善，经济高质量发展逐步恢复。2021年，四平市综合经济竞争力虽然仍处于全国下游水平，但与2020年相比，位次有所上升，经济发展的质量和效率均有所提升。四平市可持续竞争力居全国中下游水平，排名有所下降。未来，随着四平市统筹区域发展、加快构建现代产业体系、深入实施创新驱动发展战略、助推城市绿色转型等，四平市的综合经济竞争力和可持续竞争力有望获得进一步提升。

关键词： 综合经济竞争力 可持续竞争力 宜商竞争力

四平市位于吉林省西南部，地理位置较为优越，交通十分便利，在东北振兴哈大发展轴上，同时是哈长城市群的重要战略支点。四平市域总面积1.03万平方公里（见表1），市域建成区面积62.5平方公里，现辖铁西区、铁东区、双辽市、伊通满族自治县、梨树县等5个县级行政区，共有1个国家级经济技术开发区、5个省级经济开发区和1个工业集中区。四平市是新兴的潜力城市，资源要素充沛，地理区位优越，产业基础雄厚，是东北最具发展潜力的城市之一。

2020年，在我国乃至全球经济下行压力不断增大的背景下，四平市不

* 李平，吉林省社会科学院城市发展研究所副研究员，研究方向为城市发展与产业经济。

断深化体制机制改革，经济运行逐步改善，经济高质量发展逐步恢复。2021年，四平市综合经济竞争力虽然仍处于全国下游水平，但与2020年相比位次有所提升，在全国排第251位，与2020年相比提高了20个位次。从四平市经济增量竞争力和经济密度竞争力来看，其经济增量竞争力在全国排名第280位，较上一年提高6个位次，经济密度竞争力在全国排名第242位，较上一年提高20个位次。四平市可持续竞争力与2020年相比明显下降，列全国第228位，与2020年相比下降78个位次。其中，综合人口增量竞争力在全国排名第230位，综合人口密度竞争力在全国排名第221位，在全国均处于中下游水平。

表1　2020年四平市基本情况

项目	数据
土地面积(平方公里)	10300
总人口(万人)	213.06
GDP及增长率(亿元,%)	526.57,3.3
三次产业结构	34.69∶19.49∶45.82

资料来源：《四平市2020年国民经济和社会发展统计公报》，吉林省人民政府网站，2021年6月17日，http://www.jl.gov.cn/sj/sjcx/ndbg/gdzs/202106/t20210618_8108860.html；2021年《吉林统计年鉴》。

一　格局与优势

（一）总体概况

2020年，在我国乃至全球经济下行压力不断增大的背景下，四平市通过不断深化体制机制改革，经济运行逐步改善，经济高质量发展逐步恢复。2020年，四平市的经济总量达到了526.57亿元，三次产业结构不断调整，日益优化升级，三次产业占经济总量的比重分别为34.69%、19.49%、45.82%。四平市经济增长势头较好，经济总量在吉林省排名相对靠前。在农业方面，全面推进乡村振兴，加大现代农业产业园建设力度，全面提升农业的机械化水平，四平市的农业综合机械化水平达到了91.5%，大力推进农业产业化，重点发展生猪、肉牛以及玉米产业集群。在工业方面，四平市加快工业转型，加大对传统产业的改造提升力度，现代钢铁破产重整取得了较好的成效，在全国具有一定的典型示范作用。四平市的重点行业如通用设备制造业、烟草制品业、医药制造业、黑色金属冶炼及压延业等，对工业经济增长贡献较大。加快推进长平一体化发展，续建四平、长春共建汽车产业园，重点谋划和推进一批重大项目，工业经济实力不断增强。服务业发展势头较好，四平市规模以上服务业产业规模不断扩大，软件与信息技术服务业、机动车电子产业等新兴服务业发展迅速，推进四平市服务业的提档升级。

2020年四平市的总人口为213.06万人，城镇化率达到42.32%，新型城镇化稳步推进。2020年四平市继续紧抓民生实事，重点解决新建小区配套幼儿园建设问题，满足适龄儿童的入园需求，同时开展了创建幸福小区工作，全年创建30个幸福小区。2020年，四平市继续推进脱贫攻坚工作，全面完成了脱贫任务，全市125个贫困村全部脱贫。四平市在社会事业方面稳步推进，重点补齐学前教育方面存在的短板，推进医保领域改革，在国家医保基金监管方式创新试点方面积极探索，取得了一定的成效。2020年，四平市第8次获得“全国双拥模范城”的荣誉称号。2020年，四平市市政设施建设逐步完善，为更好地满足市民出行需求，新建市政道路20条，其中14条已建成通车；扎实推进排水管网改造工程，改造雨污分流排水管网24公里。同时，四平市稳步推进环境治理工作，重点实施黑臭水体治理工程，在工业开发区新建污水集中处理设施，增强工业污水的集中处理能力，生态环境得到了较大的改善。

（二）现状与格局

第一，综合经济竞争力有所提高，经济增量竞争力和经济密度竞争力表现较好。2021年，四平市综合经济竞争力指数为0.120，虽然仍处于全国下游水平，但与2020年相比位次有所提高，在全国排名第251位，与

2020 年相比提高了 20 个位次。四平市综合经济竞争力在东北排名第 20 位，与上一年相比提高了 7 个位次。从吉林省内来看，四平市综合经济竞争力的省内排名依然不高，在吉林省平均水平之下，2021 年省内排名第 7，与上一年持平。2016～2021 年，四平市的综合经济竞争力从全省第 3 名下降至第 7 名，可见，四平市综合经济竞争力还有较大提升空间，转变经济发展方式仍然是四平市提升综合经济竞争力的有效途径。

2021 年，四平市经济增量竞争力指数为 0.039，在全国排名第 280 位，在东北排名第 28 位，在吉林省内排名第 7 位，与 2020 年相比，位次均有所提高，在经济增量竞争力方面的表现有趋好的态势。2021 年，四平市经济密度竞争力指数为 0.159，与 2020 年的 0.122 相比有所提高，在全国排名第 242 位，在东北排名第 18 位，在吉林省内排名第 7 位，与综合经济竞争力表现一致。随着四平市经济密度竞争力指数的提高，其在全国的排名提高了 20 个位次，在东北的排名也前进了 8 个位次（见表 2），是驱动综合经济竞争力提升的主要原因。未来，为进一步提高四平市的综合经济竞争力，无论是在经济总量上，还是在经济发展质量上，都应该继续努力。

表 2　2020～2021 年四平市综合经济竞争力及显示性指标排名

年份	综合经济竞争力	排名			经济增量竞争力	排名			经济密度竞争力	排名		
		全国	东北	省内		全国	东北	省内		全国	东北	省内
2020	0.091	271	27	7	0.019	286	31	8	0.122	262	26	7
2021	0.120	251	20	7	0.039	280	28	7	0.159	242	18	7

资料来源：中国社会科学院城市与竞争力指数数据库；吉林省社会科学院城乡发展指数数据库。

2021 年，四平市的当地要素竞争力指数为 0.240，与 2020 年相比有所下降，在全国排第 181 位，下降了 35 个位次。营商硬环境竞争力相对较好，2021 年四平市营商硬环境竞争力指数为 0.212，在全国排名第 192 位，与 2020 年相比提升了 35 位。此外，无论是生活环境竞争力、营商软环境竞争力，还是全球联系竞争力，四平市的表现均不太乐观，三个指标的排名与

2020 年相比均有所下降，其中生活环境竞争力在全国排名第 256 位，营商软环境竞争力在全国排名第 271 位，全球联系竞争力在全球排名第 268 位，均处于全国平均水平以下。

第二，可持续竞争力居全国中下游水平。2021 年四平市的可持续竞争力指数为 0.164，与 2020 年的 0.222 相比明显下降。2021 年四平市可持续竞争力在全国排名第 228 位，下降了 78 个位次，在全国平均水平以下。2021 年四平市可持续竞争力在东北排名第 13 位，处于东北中上游水平。在吉林省 8 个地级市中排名第 3 位，位于长春市和吉林市之后。2021 年四平市综合人口增量竞争力指数为 0.168，与 2020 年的 0.332 相比下降较多，在全国排名第 230 位，在东北排名第 12 位，在吉林省内排名第 3 位。2021 年四平市综合人口密度竞争力指数为 0.230，与 2020 年的 0.283 相比出现了小幅度的下降，从全国排名来看下降较大，从 2020 年的第 163 位下降到第 221 位，在东北排名第 14 位，在吉林省内排名第 3 位（见表 3），表现一般，制约四平市可持续竞争力的稳步提升。

表 3　2020~2021 年四平市可持续竞争力及显示性指标排名

年份	可持续竞争力				综合人口增量竞争力				综合人口密度竞争力			
	指数	全国	东北	省内	指数	全国	东北	省内	指数	全国	东北	省内
2020	0.222	150	10	3	0.332	134	9	3	0.283	163	12	3
2021	0.164	228	13	3	0.168	230	12	3	0.230	221	14	3

资料来源：中国社会科学院城市与竞争力指数数据库；吉林省社会科学院城乡发展指数数据库。

从可持续竞争力的分项指标排名可以看出，四平市在科技创新方面取得了一定的成效，科技创新竞争力指数为 0.226，在全国排名第 109 位，主要是专利申请指数、学术论文指数以及科技企业指数表现较好，对四平市可持续竞争力的贡献较大。其次是环境韧性竞争力，2021 年四平市环境韧性竞争力指数为 0.448，在全国排名第 190 位，主要是交通便捷度指数、生态多样性指数以及自然灾害指数表现较好。2021 年四平市社会包容竞争力指数为 0.322，在全国排名第 208 位，表现相对较好，在全国处于中游水平，主要是居住成本、医疗健康机构方面表现较为突出，拉动社会包容竞争力指数走高。四平市的全球联系竞争力和经济活力竞争力排名相对落后，表现欠佳，在全国处于下游的位置，分别排名第 268 位和第 291 位，是未来四平市提升可持续竞争力需要努力的方向。

（三）四平市城市竞争力特征

1. 经济运行情况较好，经济处于逐步恢复的阶段

2020 年，四平市坚定不移地贯彻新发展理念，着力深化改革开放，积极探索四平创新发展新路径，经济运行逐步改善，经济发展取得了一定成效。但四平市的经济增长仍然处于较低水平，这与我国经济发展所处阶段密切相关。2021 年，四平市综合经济竞争力虽然仍处于全国下游水平，但与 2020 年相比位次有所提高，在全国排名第 251 位，与 2020 年相比提高了 20 个位次。从经济增量竞争力和经济密度竞争力来看，经济增量竞争力在全国排名第 280 位，经济密度竞争力在全国排名第 242 位，与 2020 年相比均有所提高，经济增量竞争力提高 6 个位次，经济密度竞争力提高 20 个位次。这在一定程度上说明四平市的经济运行逐步改善，经济高质量发展逐步恢复。

2. 可持续竞争力表现一般，处于全国中下游水平

四平市可持续竞争力发展水平与 2020 年相比明显下降，排名全国第 228 位，与 2020 年相比下降 78 个位次。其中，综合人口增量竞争力在全国排名第 230 位，综合人口密度竞争力在全国排名第 221 位，均处于全国中下游水平。四平市在科技创新竞争力、环境韧性竞争力以及社会包容竞争力方面表现较好，这与四平市扎实推进污染防治工作息息相关。

3. 营商环境竞争力依然有待提高

2020 年，四平市坚持软硬兼施改善环境，市场主体的活力得以激发，营商环境得到了较大的改善。但是，从全国来看，四平市的营商环境指标表现一般，2021 年四平市营商硬环境竞争力指数是 0.212，在全国排名第 192 位，与 2020 年相比提升 35 位。从分项指标来看，四平市在交通便捷度指数、自然灾害指数以及航运便利度指数 3 个方面表现相对较好，其中交通便捷度指数在

全国排名第 34 位，自然灾害指数在全国排名第 1 位，航运便利度指数在全国排名第 135 位。然而在网络信息传输速度指数、机场设施指数等方面竞争力相对较弱，网络信息传输速度在全国排名第 248 位，机场设施指数在全国排名第 247 位，均位于全国平均水平以下。营商软环境竞争力全国排名第 271 位，处于全国下游水平。其中市场化指数为 0.298，在全国排名第 247 位，开放度指数在全国排名第 227 位，经商便利度指数为 0.211，在全国排名第 252 位，竞争力均不强，位于全国平均水平以下。由此可见，四平市营商环境还有待改善，良好的营商环境能够促进四平市综合经济竞争力稳步提升。

二　问题与不足

（一）综合经济实力依然不强，经济发展质量和效益有待提升

2020 年，四平市实现地区生产总值 526.57 亿元，人均地区生产总值 24586 元，不足吉林省人均 GDP 的一半，这说明四平市的经济发展水平在吉林省内相对落后。2021 年，四平市综合经济竞争力指数为 0.120，在全国排名第 251 位，在东北排名第 20 位，在吉林省排名第 7 位，虽然综合经济竞争力全国排名较上年有所提升，但是竞争力依然不强，有待提高。从四平市的经济发展状况来看，四平市的传统产业改造升级依然缓慢，而在经济发展新动能培育方面，高新技术产业、数字经济、信息产业等的发展依然滞后，产业体系依然以劳动密集型产业和资源密集型产业为主，缺少技术密集型产业。

（二）经济活力和全球联系竞争力指标表现不佳，制约可持续竞争力的提升

从可持续竞争力的分项指标排名可以看出，四平市的经济活力竞争力和全球联系竞争力两项指标表现不太乐观，在全国的排名均处于中下游水平，成为制约四平市可持续竞争力提升的主要因素。2021 年四平市经济活力竞

争力在全国排名第291位，排名较为靠后。从经济活力竞争力的各个维度来看，经商便利度指数在全国排名第252位，经济增长率指数在全国排名第291位，劳动生产率指数在全国排名第232位，产权保护指数在全国排名第201位，青年人才比例指数在全国排名第173位，除了青年人才比例指数在全国排名200位以内，其他指数均在200位之后，尤其是经济增长率指数的排名较为落后，导致经济活力竞争力指数和排名均不高。四平市的全球联系竞争力指数在全国排名第268位，与经济活力竞争力指数相比表现略好，但仍处于全国下游水平。因此，四平市需提升经济发展活力，提高经济增长率，增强全球联系。

（三）宜商竞争力表现一般，仍有提升空间

从全国来看，四平市的营商环境分项指标表现一般，2021年，四平市营商硬环境竞争力指数是0.212，在全国排名第192位，与2020年相比提升35位。从营商硬环境竞争力的各个维度来看，自然灾害指数在全国排名第1位，交通便捷度指数排名较好，在全国排名第34位，航运便利度指数在全国排名第135位，电力充沛度指数在全国排名第164位，网络信息传输速度指数和机场设施指数的全国排名相对不高，分别是第248位和第247位。2021年，四平市的营商软环境竞争力指数为0.166，在全国排名第271位，排名较为靠后。从营商软环境的各个维度来看，四平市的市场化指数、开放度指数、大学指数、经商便利度指数等在全国排名均较为靠后，还有较大的提升空间，导致四平市的营商软环境竞争力指数在全国的排名不高。由此可见，四平市营商环境有待改善。

三　现象与规律

（一）经济运行逐步改善，经济高质量发展逐步恢复

2020年，四平市有效应对外部环境对经济发展造成的不利影响，坚定

不移地贯彻新发展理念，着力深化改革开放，积极探索四平创新发展新路径，经济运行逐步改善，经济发展取得了一定进展。2020 年，四平市实现 GDP 526.57 亿元，经济总量稳步增加，产业结构持续调整。2021 年四平市综合经济竞争力指数为 0.120，虽处于全国下游水平，但与 2020 年相比位次有所提高，在全国排名第 251 位，比 2020 年提高了 20 个位次。这说明四平市经济发展方式的转型升级取得了一定成效，经济运行逐步改善，经济高质量发展的态势逐步恢复。可见，四平市仍需要持续推进经济发展方式转变，促进三次产业融合发展，推动四平市综合经济实力进一步提升，进而助力四平市实现快速振兴。

（二）科技创新竞争力表现较好，有利于持续推进可持续竞争力的提升

四平市在科技创新竞争力方面表现较好，科技创新竞争力指数为 0.226，在全国排名第 109 位，从各个维度来看，主要是专利申请指数、学术论文指数以及科技企业指数表现较好，对四平市可持续竞争力的贡献较大。科技创新竞争力的良好表现得益于四平市高度重视创新驱动，2020 年四平市发明专利授权量达 296 件，每万人拥有发明专利 1.3 件，产学研合作逐步推进，高新技术产业发展较快，形成以精细化工、先进制造、新材料、医药健康和先进农产品等领域为支撑的高新技术产业群。建设科技创新强市，不断增加在科技创新领域的投入，势必促进四平市科技创新竞争力的稳步提高，使其在全省保持相对靠前的位置，科技创新对经济发展和新动能培育的促进作用将进一步显现。

（三）环境韧性竞争力表现较好，人居环境明显改善

2021 年四平市环境韧性竞争力表现较好，环境韧性竞争力指数为 0.448，在全国排名第 190 位，主要是交通便捷度指数、生态多样性指数、自然灾害指数等表现较好，对四平市可持续竞争力提升的贡献较大。四平市高度重视城乡人居环境建设，开展问题排查整改工作，稳步推进老旧小区改

造工程，扎实推进生活垃圾分类，城区环境得到显著改善。在农村人居环境建设方面，四平市加强美丽乡村建设，稳步推进“四好农村路”建设，改造农村厕所，推进村庄清洁行动，农村人居环境得到较大改善。四平市的生态环境持续向好，全域基本消除五类水体，空气质量达到国家二级标准，城市人居环境得到了明显的改善，因此四平市环境韧性指数和排名在全国处于上游水平。

四　趋势与展望

（一）坚持贯彻新发展理念，发展质量将显著提升

四平市坚持贯彻新发展理念，坚持高质量发展，以创新驱动工业转型升级，推动战略型新兴产业快速发展，以科技为引领，带动农业向规模化方向发展，提高农业的生产效率，运用物联网、大数据等现代信息技术推动服务业向高端、集聚方向转型，从而促进城市的高质量发展。稳步推动“四（平）梨（树）同城化”建设，加快提质扩容，全面增强综合承载能力。以同城化、一体化发展为手段，加快四平市城市发展提质增效。未来，随着四平市经济发展方式的不断转型、产业结构的持续优化，四平市的发展质量将显著提升，从而推动四平市综合经济竞争力稳步提高。

（二）创新能力持续提升，经济发展获得新动能

2021 年四平市科技创新竞争力指数为 0.226，在全国排名第 109 位，在吉林省的排名也相对靠前，整体表现较好。这与近年来四平市深入实施创新驱动发展战略息息相关，如加强产学研用联合，重点推进科技创新平台载体建设。推动重点企业与省内外高校院所紧密合作，促进科技成果的产业化应用。“十三五”时期，四平市建立了 13 家规模化的市级科技创新平台。世宝机械智能转向系统、艾斯克智能化畜禽屠宰等技术在国内领先。未来，四平市应继续坚持创新在现代化建设中的核心地位，搭建创新平台，推动自主

创新与经济发展深度融合，提升创新体系整体效能，培育经济发展的新动能。

（三）改革开放持续推进，营商环境有望好转

四平市持续推进改革开放，在政府机构改革等方面取得了较好的成绩，在“放管服”、“最多跑一次”以及“无证明城市”等方面持续推进改革，成效显著，在“无差别全科受理”方面工作较好，营商环境得以持续优化。未来，四平市应持续深化“放管服”改革，最大限度减少政府对市场的直接干预，全面营造重商、尊商、亲商、扶商的社会氛围，构建营商环境好、发展活力足的振兴新局面。在“十四五”时期，四平市着力优化营商环境，推进政府治理体系现代化，重点落实招商引资的相关政策，不断优化招商引资环境。随着一系列改革的陆续落地，四平市营商环境有望获得升级。

（四）重视城乡环境保护，环境韧性竞争力有望进一步提升

2021 年四平市环境韧性竞争力表现较好，这与四平市高度重视城乡环境保护、持续推进环境整治行动密切相关，环境保护工作取得了较好的成效，四平市的城乡环境得到了明显的改善。以辽河治理为统领，以南北河水环境综合整治为重点，强力整治污染顽疾，生态环境明显好转。四平市地表水环境质量也得到了较大的改善，绿水长廊建设稳步有序推进，城市品位有所提升。同时，四平市扎实推进大气污染综合整治，全域禁烧秸秆，大气环境得到了较好的改善，全年空气优良天数比例达 84.34%。在生态环境保护方面，四平市以系统理论为指导，统筹推进山水林田湖草沙的一体化治理，坚持绿色发展理念，稳步推进造林绿化工程，森林覆盖率达 19.38%。积极争创国家生态文明试验区，抓好全国“海绵城市”建设工作。未来，四平市的城乡环境将持续优化，环境韧性竞争力稳步提升。

五 政策与建议

（一）统筹区域发展，提高城市“硬能力”和“软实力”

“十四五”时期，围绕长平一体化协同发展战略，四平市需要统筹区域发展，完善空间发展战略布局，加快新型城镇化建设，提高城市“硬能力”和“软实力”。贯彻落实主体功能区战略，推动四平市中心城市提高核心竞争力，加快建设丛泉新区，努力推动四平市建设高质量发展示范区。推进“四梨同城化”，围绕建成百万人口区域中心城市的目标，搭建四平市的城市建设发展框架，提升中心城区的首位度。在城市建设方面，加快实施四平市城市更新计划，围绕“城市畅通”工程，加快建设重点道路，丰富城市发展的骨架，推进城市管道更新改造，完善城市基础设施建设。继续深入推进四平市智慧城市建设，提升城市管理精细度，推进城市管理的智慧升级，加强生态城市建设，推进水、大气的污染整治，加强对环境的生态修复和保护，推进公园、绿地的建设，营造良好的生活环境，提高四平市的宜居水平。

（二）推动产业转型升级，构建现代产业体系

四平市在其未来发展中，应聚焦自身特色产业，做精做强现代农业，实施工业倍增战略、服务业跨越战略。首先，继续深入推进四平市一二三产业的融合发展，做好农产品的全产业链发展，在玉米全产业链、林果深加工等方面重点推进，延长畜禽产业链，做强现代农业。其次，加快构建四平市现代化工业体系，围绕吉林省“一主六双”的产业空间布局，培育优势主导产业，做大做强食品加工、医药健康、装备制造等重点产业，加快形成四平市多元发展的产业格局，加强技术创新以及产品的研发，促进四平市工业的整体跃升。最后，实施服务业跨越战略。加快推进四平市商贸服务业提档升级，重点推进消费商圈以及便民生活圈的建设。同时，加快发展新兴服务

业，重点发展数字信息、电子商务等新业态，尤其是近年来新兴的网红经济等。此外，利用好四平市独特的地理区位优势，重点发展物流产业，打造东北区域物流集散地。

（三）深入实施创新驱动发展战略，激发振兴发展内生动力

四平市始终把改革开放、科技创新作为推动经济发展的重要举措，以创新激发经济发展活力，打造经济发展优势，培育经济发展新动能。一是着力增强自主创新能力，围绕四平市的优势主导产业，提高原始创新能力，壮大科技创新主体，重点培育高新技术企业以及科技型中小企业。二是加快建设创新平台，围绕四平市的优势主导产业，建设国家级实验室和研发中心。主动融入长春都市圈，借助长平一体化协同发展的契机，共同谋划建设科技城，为科技创新提供平台载体。三是在吸引和留住人才方面，结合四平市产业发展优势和特点，加强对重点领域专项实用性人才的引进。着力推进“万名大学生留平计划”，多层次、多路径地提供多种就业岗位，吸引更多优秀的大学生到四平市就业，为四平市的经济社会发展提供人才支撑。

（四）保护生态特色景观资源，助推城市绿色转型

将生态和绿色作为四平市的发展主题。在城市发展的各个方面，首先要高度重视对生态环境的保护和修复，从顶层设计的角度划定四平市经济社会发展的生态红线，在加快推进经济社会发展的同时，进一步强化对城市生态指标的相关考核，推进四平市经济绿色、低碳发展。同时，在四平市的城市建设以及发展过程中，注重生态空间与生产空间、生活空间的融合发展。在发展产业的同时，加强对产业的生态化以及绿色化改造，减少对环境的污染和破坏，在实现经济发展的同时，保护好居民生活环境。其次，四平市在进行绿化和生态建设的过程中，要以城市的生态本底为基础，结合生产和生活布局，合理地规划和设计公园、绿化用地，营造良好的生产和生活氛围。最后，大力推进绿色城市以及智慧城市建设，倡导循环经济和绿色低碳理念，助推城市绿色转型。

参考文献

[1]《2021年四平市政府工作报告》，四平市人民政府网站，2021年1月15日，http://www.siping.gov.cn/zw/jcxxgk/gzbg/202101/t20210122_554401.html。

[2]《2022年四平市政府工作报告》，四平市人民政府网站，2022年3月2日，http://www.siping.gov.cn/zw/jcxxgk/gzbg/202203/t20220302_612590.html。

[3]《四平市2020年国民经济和社会发展统计公报》，吉林省人民政府网站，2021年6月17日，http://www.jl.gov.cn/sj/sjcx/ndbg/gdzs/202106/t20210618_8108860.html。

[4]《吉林省2020年国民经济和社会发展统计公报》，吉林省人民政府网站，2021年10月26日，http://xxgk.jl.gov.cn/zsjg/tjj/xxgkmlqy/202110/t20211026_8259328.html。

[5] 倪鹏飞、徐海东主编《中国城市竞争力报告 No.19》，中国社会科学出版社，2021。

B.10
吉林省城市竞争力（辽源市）报告

刘　恋*

摘　要： 2020年，受多方不利因素影响，辽源市综合经济竞争力和可持续竞争力呈总体下滑趋势。辽源市克服种种困难，保证了经济的稳步增长，但仍存在经济基础薄弱、增速较缓、经济活力不足、营商环境较为落后、科技创新不足等实际问题，需要继续深入优化产业结构、持续改善营商环境、坚持创新发展核心地位，从根本上提升辽源市的城市竞争力。

关键词： 城市竞争力　科技创新　产业结构　经济活力　营商环境

2020年全球经济发展态势持续低迷，新冠疫情波及范围扩大，数个国家面临大面积停工停产，行业处于低谷期。中美双边关系持续紧张，“芯片”危机直接影响了我国包括汽车产业在内的多种智能产业发展，也使我国经济发展遭遇了前所未有的挑战。在此大背景下，辽源市经济发展也受到了一定的阻力，辽源市委、市政府砥砺前行，全面贯彻习近平总书记视察吉林重要讲话和重要指示精神，始终保持政治定力、战略定力、工作定力，带领全市人民顶住各方压力，实现经济稳定增长、社会和谐发展的良好局面。

2020年辽源市迎来了“十三五”的交卷时刻，五年不间断的前行，辽源市取得了丰硕的成果，在市委“七条新路”“五大改革”“六大体系”的

* 刘恋，吉林省社会科学院城市发展研究所助理研究员，研究方向为智慧城市发展、都市圈建设。

总体设计之下，辽源市在经济发展质量、城市功能、生态环境、人民生活水平等方面均发生了切实的变化，取得了脱贫攻坚的决定性胜利，经济发展转向高质量发展，产业结构持续优化，经济活力进一步增强，圆满完成了“十三五”规划的主要任务。2021 年辽源市综合经济竞争力指数为 0.173，全国排名第 227 位，东北排名第 14 位，吉林省内排名第 3 位；可持续竞争力指数为 0.114，全国排名第 257 位，东北排名第 20 位，吉林省内排名第 4 位。

一　格局与优势

（一）总体概况

2020 年是“十三五”规划的收官之年，同时是实现第一个百年奋斗目标的决胜之年。在这关键的一年，辽源市克服城市发展转型的阵痛，不断寻求适合自身的发展道路，全面优化经济结构，始终坚持以习近平新时代中国特色社会主义思想为指导，深入贯彻习近平总书记视察吉林重要讲话和重要指示精神，认真落实党中央、国务院和省委、省政府的决策部署，积极对接“一主六双”高质量发展战略，改善城市营商环境，做好招商引资工作，经济得以稳步增长。特别是面对突如其来的新冠疫情，辽源市委、市政府严格落实“三保一统筹”“六个必须”“六个坚持”，果断实施“时空闭环管理”措施，有效控制疫情传播发展，在全省率先启动复工复产，最大限度减少疫情对经济发展带来的不利影响。全年实现地区生产总值 429.90 亿元，比上年增长 3.7%。三次产业比重为 11.6∶28.1∶60.3，产业结构趋向合理，第三产业比重保持平稳发展，第二、第三产业已逐步成为经济增长主动力（见表 1）。在全球经济下行的大环境中，全市完成全口径财政收入 30.70 亿元，比上年下降 4.7%，完成地方级财政收入 17.03 亿元，比上年下降 2.4%。虽然财政收入下降，但人民生活水平不能下降，顶着财政收入连续 5 年下降的巨大压力，辽源市委、市政府始终坚持保障民生发展，全年完成财政支出 137.98 亿元，比上年增长 3.7%。其中，住房保障支出 5.09 亿元，增长 32.6%；社会保障和就业支出 37.83 亿元，增长 24.2%；卫生健康支出 11.79 亿元，增长 1.5%。辽源市持续加强对产业结构的升级转型工作，全方位优化投资结构，取得了显著成效，较上年有较大提升，全市固定资产投资（不含农户）比上年增长 10.5%。从产业投资结构看，第一产业投资增长 69.9%；第二产业投资增长 7.0%，其中工业投资增长 7.0%；第三产业投资增长 7.7%。2020 年，辽源市金融发展水平稳步提升，全市金融机构人民币各项存款余额比上年增长 15.8%，各项贷款余额比上年增长 5.3%，实现“双增长”。从存款情况来看，住户存款 609.05 亿元，比上年增长 18.6%；非金融企业存款 37.13 亿元，比上年增长 10.8%。从贷款情况来看，住户贷款 120.56 亿元，比上年增长 6.5%；非金融企业及机关团体贷款中，中长期贷款 176.65 亿元，比上年增长 19.1%。各项贷款保持平稳增长，为经济发展提供了有力的支撑。2020 年辽源市顶住各方压力，平稳发展，产业结构趋向合理化，在此基础上调整步伐并逐渐加速，民生福祉得到切实保障。

表 1　2020 年辽源市基本情况

项目	数据
土地面积(平方公里)	5140
总人口(万人)	99.69
GDP 及增长率(亿元,%)	429.90,3.7
三次产业结构	11.6 : 28.1 : 60.3

资料来源：《辽源市 2020 年国民经济和社会发展统计公报》，吉林省人民政府网站，2021 年 6 月 17 日，http：//www.jl.gov.cn/sj/sjcx/ndbg/gdzs/202106/t20210618_ 8108859.html；2021 年《吉林统计年鉴》。

2020 年新冠疫情形势渐紧，辽源市积极对抗疫情，仅用 31 天实现确诊病例治愈、疑似病例排除，在全省率先启动复工复产，保证了经济的平稳发展。疫情期间，辽源市为企业减免税费 1.87 亿元，发放稳岗返还资金 4508 万元，联动金融机构惠企利企 70 多亿元，组织 3 批 118 名医护人员紧急驰援重点疫区，充分展现了辽源人民的大爱情怀。2020 年辽源市加快推进乡村振兴，提高粮食安全保障能力。依托中科院地理所、省农科院等科研机构，推进战略性大豆种质资源库建设和“吉字号”种子新品种研发推广。推进“三产融合”发展，打造畜牧业全产业链，做强特色农产品品牌。实施乡村建设行动，完善乡村建设规划，推进农村饮水安全巩固提升、配电网改造升级、农村公路“畅返不畅”整治等重点工程。2020 年辽源市持续改善生态环境。突出抓好秸秆禁烧和综合利用、清洁煤配送体系建设、城乡接合部软硬化覆盖、城市建筑扬尘治理，有效应对重污染天气，全年空气质量优良天数达 299 天。严格落实河长制，推进河湖“清四乱”常态化、规范化。加强工业废水、废气、废渣治理和综合利用，开展农药化肥减量化行动，持续改善土壤环境质量。科学有序推进“三百”工程，打造生态涵养林 26 万亩，完成重点干支流河道生态缓冲带建设，实施低效林改造，治理河道 61 公里。推进资源能源循环利用。2020 年辽源市着力保障改善民生，多措并举保居民就业，全年新增城镇就业 1 万人，农村劳动力转移就业 11 万人。持续推进“全民参保计划”，适时调整养老保险、工伤保险待遇水平。建立多层次医疗保障体系，做实医保市级统筹，深化教育领域综合改革和医药卫生体制改革。改造老旧小区 53 个，完成 10 项社区养老服务设施建设。深化“111”平安建设模式创新，全面提升基层治理能力。2020 年辽源市深入实施城市“双修”。有序推进老城改造和南部新城、北部新区开发建设。启动市政道路新改建，加快南部新城“双创”中心、辽源五中和市中心医院的建设，完成“四馆”内装展陈开发。实施地下管网修复与混错接改造，完成二次供水设施、供热管网提升工程。城市管道天然气普及率提高 8 个百分点。推进智慧城市建设，加快实施 5G 基站、大数据中心等“761”工程智能信息网建设，提升城市数字化管理水平。

（二）现状格局

1. 城市综合经济竞争力略有下降，经济增量竞争力表现欠佳

2020 年，辽源市综合经济竞争力指数为 0.173，较上年略有下降，全国排名第 227 位，与上年排名相比下降了 4 位，在东北排名提升 4 位，列第 14 位，吉林省内排名保持不变，排名第 3 位，稳居前三名；经济增量竞争力指

数为0.044，全国排名第278位，比上年下降11个位次，东北排名下降4个位次，排名第26位，省内排名下降2个位次，排名第6位；经济密度竞争力指数为0.224，全国排名第208位，与上年相比排名下降8个位次，东北与吉林省内排名均未有改变，东北排名第14位，吉林省内排名仍居第3位（见表2）。

表2　2021年辽源市综合经济竞争力及显示性指标排名

年份	综合经济竞争力	排名			经济增量竞争力	排名			经济密度竞争力	排名		
		全国	东北	省内		全国	东北	省内		全国	东北	省内
2021	0.173	227	14	3	0.044	278	26	6	0.224	208	14	3

资料来源：中国社会科学院城市与竞争力指数数据库；吉林省社会科学院城乡发展指数数据库。

从综合经济竞争力分项指标来看，辽源市的当地要素竞争力指数为0.118，全国排名第259位，东北排名第25位，吉林省内排名第5位；生活环境竞争力指数为0.113，全国排名第272位，东北排名第28位，吉林省内排名第7位；营商软环境竞争力指数为0.153，全国排名第275位，东北排名第29位，吉林省内排名第7位；营商硬环境竞争力指数为0.178，全国排名第220位，东北排名第25位，吉林省内排名第6位；全球联系竞争力指数为0.072，全国排名第276位，东北排名第28位，吉林省内排名第7位（见表3）。综合以上分项指标排名，可以看出辽源市各分项竞争力指标排名均不理想，上年在省内具有相对优势的营商硬环境竞争力与全球联系竞争力排名在2021年均下滑严重，由省内前3名跌至末尾。

表3　2021年辽源市综合经济竞争力分项指标排名

年份	当地要素竞争力			生活环境竞争力			营商软环境竞争力			营商硬环境竞争力			全球联系竞争力		
	全国	东北	省内	全国	东北	省内	全国	东北	省内	全国	东北	省内	全国	东北	省内
2021	259	25	5	272	28	7	275	29	7	220	25	6	276	28	7

资料来源：中国社会科学院城市与竞争力指数数据库；吉林省社会科学院城乡发展指数数据库。

综合近几年辽源市综合经济竞争力情况，可以看出其下滑态势较为明显，特别是经济增量竞争力在省内已跌至下游，这说明辽源市经济发展虽克服了种种困难，总体保持增长态势，但增长动力明显不足，增速过缓，需及时从多方面进行调整。

2. 可持续竞争力持续下行，处于吉林省中游水平

2020 年受全球经济下行影响，东北大部分城市可持续竞争力均有所下滑，吉林省地区可持续竞争力呈现整体下滑趋势。辽源市 2021 年的可持续竞争力指数为 0.114，连续 5 年负增长，全国排名第 257 位，与上年排名相比，下降了 23 个位次，东北排名第 20 位，与上年排名相比下降 2 个位次，吉林省内排名第 4 位，较上年度上升 2 个位次；综合人口增量竞争力指数为 0.064，全国排名第 284 位，与上年相比排名下降 10 个位次，东北排名第 30 位，吉林省内排名第 7 位，较上年均上升 1 个位次；综合人口密度竞争力指数为 0.224，全国排名第 225 位，与上年排名相比下降 38 个位次，东北与吉林省内排名均未有改变，分别排在第 15 位和第 4 位（见表 4）。

表 4　2021 年辽源市可持续竞争力及显示性指标排名

年份	可持续竞争力	排名			综合人口增量竞争力	排名			综合人口密度竞争力	排名		
		全国	东北	省内		全国	东北	省内		全国	东北	省内
2021	0.114	257	20	4	0.064	284	30	7	0.224	225	15	4

资料来源：中国社会科学院城市与竞争力指数数据库；吉林省社会科学院城乡发展指数数据库。

综合以上可持续竞争力及分项指标排名，可以看出辽源市可持续竞争力全国排名已经连续 3 年下滑，从 2018 年的第 185 位跌至第 257 位，总计下滑 72 个位次。可持续竞争力可以衡量城市未来的发展潜力，城市未来发展潜力越大，可吸引的优势资源就会越丰厚，辽源市要积极调整城市的可持续发展战略，增强城市发展潜力，提升城市经济活力，吸引更多的优势资源助力城市发展。

从可持续竞争力分项指标来看，2021 年辽源市的环境韧性竞争力指标

仍然是可持续竞争力分项指标中表现最为出色的指标，环境韧性竞争力指数为0.456，全国排名第175位，东北排名第13位，吉林省内排名第2位；经济活力竞争力指数为0.038，全国排名第287位，吉林省内排名第5位；社会包容竞争力指数为0.229，全国排名第258位，东北排名第30位，吉林省内排名第8位；科技创新竞争力指数为0.060，全国排名第274位，东北排名第30位，吉林省内排名第8位（见表5）。从可持续竞争力分项指标排名中可以看出，辽源市社会包容竞争力与科技创新竞争力均已处于全省地级市末位，经济活力竞争力已跌至全国中下游水平，这些分项指标直接制约辽源市可持续竞争力的发展，亟待调整。

表5　2021年辽源市可持续竞争力分项指标排名

年份	经济活力竞争力			环境韧性竞争力			社会包容竞争力			科技创新竞争力			全球联系竞争力		
	全国	东北	省内	全国	东北	省内	全国	东北	省内	全国	东北	省内	全国	东北	省内
2021	287	30	5	175	13	2	258	30	8	274	30	8	276	28	7

资料来源：中国社会科学院城市与竞争力指数数据库；吉林省社会科学院城乡发展指数数据库。

3.辽源市城市竞争力优势

第一，辽源市的综合经济竞争力整体处于全国中下游水平，这与东北整体经济发展持续下行不无关系，随着国家对东北老工业基地振兴战略的重视不断加强，东北经济发展势必迎来全面复苏。辽源市综合经济竞争力分项指标中的营商硬环境竞争力指标2021年的省内排名虽有所下滑，但仍是综合经济竞争力分项指标排名中表现最为良好的指标，这充分说明辽源市有着良好的城市发展基础，自然灾害指数优于全国大部分城市，公共设施完善，在交通便捷度与城市用电充沛度等方面可以很好地满足居民需求，航运便利度也处于全国中上游水平，城市与其他区域连通便捷无碍。营商软环境竞争力中的社会安全指数与市场化指数也较上年有了显著提升。营商环境的不断优化得益于辽源市“五大改革”产生的新动力，辽源市作为东北民营经济改革示范城市，政府高度重视城市营商环境建设，推行针对营商环境、政策环境、融资环境、城市环境、干事环境的“五大改革”，为辽源市营造良好的营商环境，吸引投资超过700亿元。此外，辽源市生活环境竞争力指标中的环境污染度指数与居住成本指数都位于全国前列，是辽源市综合经济竞争力的优势体现。

第二，从辽源市的可持续竞争力来看，2021年辽源市在科技创新竞争力方面有明显的提升，学术论文、专利申请、科技企业三项指数的排名均较上年有所提升。辽源市近年来不断加强对科研工作的重视，深入推进高新科技产业建设，积极升建国家高新技术开发区，与吉林大学等多家高等院校共同开展科研合作项目，取得了显著成效，大大提升了辽源市可持续发展的内生动力。此外，辽源市持续推进“美丽辽源”建设工作，城市“双修”效果显著，生态环境得到进一步优化，使得辽源市在环境韧性竞争力指标中有着极为出色的表现，交通便捷度、生态多样性、自然灾害指数均排在全国前50名，居住成本指数2021年直接跃升全国首位，这充分体现了辽源市在宜居宜商方面的优势。

二　问题与不足

（一）经济增量竞争力下滑明显，经济增长动力不足

辽源市2021年的经济增量竞争力指数为0.044，比上年仅增长0.001，在省内的排名直接滑向末尾，列全省第6位、全国第278位，呈现明显下滑态势。综合经济竞争力各分项指标的指数排名也不理想，生活环境竞争力、营商软环境竞争力、全球联系竞争力3项指数均排在全省倒数，当地要素竞争力与营商硬环境竞争力指数也均处于全省中下游水平，这对辽源市综合经济竞争力的总体提升产生了极大的制约作用。从具体维度来看，辽源市间接市场融资便利度与直接市场融资便利度分别排名全国第219位和第209位，学术论文指数全国排名第283位，劳动力指数全国排名第279位，市民消费水平指数全国排名第273位，经商便利度指数全国排名第259位，网络信息传输速度指数全国排名第241位，网络热度指数全国排名第284位。辽源市

2020年的发展面临诸多困难，全市上下齐心，协力克服困难保发展，但受多方因素的不利影响，辽源市经济发展增量速度过慢，城市经济增长动力明显不足，需及时调整包括人才引进、营商软硬环境及全球联系等在内的与经济增长密切相关的发展路径，提升城市经济发展动力。

（二）经济活力和科技创新表现欠佳，城市发展内生动力不足

辽源市2021年经济活力竞争力指数排名下降明显，从上年的全国第279名下滑至第287名，城市经济活力已然跌至全国末尾，亟待做出相应调整。从经济活力竞争力各个维度分析，辽源市经商便利度指数全国排名第259位，省内排名第6位；产权保护指数全国排名第254位，省内排名第6位；青年人才比例指数全国排名第211位，省内排名第6位；劳动生产率指数全国排名第241位，省内排名第5位；经济增长率指数全国排名第286位，省内排名第4位。可以看出辽源市经济活力竞争力分项指标均处于全国及全省的中下游水平，城市经济活力明显不足。辽源市2021年科技创新竞争力指数为0.060，排在全国第274位，省内排名跌至最末位。从各个维度分析，辽源市专利申请指数全国排名第207位，省内排名第5位；学术论文指数全国排名第283位，省内排名第8位；大学指数全国排名第252位，省内排名第7位；文化设施指数全国排名第232位，省内排名第5位。科技创新竞争力整体表现欠佳。科技是第一生产力，特别是在城市产业结构转型升级的关键时期，科技创新是优化产业结构的第一推动力，辽源市要及时调整补齐经济增长、人才引进、科技创新等方面的发展短板，进一步提升可持续竞争力。

（三）社会包容度较低影响城市宜居性，制约可持续竞争力的提升

辽源市2021年社会包容竞争力指标排名跌至全省最末位，全国排名第258位，不利于城市宜居环境的建设，成为制约辽源市可持续竞争力提升的因素之一。辽源市有着表现极佳的居住成本指数，列全国第1位，但其历史文化指数、社会安全指数、社会公平指数、开放度指数、医疗健康机构指数

均排在全国200名之后，处于全国中下游区间。这表明辽源市对其城市的历史文化挖掘还不够深入，不能较好地展现城市历史文化底蕴，在城市安全与公平方面仍有所欠缺，城市基础设施建设需进一步加强。

三　现象与规律

（一）经济发展速度放缓，综合经济竞争力持续下滑

辽源市2021年的综合经济竞争力指数为0.173，全国排名第227位，这是辽源市继2018年以来综合经济竞争力指数的第3次下滑，政府相关部门应加以重视并及时做出相应调整。近年来全球经济发展持续低迷，突如其来的新冠疫情更是为全球经济雪上加霜，各个国家的经济发展都受到不同程度的冲击，辽源市在此大背景下，城市经济发展也面临种种困难。2020年辽源市GDP为429.90亿元，排在全省最末位，与省内排名第1位的长春市GDP差额达6208.00亿元，差距进一步加大。同时辽源市一直饱受财政收支矛盾困扰，自2016年以来辽源市全口径财政收入呈现连年下降趋势，而全年完成的财政支出却呈持续上涨态势。辽源市在财政收支矛盾持续加剧的情况下，始终坚持保民生重发展，对民生保障的投入逐年增加，但由于本身经济发展基础薄弱，投入资金有限，辽源市在营商环境、融资环境、公共服务、社会治理等方面仍存在不足之处，从而影响城市综合经济竞争力的整体提升。辽源市要提速经济发展，夯实经济发展基础，持续推进营商环境、融资环境、政策环境、城市环境、干事环境的“五大改革”工作，从根本上提升城市综合经济竞争力。

（二）经济活力与科技创新仍是可持续竞争力的发展短板

自2018年以来，辽源市可持续竞争力持续下滑，2021年已跌至全国第257位。长期以来，经济活力竞争力与科技创新竞争力两项分项指标是造成辽源市可持续竞争力下滑的主要因素。2020年辽源市经济活力竞争力指标全国

排名第279位，东北排名第18位，2021年辽源市经济活力竞争力指标全国排名第287位，在东北34个城市中排名跌至第30位，可见辽源市的经济活力竞争力在东北已经稍显萎靡之态，亟须调整。辽源市经济发展基础较为薄弱，对青年人才的吸引力不足，城市人口也在逐年递减，激发城市经济活力的内生动力明显不足，因此无法在短时间内扭转经济活力竞争力指数偏低的局面。科技是第一生产力，科技创新竞争力是影响城市未来发展的主要因素，也是城市可持续竞争力的重要衡量指标。2020年辽源市在科技创新方面有了长足的进步，共计40个项目被列入2020年省级及以上科技计划，共获得资金1045.38万元；获省科学技术一等奖1项，获省科技进步二等奖2项，获省科学技术三等奖2项；全市共有国家科技企业孵化器3个，国家级众创空间2个，省级众创空间3个，市级众创空间11个，省级高新技术特色产业基地（园区）3个，省级中试中心3个，省级科技创新中心5个，市级科技创新中心32个。科技创新虽取得一定的成绩，但仍有不足，需进一步强化，2020年辽源市科技创新竞争力指标排名已跌至省内地级市最末位，与其他地区仍存在较大差距，科技创新竞争力是辽源市可持续竞争力中亟须补齐的短板。

四　趋势与展望

（一）加快融入“一主六双”高质量发展战略，经济发展稳步提升

2020年辽源市紧抓全省“一主六双”高质量发展战略机遇，积极对接长春都市圈发展规划，多家企业全面融入一汽集团供应链体系，新能源汽车配套产业基地建设工作稳步推进，城市经济发展稳定向好，全年GDP增长3.7%，GDP增速超过省会城市长春市，在全省排名第1。全市固定资产投资（不含农户）比上年增长10.5%，开工建设327个500万元以上的项目，完成投资178亿元。谋划储备亿元以上重大项目225个，新基建“761”工程项目443个，三次产业投资额均有所增长，第一产业投资增长69.9%，第二产业投资增长7.0%，第三产业投资增长7.7%。推进稳经济“60条”实

施，支持民营企业发展，推动服务业“双十”行动等落地见效。围绕“一主六双”高质量发展战略，辽源市积极推进医药健康产业走廊建设，出台了《辽源市医药健康产业走廊建设实施方案（2019—2025）》，旨在围绕“一基两园一带四平台”的核心架构，统筹发展生物医药、保健食品、医疗器械材料、医药商业流通、医疗健康服务等综合配套体系，打造百亿级医药健康产业增长极。围绕重点项目，辽源市重点投资3000万元以上的医药产业项目10个，总投资25.80亿元。围绕医药平台建设，成立了博大伟业牵头的辽源市医药健康产业商会。率先在全省成立了新型研发机构——吉林省博大伟业药物研究有限公司。围绕医药专项使用工作，2020年辽源市首次获得省级医药健康产业发展专项资金262.38万元。“一主六双”高质量发展战略是吉林省推进全面振兴、全方位振兴吉林的重要举措，辽源市以“一主六双”发展大势为引领，全面推进经济高质量发展，必将逆转城市综合经济竞争力的下滑趋势。

（二）产业结构持续优化，经济增长呈加速态势

辽源市作为吉林省的资源转型城市之一，产业结构老化单一，需要一个长期调整优化产业结构的过程，产业结构升级转型是辽源市经济发展最为重要的环节。2020年辽源市三次产业结构比调整为11.6∶28.1∶60.3，第一产业平稳增长，实现农林牧渔业总产值95.20亿元，按可比价格计算，比上年增长4.0%。辽源市现代农业“三大体系”已见雏形，粮食生产能力稳定在30亿斤的阶段性水平，连续4年被评为全省粮食安全责任制优秀市（州），东丰、东辽两县跻身全省县域经济考核前10强。第二产业增势强劲，全市规模以上工业企业95户，规模以上工业总产值比上年增长26.5%。辽源市实施民营经济三年腾飞计划和中小企业成长计划，鑫达钢铁通过优化产品结构迈入百亿级企业行列，格致汽车、正轩车架等新能源汽车企业融入一汽配套产业链，民营工业占全市工业的比重超过90.0%。第三产业趋势向好，第三产业增加值增长1.4%。其中，批发零售业增长0.9%，房地产业增长1.5%，其他服务业增长1.9%，金融业增长3.8%。辽源市积极构建

服务业“1+N”政策支撑体系，服务业投资年均增长20.0%以上。农村电商服务站覆盖率达70%。鹭鹭湖被评为国家级湿地公园，旅游业收入年均增长25.0%。2020年辽源市产业结构得到进一步优化，形成“2115555”产业发展格局，经济质量和效益明显提高，经济将步入高质量发展增速轨道。

（三）树立科技创新发展的核心地位，全力拉升可持续竞争力

科技创新竞争力一直是辽源市可持续竞争力的短板指标，严重制约着辽源市可持续竞争力的提升。近年来辽源市将科技创新发展上升到核心地位，全面实施创新驱动战略，围绕“2115555”产业体系构建创新链，打造科技、产业、人才紧密融合的创新型发展模式，完善财政投入机制。推进“一个产业一个研发平台”建设，鼓励引导格致汽车、华纺静电、博大伟业、厚德食品、诺德高科等龙头企业加快产品研发升级、迭代更新，推进利源精制汽车轻量化研究中心、梅花鹿种源保护中心、东辽黑猪研究中心等研发平台建设。完善产学研用金介合作体系，积极促进企业与清华大学、吉林大学、中科院长春分院等62个高校和科研院所深化技术合作。构建“引用育留”体系，加快引入产业科创领军人物、“院士项目”和创新团队，做好“152”人才集聚工程，打造“专业人才编制池”。继续抓好“双创”“双引”，出台有吸引力的创新创业政策，打破职称评聘、职级晋升、绩效分配等方面的限制。随着辽源市科技创新工作的不断完善，以及创新型城市建设工作的持续推进，辽源市将以创新为经济发展的主要驱动力，充分激发城市振兴发展的内生动力，全力提升可持续竞争力。

五　对策与建议

（一）优化产业发展，做好传统产业升级改造与新兴产业培育壮大工作

产业发展是城市经济发展的命脉所在，辽源市作为资源枯竭型城市，产业结构的转型升级迫在眉睫。通过近年来对产业结构的不断优化，辽源市产

业结构已逐渐趋向合理化，但仍存在支柱型产业不强、产业经济增效缓慢、产业基础薄弱等短板，尚未形成带动城市经济高速发展的产业链与产业集群，产业结构仍需继续优化调整。首先，要补齐产业发展短板，辽源市属于资源型城市，产业基础薄弱，因此要想夯实产业发展基础，就要壮大实体经济。充分发挥辽源市制造业的产业优势，推动制造业向智能化发展，政府引导企业增加研究投入，不断提升企业自主研发能力与技术升级改造创新能力，提升工业产品质量，促进产业基础向高级化过渡发展。其次，要构建符合市情的现代化产业链，鼓励龙头企业引领带动中小企业共同发展，有效解决产业链低端化、低质化、低效化等问题，形成多点支撑、多业并举、多元发展的产业格局。最后，要紧抓时下高新技术引领的产业变革发展趋势，聚焦现代医药、新材料、高端装备等领域，超前谋划由前沿技术带动的新兴产业。抓住新一轮能源革命机遇，创新发展风能、核能、光伏、生物质能等可再生能源。抓住一汽“六个回归”机遇，加速推进新能源汽车动力总成、汽车轻量化等产品研发生产，扩大与一汽的合作领域、合作规模。加快数字产业发展，推进工业互联网平台建设、5G 部署应用，拓展物联、数联、智联等数字应用场景，培育发展大数据、云计算、物联网等数字产业新动能，推动数字经济与实体经济深度融合、人工智能应用与产业深度融合，加快“智慧辽源”建设。

（二）深化体制机制改革，激发城市发展新动力

辽源市近几年营商环境竞争力排名逐渐落后，原本具有优势的营商硬环境竞争力排名也在 2021 年出现较大的下滑，导致辽源市综合经济竞争力提升乏力。营商环境对城市经济发展至关重要，是吸引投资、激发城市发展动力的重要因素，辽源市要深化体制机制改革，持续推行“五大改革”举措，针对营商软、硬环境做出及时调整，打破目前营商环境竞争力排名落后的僵局。要积极打造市场化、法治化、国际化的营商环境，做好市场评估与机制监管，持续优化营商环境；推进政务服务体系建设，切实做到政务服务标准化、便利化、规范化；构建良好的市场融资环境，打造便捷安全的市场融资

体系，完善金融有效支持实体经济的体制机制，制定落实金融服务支持经济高质量发展的政策措施，积极争取各金融机构的资金和资源向辽源倾斜；加快建设市场有效、政府作为、企业获利和群众受益的体制机制，全面完善辽源高质量转型发展的动力系统。

（三）坚持创新驱动发展战略，强化科技创新能力

科技创新竞争力一直以来都是辽源市可持续竞争力的发展短板，严重制约辽源市可持续竞争力的提升，辽源市在科技创新方面存在投入资金不足、缺少能够起引领带动作用的创新平台、创新产业融合不够深入、创新人才匮乏等问题。辽源市要继续坚持以创新发展为城市发展主核心，围绕“2115555”产业布局，构建科技创新体系，大力推进战略性新兴产业创新发展，加大科研投入力度，积极谋划和争取国家、辽宁省支持的重大科技创新项目；强化企业的创新主体地位，合理引导企业向高端智能化方向发展，政府要积极做好科教机构与企业的“中间人”，集聚科研技术、科研项目、创新人才等发展要素并使其向企业流动，提升科研成果转化率；政府要加大对创新型企业的引入力度，吸引行业内有引领能力的龙头企业落户辽源，同时大力培育本地高新技术企业、科技型中小企业等创新型企业，搭建创新产业链，引领全市创新产业高质量发展；加强科技创新中心、重点实验室、院士工作站、大学生实践基地等各类创新平台建设，发挥产业技术创新联盟、中试中心等创新平台的作用，促进科技成果转移转化；要加强人才发展体制机制建设，制定人才集聚计划，加快引进实用型人才、各领域高技能人才，做好引才留才工作。积极培育本地人才，改进科技创新人才培养激励机制，破除制约人才发展的体制性壁垒和政策性障碍，激发人才创新活力，着力解决辽源市科技资源短缺的问题。

参考文献

［1］《辽源市医药健康产业走廊建设方兴未艾》，中国新闻网，2020 年 12 月 16 日，

http：//www. jl. chinanews. com. cn/kjww/2020-12-16/145861. html。

[2]《辽源市 2020 年国民经济和社会发展统计公报》，吉林省人民政府网站，2021 年 6 月 17 日，http：//www. jl. gov. cn/sj/sjcx/ndbg/gdzs/202106/t20210618_ 8108859. html。

[3]《辽源市政府工作报告》，中国经济网，2021 年 1 月 28 日，http：//district. ce. cn/newarea/roll/202101/28/t20210128_ 36269024. shtml。

[4] 崔岳春、赵光远主编《吉林省城市竞争力报告（2020～2021）》，社会科学文献出版社，2021。

[5] 崔岳春、张磊主编《吉林省城市竞争力报告（2019～2020）》，社会科学文献出版社，2020。

[6] 倪鹏飞、徐海东主编《中国城市竞争力报告 No. 19》，中国社会科学出版社，2021。

B.11
吉林省城市竞争力（通化市）报告

徐　嘉*

摘　要： 2020年是极不平凡的一年，突如其来的新冠疫情给经济社会发展带来了前所未有的挑战，同时，2020年是“十三五”的收官之年。在这种形势下，通化市贯彻落实习近平总书记视察吉林的指示精神，迎难而上，统筹疫情和全市经济社会发展，继续推进改革创新，保稳定、谋发展，经济社会整体平稳向好，无论是综合经济竞争力还是可持续竞争力都稳中有升。通化未来将继续凝心聚力、多措并举，推动整体城市竞争力取得更大进步。

关键词： 城市竞争力　综合经济竞争力　可持续竞争力

近年来，在吉林省南部具有战略性区位优势的通化市城市经济社会发展相对稳定，城镇化率持续保持在50.0%以上，2020年达51.4%，人口较上年减少2.94万人，为211.80万人。作为吉林省向南开放的重要发展平台城市，通化市不仅具有省内外对接的区位优势，而且具有医药健康等龙头行业的经济发展优势。从区位上看，西与辽宁的丹东、抚顺等城市接壤，是两省联合发展经济带的重要一环，南边隔着鸭绿江与邻国相望，是国际经济合作带的发展核心区域，有利于省内外互联互通，加强对外开放。在历史文化方面，通化市不仅是高句丽文化和萨满文化的发祥地，而且是世界文化遗产申报地，丰富独特的文化传承为城市历史文化竞争力提供了充足的养分与发展

* 徐嘉，吉林省社会科学院副研究员，研究方向为区域经济、城市发展。

底蕴。在自然资源与环境协调发展方面，通化市也具有优势，境内涵盖了五女峰等 6 个国家级森林公园，龙湾火山口湖群等 4 个国家级自然保护区，霸王潮等 3 个国家级湿地公园。2020 年，通化市利用资源优势，统筹疫情部署，在确保就业、经济发展与社会稳定的前提下，切实推进民生和社会保障工作，完善营商软环境与硬环境，加强要素集聚，提升互联互通能力，营造良好和谐的社会氛围，增进民生福祉，统筹推进全社会创新创业发展，为进一步强化产业与行业改革夯实基础。

一　格局与优势

（一）总体概况

2020 年，在新冠疫情和国内外经济下行压力增大的双重影响下，通化市迎难而上，加快体制机制改革与供给侧结构性改革的步伐，实现经济运行平稳，民生保障有力，生态环境可持续发展，科技创新动力增强。

统计数据表明，2020 年，通化市实现地区生产总值 531. 7 亿元，同比增长 2. 1%。对比第一、第二、第三产业对经济增长的贡献率发现，第二产业增速最快，达到 6. 2%，第三产业增速最慢，为 0. 1%，第一产业实现了 2. 0%的增长幅度。通过产业结构调整与改革，三次产业结构由上年的 10. 4∶32. 0∶57. 6 调整为 2020 年的 12. 5∶28. 4∶59. 1（见表 1），第三产业和第一产业增长明显。通化市在人均地区生产总值方面表现稳定，较上年增长 3. 1%，达 34338 元。

在税收收入收窄 2. 4%、财政收入收窄 1. 8%的情况下，完成地方财政支出 213. 8 亿元。全市居民消费价格比上年上涨 1. 7%，实现较为温和的上涨。完成全社会固定资产投资 186. 4 亿元，比上年增长 8. 7%，第二产业工业投资涨幅较大，占比也更高。受新冠疫情影响，消费市场持续低迷，社会消费品零售总额为 179. 9 亿元，比上年下降 9. 3%，商品零售业和餐饮业降幅较大，均在 5. 0%以上。

表 1　2020 年通化市基本情况

项目	数据
土地面积(平方公里)	15600
全市总人口(万人)	211.8
GDP 及增长率(亿元,%)	531.7,2.1
三次产业结构	12.5∶28.4∶59.1

资料来源：2021 年《吉林统计年鉴》；《通化市 2020 年国民经济和社会发展统计公报》，吉林省人民政府网站，2021 年 6 月 17 日，http：//www.jl.gov.cn/sj/sjcx/ndbg/gdzs/202106/t20210618_8108858.html。

新冠疫情对全球经济的影响在对外贸易方面表现更为明显，尤其是在进口贸易方面，2020 年通化市实现进口总额 6.0 亿元，比上年下降 64.7%，但出口总额实现了 1.1%的增长，同时外资利用率比上年下降了 16.7%。

通化市积极推进保障民生政策的实施，实现“十三五”的良好收官，城乡居民生活与公共服务均得到改善。城镇常住居民人均可支配收入 29397 元，比上年增长 3.5%，农村常住居民人均可支配收入 14523 元，比上年增长 7.6%，城乡差距进一步缩小，为“十四五”实现共同富裕打下了良好基础。继续健全社会保障体系，城镇职工基本养老保险覆盖率、失业保险参保率均较上年有所增长，分别增长 2.3%和 1.3%。

脱贫攻坚圆满收官，实现了产业带动、就业扶持与消费拉动，建立长效防贫工作机制，消除村镇乡监测户和特殊边缘户的返贫致贫风险，新增扶贫产业项目 83 个，分批分类带动就业人员 4824 人。持续推动民生工程，增加城乡就业人数，零就业家庭就业援助率达 100%。文化体制改革稳步推进，文化事业、文化公共服务蓬勃发展，自安山城、万发拨子遗址本体保护工作完成，打造一批文化表演场所、文化馆、图书馆，63 个“悦空间”分馆对外开放。积极推进社会化精细管理，提升政府执政能力，打造智慧城市，完善人居环境，提升宜居宜商城市品质，实现通化市民生福祉、社会保障、生态环境与经济转型的全方位可持续发展。

（二）现状格局

1. 综合经济竞争力表现良好，分项指标呈现上升趋势

虽然新冠疫情对国内外经济环境都产生了较大影响，但通化市攻坚克难，采取了诸多行之有效的经济政策，综合经济竞争力得到较为稳定的提升。综合经济竞争力的经济增量竞争力和经济密度竞争力两个分项，无论是指数还是排名都有所提升。2021 年，通化市综合经济竞争力指数从上年的 0.134 提升至 0.157，提升幅度较大，全国排名也从上年的第 249 位上升至第 238 位。从全国 291 个城市看，虽然通化市的总体排名并不乐观，但在受新冠疫情影响较大的情况下，通化市仍能在各项指标上取得提升，表明其付出了巨大努力。通化市经济增量竞争力全国排名由上年的第 268 位提升了 5 个位次，排名第 263 位；经济密度竞争力排名提升幅度较大，上升了 18 个位次，排名全国第 221 位。各项指标在东北三省的排名也全部呈上升趋势，综合经济竞争力在东北三省排名第 15 位，较上年前进 5 个位次，经济增量竞争力排名东北三省第 20 位，经济密度竞争力排名东北三省第 15 位。3 个指标在吉林省内排名分别是第 4 位、第 3 位、第 4 位（见表 2），相较于上年均提升了 2 个位次。以上表明通化市在脱贫攻坚决胜期和疫情防控期，采取的积极的产业转型与投资拉动策略是成功的，行之有效地保证了经济快速恢复。综合经济竞争力的提升不仅是调结构、促发展的良性结果，而且是转型升级、经济效率提升的佐证与表现。

表 2　2021 年通化市综合经济竞争力及显示性指标排名

年份	综合经济竞争力	排名			经济增量竞争力	排名			经济密度竞争力	排名		
		全国	东北	全省		全国	东北	全省		全国	东北	全省
2021	0.157	238	15	4	0.055	263	20	3	0.197	221	15	4

资料来源：中国社会科学院城市与竞争力指数数据库；吉林省社会科学院城乡发展指数数据库。

从全新的中国城市竞争力指标体系选取的指标内容中可以发现，无论是营商软、硬环境竞争力，还是全球联系竞争力和生活环境竞争力，通化市均较上年有所提升，其中表现最优秀的是营商硬环境竞争力，全国排名提升将近40位，居第134位，全省排名第2位，仅次于省会长春市，在东北三省排在第16位。通过研读营商硬环境竞争力不同维度可以发现，无论是交通便捷度、信息传输能力、电力供给水平，还是航运与机场设施建设等各方面情况，通化市均表现良好，这在一定程度上证明，通化市在城市基础设施建设、城市承载能力提升与城市便捷水平提升这几个方面，都下足了功夫，为营商环境与市民居住环境的改善打下了坚实的物质基础。其中较为优秀的维度是交通便捷度和自然灾害，其指数分别为0.853和0.800，全国排名第13位和第39位，在全省甚至东北三省均处于领先水平。

另外两个提升较为迅速的指标分别是营商软环境竞争力和全球联系竞争力。前者关注的是城市的社会安全度、开放度、经商便利度及市场化程度等，后者关注的是城市的金融企业联系度、科创企业联系度、网络热度、科研人员联系度等。营商软环境竞争力指数从上年的0.072提升至0.188，获得大幅度提升主要得益于排在全国前200名的3个维度，分别是社会安全指数（第114位）、产权保护指数（第137位）和大学指数（第147位）。排名整体呈现进步态势，表明在过去一年中，通化市在科技创新与知识产权保护、高等教育扶持及社会安定投入方面取得良好成效。全球联系竞争力指数由上年的0.029提升至0.084，排名从上年的全国第283位、省内第8位、东北第32位提升至2021年的全国第269位、省内第5位、东北第24位，均获得较大进步（见表3和表4）。排名提升较快的二级指标主要是科创企业联系度和科研人员联系度，表明通化市在科技创新和科技研发及教育竞争力方面，投入产出比较高。同时，在综合经济竞争力指标排名实现提升的前提下，当地要素竞争力指数出现下降，全国排名下降33位；生活环境竞争力指数由0.305下降到0.238，全国排名下降了21位，表明通化市的直接和间接市场融资便利度、劳动力指数以及市民消费水平、居住水平等提升效果一般，受疫情影响较大，亟待多措并举实现市场的恢复和消费水平的提升。

表3　2021年吉林省各城市综合经济竞争力及分项指标全国排名

城市	综合经济竞争力		当地要素竞争力		生活环境竞争力		营商软环境竞争力		营商硬环境竞争力		全球联系竞争力	
	指数	排名	指数	排名	指数	排名	指数	排名	指数	排名	指数	排名
长春	0.404	59	0.520	30	0.430	112	0.610	32	0.483	50	0.585	30
吉林	0.182	224	0.435	51	0.625	36	0.495	54	0.271	154	0.163	175
四平	0.120	251	0.240	181	0.192	256	0.166	271	0.212	192	0.088	268
辽源	0.173	227	0.118	259	0.113	272	0.153	275	0.178	220	0.072	276
通化	0.157	238	0.143	246	0.238	236	0.188	255	0.299	134	0.084	269
白山	0.139	245	0.070	282	0.213	248	0.267	172	0.295	138	0.068	278
松原	0.141	244	0.100	265	0.094	275	0.234	208	0.101	263	0.099	262
白城	0.070	278	0.073	280	0.185	259	0.148	277	0.084	275	0.075	271

资料来源：中国社会科学院城市与竞争力指数数据库；吉林省社会科学院城乡发展指数数据库。

表4　2021年通化市综合经济竞争力及分项指标排名

城市	综合经济竞争力			当地要素竞争力			生活环境竞争力			营商软环境竞争力			营商硬环境竞争力			全球联系竞争力		
	全国	东北	省内	全国	东北	省内	全国	东北	省内	全国	东北	省内	全国	东北	省内	全国	东北	省内
通化	238	15	4	246	23	4	236	18	3	255	23	5	134	16	2	269	24	5

资料来源：中国社会科学院城市与竞争力指数数据库；吉林省社会科学院城乡发展指数数据库。

2. 可持续竞争力指标下行，四个分项指标实现进步

相较于综合经济竞争力，通化市可持续竞争力指标和排名都出现了不同程度的下降，指数从上年的0.159下降至0.102，全国排名下降了46个位次，居全国第267位；在东北三省的排名下降了7个位次，居第24位；在吉林省内的排名退后1个位次，居第6位。

可持续竞争力客观反映了地区在经济活力竞争力、环境韧性竞争力、社会包容竞争力、科技创新竞争力和全球联系竞争力等方面的发展情况，虽然可持续竞争力指标呈下降态势，但分析其中的分项指标发现，有4个指标无论是指数还是排名都较上年有所提升，虽然提升幅度有限，但可以看出通化市政府在提升可持续竞争力方面的努力。受全国其他城市提升幅度较大的影

响，通化市虽然多个指标排名呈现上升趋势，但可持续竞争力指数仍下降了0.057，要想实现整体提升，需要紧抓科技创新竞争力这个薄弱环节。在呈现上升趋势的指标中，指数上升幅度大于0.05的指标有3个，分别是环境韧性竞争力、社会包容竞争力和全球联系竞争力，分别为0.084、0.087和0.055。表现最为突出的是环境韧性竞争力，在省内排名第1位、东北三省排名第11位、全国排名第155位。但其他可持续竞争力分项指标在全省排名中均未进入前3名，全国排名均在200名之后（见表5和表6），直接影响了综合排名的提升，可见通化市可持续竞争力的诸多分项指标有较大上升空间。

表5　2021年吉林省城市可持续竞争力及分项指标全国排名

城市	可持续竞争力		经济活力竞争力		环境韧性竞争力		社会包容竞争力		科技创新竞争力		全球联系竞争力	
	指数	排名	指数	排名	指数	排名	指数	排名	指数	排名	指数	排名
长春	0.400	49	0.468	72	0.451	184	0.729	33	0.492	33	0.585	30
吉林	0.212	190	0.152	259	0.418	221	0.736	32	0.489	34	0.163	175
四平	0.164	228	0.000	291	0.448	190	0.322	208	0.226	109	0.088	268
辽源	0.114	257	0.038	287	0.456	175	0.229	258	0.060	274	0.072	276
通化	0.102	267	0.068	282	0.465	155	0.310	219	0.063	267	0.084	269
白山	0.071	277	0.151	261	0.395	249	0.467	120	0.072	259	0.068	278
松原	0.105	264	0.009	290	0.341	275	0.298	226	0.084	250	0.099	262
白城	0.067	279	0.020	289	0.352	270	0.283	235	0.085	2348	0.075	271

资料来源：中国社会科学院城市与竞争力指数数据库；吉林省社会科学院城乡发展指数数据库。

表6　2021年通化市可持续竞争力及分项指标排名

城市	可持续竞争力			经济活力竞争力			环境韧性竞争力			社会包容竞争力			科技创新竞争力			全球联系竞争力		
	全国	东北	省内	全国	东北	省内	全国	东北	省内	全国	东北	省内	全国	东北	省内	全国	东北	省内
通化	267	24	6	282	27	4	155	11	1	219	22	5	267	29	7	269	24	5

资料来源：中国社会科学院城市与竞争力指数数据库；吉林省社会科学院城乡发展指数数据库。

从分项指标的选取来分析可持续竞争力和综合经济竞争力的相似之处可以发现，通化市可持续竞争力中的优秀分项指标环境韧性竞争力与综合经济竞争力中优秀的分项指标营商硬环境竞争力在指标选取方面有一定的交叉性和关联性，再次佐证了通化市环境优良度、交通便捷度、电力充沛度等领域在上年取得良好效果后，2021 年依旧采取了行之有效的政策措施，成效稳定。上年影响可持续竞争力增长的全球联系竞争力指标，2021 年进步较大，指数提升 0.055，全国排名上升 14 个位次，东北三省排名上升 8 个位次，省内排名上升 3 个位次。科技创新竞争力全国排名退后 29 个位次，影响其排名的维度主要是专利申请指数和学术论文指数，在一定程度上表明通化市在科技研发、文化教育投入、科技成果转化等方面，还应采取更多积极有效的措施。

3. 通化城市竞争力整体表现

首先，综合经济竞争力的两个指标都有所增长。受疫情影响，在消费市场持续低迷、进出口贸易受到冲击、社会就业难度增大、财政收入持续减少的情况下，通化市的综合经济竞争力逆风而上、稳中前行，积极培育传统优势特色产业的新动能，增加项目投资，积极招商引资，营商硬环境持续改善，取得较大进步。

其次，可持续竞争力提升陷入困境，特别是在科技创新领域，亟须大刀阔斧地进行科技体制改革与增加科技研发投入。消费与财政收入低迷间接影响了民生相关产业与公共服务的投入与发展，但通化市政府在维持社会稳定和谐的基础上，积极推进生态环保可持续发展，推进社会公平与开放进步，加强互联互通，提升了城市科学管理水平。未来，在科技创新、创新创业发展等方面，需要投入更多精力，以实现可持续竞争力整体指数与排名的提升。

二 问题与不足

（一）总体经济环境形势严峻，经济竞争力全面提升难度大

2021 年，通化市迎难而上，在逆境中保持了综合经济竞争力的指数与

排名双提升，但从经济总量、经济效率和经济结构来看，综合经济竞争力要想维持长期的全面提升仍面临较大困难。通化市通过“十大行动、百项工程”，多措并举实现经济平稳发展，表现在综合经济竞争力上就是指数提升了0.023，全国排名提升了11个位次。

2020年，全市地区生产总值达531.7亿元，虽增幅有限，但仍然获得了2.1%的增长。值得注意的是，第三产业增加值为314.0亿元，只获得了0.1%的增长，增速低于第一和第二产业。三次产业结构不断进行调整，第三产业占比逐年增加，但增长相对缓慢。高技术制造业占全市规模以上工业增加值的比重超过50%，较上年提升了8.2个百分点。支柱产业对经济影响较大，支柱产业仍以医药、食品、冶金为主，三大支柱产业占全市规模以上工业增加值的比重为80.8%，与上年相比基本持平。但三大支柱产业无论是实现利润还是实现营业收入，均有不同程度的下降，同比分别下降34.2%和2.3%。全年实现社会消费品零售总额179.9亿元，比上年下降9.3%。全年外贸进出口总额下降幅度较大，比上年下降54.2%。全口径财政收入60.9亿元，同比下降6.3%，一般公共服务支出17.1亿元，同比下降2.7%。

通化市整体经济发展水平和经济总量提升受新冠疫情及国内外经济形势影响较大，在未来新冠疫情不确定性的持续影响下，整体经济形势迅速获得好转、综合经济竞争力获得大幅度提升的阻力较大。以当地要素竞争力和生活环境竞争力为代表的指标弱势发展，表明了通化市在转变经济增长方式、提升经济内生动力、寻求科技成果转化以及金融资本市场的多元化运作等方面都受到一定制约，缺乏增长动力。特别是未来一段时期内，国际贸易的不确定性增加以及招商引资的困难增大，还伴随着人口流失带来的人才短缺，因此提升劳动力利用效率和人才与科技转化效率，增强直接和间接资本及金融市场融资便利度，都是通化市提升经济增量竞争力和经济密度竞争力未来要实现突破的关键所在和努力方向。

（二）可持续竞争力分项发展不平衡，科技创新尚待突破瓶颈

可持续竞争力5个分项指标中，大多数指标虽然提升幅度一般，但总体向好，科技创新竞争力连续两年处于弱势，亟待突破。科技创新竞争力指数上年为0.098，2021年下降至0.063；全国排名由上年的第238位下降至第267位，东北三省排名由上年的第25位下降至第29位，吉林省内排名由上年的第6位下降到第7位，均处于劣势地位且连续两年未取得进展。

科技创新竞争力各维度主要包含专利申请指数、学术论文指数、科技企业指数、大学指数和文化设施指数，涵盖科技、文化、教育方面的数据。通化市专利申请指数为0.118，排全国第250名；学术论文指数0.069，排全国第269名；大学指数为0.070，全国排名第147位，相对靠前；文化设施指数为0.046，排全国第236名。受地理位置、人口规模和经济发展水平影响，大学指数无法在短期内获得明显提升，特别是在数量方面，但可以在办学质量与建校水平方面下功夫，提升当地高等院校的综合实力。学术论文指数和专利申请指数则可以通过合作研发、加强专利保护与转化、加强科研技术交流、强化科研队伍建设与人才培育等多种方式来实现提升。文化设施指数与科技企业指数则更多需要城市建设硬件与软件的两手抓，一方面提升城市的综合实力和吸引力，营造更好的双创环境与政策环境，另一方面加强公共文化服务建设，加大文化基础设施建设和投入力度，全面提升文化硬件普及率和软件服务水平。

三　现象与规律

（一）城市承载能力逐步完善，环境韧性竞争力保持稳定

继上年可持续竞争力中的环境韧性竞争力指标独占鳌头，2021年环境韧性竞争力更是取得突破性进展，跃居全省第1位，在东北三省排名第11

位、全国第155位，表现良好，是通化市所有可持续竞争力分项指标中表现最稳定、最具有可持续发展潜力的指标。环境韧性竞争力指标各维度大致可分为两类，一类是围绕生态环保选取的，主要包括生态多样性、气候舒适度、环境优良度和自然灾害；另一类围绕城市承载能力和供给能力，主要包括交通便捷度、电力充沛度。与之形成交集的综合经济竞争力中的营商硬环境竞争力和生活环境竞争力也大致体现在以上几个方面，同样是通化市在综合经济竞争力中表现较为优异的指标。交通便捷度指数为0.853，全国排名第13位；生态多样性指数为0.784，全国排名第78位；环境优良度指数为0.185，全国排名第92位；自然灾害指数为0.800，全国排名第39位。

从这些方面可以看出通化市在生态环境保护方面下足了功夫，在城市基础设施建设与社会和民生保障方面取得了较大进展。通化市持续推进生态文明建设示范市的环境改善工作，从大气、水质和土壤几个方面入手，消除大气污染与水质污染，实行河长制，消除土壤重度污染隐患，加大污水治理力度，改善空气质量，空气质量优良天数超过94%。植树造林超过5万亩，持续推进湿地修复与保护工程，重点流域断面水质优良的比例日益提升，为市县居民提供稳定优质的水质保障。2020年通化市环境治理工作获得国务院通报表彰，集安市、通化县入选“2020中国县域全生态百优榜”。在财政收入整体下降的基础上，通化市仍拿出17.0亿元用于公共服务支出，教育、生活保障、卫生健康支出同比分别增长2.4%、15.6%和9.3%，节能环保支出4.3亿元，同比增长49.5%。通化市以民为本，顶住经济下行压力与新冠疫情的困难，缩减财政收入但不压缩民生和社会保障支出。为了实现建设宜居和谐城市的总体发展目标，通化市未来还应加大环境治理投入力度和基础设施建设投入力度，为可持续竞争力的发展夯实基础。

（二）民营经济加快发展步伐，不断激发经济发展活力

综合经济竞争力中的营商软环境竞争力和当地要素竞争力从不同角度反映了城市资本市场、劳动力市场、开放度、市场化及经商便利度对经济发展的影响力。通化市持续进行产业结构调整，提升三大支柱产业的盈利能力，

加速高新技术的研发与成果转化，寻求行业内技术的突破与研发水平的提升。

通化市加快民营经济发展步伐，2020 年新增个体工商户 5289 户、企业 2383 户，加快资本与金融市场的发展，实现“四上”企业 76 户，培育规改股企业 11 户、股上市企业 18 户。以多种形式鼓励民营资本参与行业经营与管理，实现民营经济占地区生产总值比重提升至 50%以上。通化市针对民营企业和民营企业家开展多种形式的合作与交流活动，营造全民创业的氛围，营造尊重、宣传、扶持民营企业家的社会氛围，连续举办企业家节，鼓励民营与国企企业家畅所欲言进行充分的交流合作。

鼓励工业、农业优势项目启动，针对新冠疫情对工农业项目建设的影响，积极出台工业“双 50”等应对政策，开展“万人助万企”等活动，扩大产能，重点帮助 50 户典型企业实现产值 304 亿元。以医药行业为代表，博祥、茂祥等企业针对新冠疫情，上马疫情防护物资生产线，实现 10%的增长；双正医疗“新冠病毒检测试剂”通过欧盟认证，取得技术认证突破，为进一步实现国际贸易经营打下基础。东方红等高技术企业被工信部认定为国家专精特新“小巨人”企业，实现技术孵化。装备制造、化工、能源产业的联合产值共计增长 50.8%。农业方面，以“长白山人参”品牌为核心，不断打造新品牌，加快人参市场和国际交易中心的建设，打造全国最大的园参、山参交易市场。集安山葡萄产区入选中国特色农产品优势区。通化市推出中国名牌农产品——“圣水牌”大米，并推选辉南大米进入全国名特优新农产品名录。

四 趋势与展望

（一）继续推进重点领域改革，打造优势发展环境

优化营商环境，营造创新创业氛围，深化重点领域体制机制改革，简化办事流程，为经济发展保驾护航。在优化营商环境方面，加快行动步伐，缩短“最后一公里”，简化各级服务流程，简化经办手续，打造一站式服务体系，继

续深化“放管服”改革，打造“通·通办”服务品牌。整合服务热线与智能系统，普及电子政务服务平台，提高手机客户端等线上智能客户服务平台覆盖率，建立智能化电子政务大厅，实现无纸化办公，实现服务内容线上全覆盖，提高办事效率。实现事后联合监督管理，构建公平、公正、公开的监督管理机制，深化府院联动，建立法治服务与监督机制，设立事项清单，构建诚信良好的市场环境，扩大市场准入审批范围，为企业提供便利化、定制化的法律专业服务。为民营企业发展提供保障，激发市场活力，激活市场主体动力。

（二）增强自主创新能力，打造新发展格局

以创新提升工业体系产业链，实现重点领域转型升级，以支柱产业为依托，做大做强、推陈出新，打造重点品牌与优势科研技术成果，实现新兴产业扩量发展并形成规模。依托长辽梅通白延医药健康产业走廊，加强技术创新与自主研发，加快生物医药产业链与产业集群建设，推动修正医药科技产业园等企业释放产能，确保医药健康产业在新发展格局下保持10%的增长率。在农产品开发领域，强化农产品深加工技术研发，推进人参口服液上马新生产线，提升产品附加值，做大品牌，扩大产品影响力与市场知名度。打造鸭绿江河谷带精品酒庄群，把通化市“中国葡萄酒城”的品牌做大做响。提升机械制造和装备制造水平，精细化发展，兴建新能源项目，提高污水处理和废弃物循环利用水平，不断加大对新兴产业的培育力度。利用5G与数字技术，扩大电商与互联网平台布局，建设长白山林业大数据与人工智能应用示范基地，打造全方位、立体化的数据产业链条，同时推动医药云平台和通钢产销一体化平台上线运营，实现全新产业布局。

五　政策与建议

（一）加强文化建设，提升可持续竞争力

通化市是历史文化名城，不仅是高句丽文化与萨满文化的发祥地，也是

新中国红色革命纪念地。针对历史文化传承，应提升城市文化竞争力，充分挖掘历史文化内涵，增加文化建设投入，提升公共文化服务水平。一是重视并利用好高句丽文化和萨满文化的传承优势，进行文化、民族与民俗旅游资源的开发与利用，形成独具特色的城市文化氛围与城市形象符号，创造具有少数民族特色的文化要素，对语言、文字、图片、影像、艺术品、工艺品、文学艺术作品等进行多种形式的创造开发，突出民族特色，打造具有通化特色的民族文化旅游目的地。二是充分利用大众传媒与自媒体进行宣传，突出文化的吸引力与独特性，充分挖掘文化易于交流与传承的特点，通过短视频、直播、长视频拍摄、影视拍摄等方式，通过“两微一端”和各大平台的自媒体账号进行宣传营销，打造自主文化符号。三是加强公共文化服务的硬件设施建设，增加公共博物馆、图书馆、文化艺术场所的数量，提升馆藏质量，提升公共文化覆盖面和服务水平，提升广播电视网络覆盖率和智能移动设备普及率等。

（二）加强对外合作交流，助力开发开放建设

通化市作为吉林省向南开放的重要窗口城市，区位优势明显，省内是向南开放窗口，省际又与辽宁省多个城市接壤，融入发展脉络，在国内国际的大开发开放格局下具有重要战略地位。在未来的发展过程中，通化要借外力来提升发展内力，融入新发展格局，增强区位竞争力。一是完善口岸建设，加强科学谋划，提升窗口城市的承载能力，打造便捷的交通网络，优化城市布局，完善国际内陆港务区功能，加大项目建设力度，加快产业创业园区、保税物流区建设，做大做强示范区。二是加强与省内外、国内外的交流沟通与合作，形成区域协同发展，加快区域联动对接，继续深化与台州的对口交流，从经营思想、营销理念到招商引资、人才培养，实现全方位多领域的深度合作。加强与粤港澳大湾区和长三角地区的经济交流，充分融入哈长城市群等跨省区域协同合作。三是实现跨地域大开放格局下的招商引资，抓住发展机遇，扩大对外合作，打造绿色通道，通过做大品牌实现国际省际战略性投融资，积极“走出去”参加招商会、交流会，跟踪国内外产业梯

度的发展动向，在本土适合发展的领域进行战略性招商引资，提高开放水平，盘活资本市场。

（三）推进城市更新行动，提升城市宜居竞争力水平

通化市要想实现可持续竞争力的全面提升，就要不断提升城市基础设施建设水平，提升城镇化质量。随着近年来城市更新步伐的加快，城市规模逐步扩大，城市的规划建设水平和城市更新水平成为城市发展的重要指标。通化市要不断通过城市更新建设，提升城市精致化水平与城市治理精细化水平。一是针对城市进行整体规划布局，更科学合理地规划城市的设计与分区，进行经济带与高新产业集聚区的划分，通过启动优质新城建设，完成老城区建设，提升城市整体品质。二是加快老旧城区搬迁改造，针对老城区进行改建扩建，建设花园街区，打造精品绿化工程，建设生态绿色走廊，针对污水处理、老旧管网等进行改建维修，兴建绿地公园，打造宜居城市、美丽城市。三是加快环境治理与生态修复，严格管控生态保护与基本农田红线，改善空气质量，减少噪声与污水，加快废渣废水废气处理工程建设，因地制宜推行“碳达峰、碳中和”行动，统筹山河湖水农田综合治理，加强生态环保工作，为绿色可持续发展奠定基础。四是加强城市综合治理，提升精细化治理水平，打造智能化网格化治理体系，实现城市依法治理、权责明确、规范合理，加强智慧城市与智慧政府建设，打造平安稳定的良好社会环境。针对疫情建立常态应对管理机制，不松懈不忽视，强化监测预警，提升应急处理能力，加大宣传力度，做好动态管理，严防疫情反弹。加强法律援助，依法打击黑恶势力，建立健全法律服务体系，打造平安通化，推进城市治理现代化。

参考文献

［1］倪鹏飞、徐海东主编《中国城市竞争力报告 No. 19》，中国社会科学出版

社，2021。

［2］崔岳春、赵光远主编《吉林省城市竞争力报告（2020~2021）》，社会科学文献出版社，2021。

［3］《通化市2020年国民经济和社会发展统计公报》，吉林省人民政府网站，2021年6月17日，http：//www.jl.gov.cn/sj/sjcx/ndbg/gdzs/202106/t20210618_8108858.html。

［4］《通化市政府工作报告》，中国经济网，2022年1月19日，http：//district.ce.cn/newarea/roll/202201/19/t20220119_37271309.shtml。

B.12

吉林省城市竞争力（白山市）报告

王天新*

摘　要： 2021年以来，白山市全面落实“一主六双”高质量发展战略，城市经济保持平稳发展，特色产业加快优化升级，社会民生保障也有所加强。依照城市竞争力指标评价体系，目前白山市主要在要素集聚、人口密度、开放联系等方面存在短板。“十四五”时期，白山市应进一步发挥地缘和资源优势，强化创新引领和对外开放，持续优化产业生态和加强环境建设，提升城市竞争力。

关键词： 城市竞争力　特色产业　绿色转型　高质量发展

2021年，白山市高水平推进“一谷一城”建设，加快发展“两山”理念试验区，城市经济、社会、生态领域均取得了明显进步，为白山市实现绿色转型、高质量发展夯实了基础。然而从城市竞争力的表现看，2021年，白山市综合经济竞争力列全国第245位、东北三省第17位、吉林省第6位，可持续竞争力列全国第277位、东北三省第28位、吉林省第7位，较上年均未有提升。未来白山市仍需在深挖资源优势、强化创新驱动、加强对外联系等方面做出进一步努力，不断壮大城市转型发展新动能和竞争新优势。

* 王天新，博士，吉林省社会科学院城市发展研究所助理研究员，研究方向为城市经济。

一　格局与优势

（一）总体概况

2020 年，白山市经济保持平稳发展，实现地区生产总值 509.42 亿元，较上年增长 0.1%，三次产业结构转变为 12.6∶25.6∶61.8（见表 1），“新五样”占 GDP 和财政收入的比重分别达 62.1%和 55.2%。固定资产投资持续增加，2020 年三次产业投资分别增长 105.1%、1.2%和 6.2%。白山市还积极推进民生项目建设，着力补齐公共设施和服务短板，城乡居民生活面貌得到了很大改善。可以说，白山市通过加快推进产业结构调整、大力支持项目投资和民生建设，使城市经济社会的发展基础更加稳固，为城市竞争力的提升创造了有利条件。

表 1　2020 年白山市基本情况

项目	数据
土地面积(平方公里)	17505
总人口(万人)	115.06
GDP 及增长率(亿元,%)	509.42,0.1
三次产业结构	12.6∶25.6∶61.8

资料来源：《白山市 2020 年国民经济和社会发展统计公报》，吉林省人民政府网站，2021 年 6 月 9 日，http://www.jl.gov.cn/sj/sjcx/ndbg/gdzs/202106/t20210611_8102121.html；2021 年《吉林统计年鉴》。

从可持续竞争要素看，白山市坚持创新引领发展，2020 年列入省级以上的科技发展计划项目 37 项，获批国家高新技术企业 10 家，科技“小巨人”企业达 38 家。对外开放程度不断加深。白山海关开关运行，长白口岸通过国家一类口岸验收，辉白高速竣工通车，沈白高铁白山段开工建设，内外联动发展步伐加快。社会民生面貌持续改善。2020 年，白山市城乡居民人均可支配收入分别为26736元和12993元，较上年分别增长4.2%和7.4%，居民收入及公共服务保障水平稳步提升。城市环境不断优化。2020年，白山市环境空气质量6项指标均达到国家二级标准，优良率达98.1%。可以说，白山市在强化创新引领、畅通开放通道、加强公共服务保障、优化生态环境等方面均取得了新进展，但将之与全国更多城市比较，仍有部分要素具有进一步提升的空间，依然需要综合施策增强城市竞争力。

（二）现状格局

1. 综合经济竞争力指数下降，经济增量竞争力、经济密度竞争力排名后退

2021年，白山市的综合经济竞争力指数为0.139，列全国第245位，较上年下降4个位次；列东北三省第17位，与上年排名持平；列吉林省第6位，较上年下降了1个位次。从具体组成来看，2021年，白山市经济增量竞争力指数为0.056，列全国第262位，较上年下降2个位次；列东北三省第19位，较上年下降了1个位次；列吉林省第2位，较上年提升了1个位次。白山市经济密度竞争力指数为0.174，列全国第234位，较上年下降了7个位次；列东北三省第17位，吉林省第6位，均较上年提升了1个位次（见表2）。总体来说，白山市经济增量竞争力和经济密度竞争力的省内排名虽有小幅提升，但尚未改变其综合经济竞争力居全国下游位置的现状。

表2　2021年白山市综合经济竞争力及显示性指标排名

年份	综合经济竞争力	排名			经济增量竞争力	排名			经济密度竞争力	排名		
		全国	东北	省内		全国	东北	省内		全国	东北	省内
2021	0.139	245	17	6	0.056	262	19	2	0.174	234	17	6

资料来源：中国社会科学院城市与竞争力指数数据库；吉林省社会科学院城乡发展指数数据库。

2. 综合经济竞争力分项指标中，生活环境竞争力、营商硬环境竞争力排名大幅提升

从综合经济竞争力的分项指标来看，2021年，白山市生活环境竞争

力指数为0.213，列全国第248位、东北三省第21位、吉林省第4位，排名较上年均有大幅提升。基于其维度构成分析，白山市的居住成本指数、健体休闲设施指数、环境优良度指数分列全国第47位、第70位、第76位，表现明显优于其他维度。白山市营商硬环境竞争力指数为0.295，列全国第138位，较上年大幅提升了61个位次；列东北三省第17位，较上年上升5个位次；列吉林省第3位（见表3），较上年提升了2个位次。基于其维度构成分析，白山市的交通便捷度指数列全国第24位，自然灾害指数更是高居全国首位，成为拉动其营商硬环境竞争力提升的主要因素。

表3　2021年白山市综合经济竞争力分项指标排名

年份	当地要素竞争力			生活环境竞争力			营商软环境竞争力			营商硬环境竞争力			全球联系竞争力		
	全国	东北	省内	全国	东北	省内	全国	东北	省内	全国	东北	省内	全国	东北	省内
2021	282	30	8	248	21	4	172	10	3	138	17	3	278	29	8

资料来源：中国社会科学院城市与竞争力指数数据库；吉林省社会科学院城乡发展指数数据库。

3. 可持续竞争力下降明显，综合人口增量竞争力、综合人口密度竞争力相对落后

2021年，白山市的可持续竞争力指数为0.071，列全国第277位，较上年排名大幅下滑了32个位次；列东北三省第28位，较上年下降了6个位次；列吉林省第7位，与上年持平。从可持续竞争力的组成来看，2021年，白山市综合人口增量竞争力指数为0.057，列全国第285位，较上年大幅下滑了44个位次；列东北三省第31位，较上年下降了9个位次；列吉林省第8位，较上年后退了2个位次。白山市综合人口密度竞争力指数为0.159，列全国第263位，较上年下滑了26个位次；列东北三省第24位，较上年下降4个位次；列吉林省第7位（见表4），与上年持平。

表 4　2021 年白山市可持续竞争力及显示性指标排名

年份	可持续竞争力指数	排名			综合人口增量竞争力指数	排名			综合人口密度竞争力指数	排名		
		全国	东北	省内		全国	东北	省内		全国	东北	省内
2021	0.071	277	28	7	0.057	285	31	8	0.159	263	24	7

资料来源：中国社会科学院城市与竞争力指数数据库；吉林省社会科学院城乡发展指数数据库。

4. 可持续竞争力分项指标中，环境韧性竞争力、科技创新竞争力排名有所提升

从可持续竞争力的分项指标来看，2021 年，白山市的环境韧性竞争力指数为 0.395，列全国第 249 位，较上年大幅提升 30 个位次；列东北三省第 23 位、吉林省第 6 位，较上年均提升 1 个位次。基于其维度构成分析，白山市自然灾害指数、交通便捷度指数、生态多样性指数分列全国第 1 位、第 24 位和第 53 位，成为助推其环境韧性竞争力提升的主要因素。白山市的科技创新竞争力指数为 0.072，列全国第 259 位，较上年提升了 23 个位次；列东北三省第 28 位，较上年提升 2 位；列吉林省第 6 位（见表 5），较上年提升 2 个位次。基于其构成维度分析，白山市的学术论文指数、文化设施指数较上年均有所提升，拉动其科技创新竞争力较上年表现有明显改善。

表 5　2021 年白山市可持续竞争力分项指标排名

年份	经济活力竞争力			环境韧性竞争力			社会包容竞争力			科技创新竞争力			全球联系竞争力		
	全国	东北	省内	全国	东北	省内	全国	东北	省内	全国	东北	省内	全国	东北	省内
2021	261	14	3	249	23	6	120	9	3	259	28	6	278	30	8

资料来源：中国社会科学院城市与竞争力指数数据库；吉林省社会科学院城乡发展指数数据库。

总体来讲，2021 年白山市的竞争力优势体现在以下几个方面。

第一，社会包容竞争力延续了往年优势，排名继续保持在省域三强。2021 年，白山市的社会包容竞争力列全国第 120 位、东北三省第 9 位、吉林省第 3 位，领先于东北三省和全省大部分城市。究其优势来源，近年来白

山市实现社会保障提质扩面，优质教育、医疗资源不断向县镇延伸，带动了群众获得感和满意度持续提升，从多角度助推了社会包容竞争力保持优势水平。

第二，营商硬环境竞争力有所提升，排名进入全省前 3 位。2021 年，白山市的营商硬环境竞争力全国排名较上年大幅提升了 61 个位次，其中自然灾害指数和交通便捷度指数竞争优势明显，分列全国第 1 位和第 24 位。一方面，近年来白山市高度重视防灾减灾工作，不仅投入运行地质灾害监测预警平台，还充分利用抚松县国家试点，深入推进自然灾害防治工作；另一方面，从交通建设看，白山市民用机场完成选址，沈白高铁（白山段）开工建设，白临、松长高速纳入国家高速公路网，立体交通体系日趋完善。上述两个方面的积极进展推动白山市的营商硬环境竞争力稳中有升，并在全省保持领先位置。

第三，营商软环境竞争力优势有所回落，但发展水平仍处于全国中游。2021 年，白山市的营商软环境竞争力列全国第 172 位、东北三省第 10 位、吉林省第 3 位，处在全国中游。从维度构成分析，白山市的开放度指数、社会安全指数排名相对靠前，分列全国第 97 位、第 149 位，引领营商软环境竞争力水平在东北三省和吉林省内保持领先。这一方面得益于白山市坚持对外开放发展，以长白重点开发开放试验区和长白、临江省级边境经济合作区为平台，吸引高端资源要素向白山汇聚；另一方面则有赖于白山市不断深化平安城市建设，获批建设全国市域社会治理现代化试点，促进白山市经济社会环境持续向优发展。

二　问题与不足

（一）经济活力竞争力居全国下游

2021 年，白山市的经济活力竞争力指数为 0.151，列全国第 261 位、东北三省第 14 位、吉林省第 3 位，较上年分别下降了 17 个、2 个、1 个位次，虽然在东北三省和吉林省内排名较为靠前，但发展水平在全国依然处在下游。基于构成维度分析，造成白山市经济活力竞争力下降的因素有四个方面：一是经济增长率列全国第279位，较上年下降了21个位次，表明白山市经济领域稳增长的基础仍不够牢固；二是经济便利度列全国第208位，较上年下滑了32个位次，表明基于航线数测算的城市经济便利水平不高，机场方面的航班保障、航线运力等有待增强；三是劳动生产率列全国第169位，较上年后退了22个位次，这意味着白山市劳动人口规模相对缩小，势必影响经济活力释放；四是青年人才比例指数列全国第167位，较上年下降了17个位次，这进一步表明白山市的适龄劳动人口数量较少，特别是16~45岁的青年群体规模不足。

（二）人口增量和人口密度仍需提升

根据“七普”数据，白山市的总人口为95.19万人，与2010年“六普”数据相比减少了34.43万人，十年减少26.56%，在全国四线城市中列第2位。从综合人口增量竞争力分析，2021年，白山市的综合人口增量竞争力列全国第285位，较上年下滑了44个位次；列东北三省第31位，较上年下降了9个位次；列吉林省第8位，较上年后退了2个位次。这表明白山市人口规模和增速方面均存在劣势。从综合人口密度竞争力分析，2021年，白山市的综合人口密度竞争力指数列全国第263位，较上年下滑了26个位次；列东北三省第24位，较上年后退4位；列吉林省第7位，与上年排名持平。这表明受中心城市虹吸效应影响，白山市作为四线城市的人口吸引力明显不足。另外，在白山市的常住人口中，60岁及以上人口占25.33%，较2010年上升了10.27个百分点，这意味着白山市在对青壮年人口吸引力不足的同时，老龄化程度也在持续加深，综合人口密度不足的趋势亟待逆转。

（三）营商软环境竞争力排名后退

2021年，白山市的营商软环境竞争力指数为0.267，列全国第172位，较上年下降了21个位次；列东北三省第10位，较上年提升了1个位次；列吉林省第3位，与上年排名持平。虽然全国排名有所后退，但发展水平仍处在中游。从构成维度分析，导致白山市营商软环境竞争力排名后退的因素可归结为三个方面：一是经商便利度指数列全国第208位，较上年下降了32个位次；二是市场化指数列全国第201位，较上年下滑了48个位次，表明白山市经济自由度仍需提升，特别是市场主体活力不足等问题需要引起重视；三是大学指数列全国第245位，与上年基本持平，仍需着力吸引更多优质教育资源向白山延伸和设立分部，从汇聚智力资源层面促进营商软环境竞争力有所提升。

三　现象与规律

（一）当地要素竞争力指标未有提升，依然是拉低综合经济竞争力的关键因素

2021年，白山市综合经济竞争力指数和排名均有所退步，在其分项指标中，当地要素竞争力指标表现相对落后，成为拉低综合经济竞争力的主要因素，而当地要素竞争力提升滞缓，也是全国四线城市及东北三省大部分城市普遍面临的问题。具体来说，2021年，白山市的当地要素竞争力列全国第282位、东北三省第30位、吉林省第8位，均与上年排名持平，处在全国下游的发展位置。从具体构成分析，资金要素方面，白山市的直接市场融资便利度得分为0，表明其资本市场的融资便利程度亟待提升；创新要素方面，白山市的专利申请指数列全国第232位，较上年下降了5个位次，创新成果产出仍相对较少；人才要素方面，如前文所述，白山市的劳动力总数列全国第280位，青年人才比例指数列全国第167位，仍需创新施策，着力引进和培育青年人才，吸引适龄劳动力回流建设白山。

（二）全球联系竞争力后退明显，导致可持续竞争力排名下降

2021年，白山市的全球联系竞争力指数为0.068，列全国第278位，较

上年大幅下滑了99个位次；列东北三省第30位，较上年下滑了16个位次；列吉林省第8位，较上年后退了4个位次。具体分析构成要素，2021年，白山市的网络热度得分为0，列全国第291位，处在下游水平，说明白山市的城市营销和宣传力度仍不够，需进一步提升城市知名度和影响力；白山市的航运联系度列全国第226位，该要素表现落后已经导致多个分项竞争力提升受限；航空联系度列全国第207位，也处在全国中下游发展位置。目前白山市已经针对航空、水运发展等薄弱环节，加快补齐基础设施短板，整合优化配套资源，明确提出进一步完善市域机场布局体系、大力发展水上运输服务业等。未来，随着白山市交通建设的加快、城市宣传力度的进一步加大，全球联系竞争力水平将有望止降返升。

（三）环境相关要素提升较快，成为城市竞争力优势的新来源

相较于2020年环境要素的表现，2021年白山市的环境韧性竞争力、生活环境竞争力均有明显提升，成为其综合竞争优势的新来源。具体来说，2021年，白山市的环境韧性竞争力指数列全国第249位，较上年大幅提升了30个位次。其中，交通便捷度指数、生态多样性指数、环境污染度指数均进入了全国前100位，自然灾害指数更是继续高居全国首位，有力地提升了白山市的环境韧性竞争力水平。白山市的生活环境竞争力也有所提升，2021年列全国第248位，较上年提升36个位次；列东北三省第21位，较上年提升8个位次；列吉林省第4位，较上年提升3个位次。从维度构成分析，白山市的居住成本指数列全国第47位，相对凸显了中小城市生活成本较低、工作压力较小等优势；环境优良度指数列全国第76位，这主要得益于白山市对生态环境的保护力度持续加大，白山市获评国家生态文明建设示范市，抚松还被命名为全国“两山”实践创新基地；白山市的健体休闲设施指数列全国第70位，与上年排名持平。白山市未来将加快完善公共服务设施，统筹建设城乡文体中心，该项指标表现有望进一步提升，助推城市生活环境竞争力凸显更大优势。

四　趋势与展望

（一）科技创新竞争力有望提升，引领经济发展的动力增强

2021年，白山市的科技创新竞争力排名虽然相对靠后，但较上年已有所提升。具体来看，白山市的学术论文指数高于以往，但专利申请指数、科创企业指数仍有待进一步提升。为此，白山市着力实施重大技术创新和企业创新自强工程，支持企业设立内部研发中心，同时鼓励与中科院长春"一院三所"、吉林大学等高校院所协同合作，在很大程度上促进了城市创新要素的汇聚和科创综合能力的提升。未来白山市进一步加大财政科技投入力度，深入推进产业关键技术创新和产学研合作，加快构建完善企业研发激励机制、人才创新创业服务体系等，将有望提升科技创新竞争力，为城市经济高质量发展增强动力。

（二）硬环境建设持续优化，支撑城市建设的基础日益稳固

2021年，白山市的营商硬环境竞争力大幅提升，不仅位列省域三强，还在全国和东北三省城市中保持中游发展水平。在多个构成维度中，白山市的自然灾害指数列全国第1位，交通便捷度得分也相当靠前，目前仅电力充沛度、网络信息传输速度的表现相对靠后，对此白山市已在推进政府工作时加强了相关部署。比如，规划实施了一系列产业配套类工程，包括完善城乡配电网、建设抽水蓄能电站等，进一步强化了能源设施保障能力。再如，加快推进"数字白山"建设，支持新技术、新要素在城乡经济社会建设中拓展应用场景。未来，随着白山市进一步加快新型基础设施建设，完善升级产业配套设施和服务，同时充分发挥在交通强市、防灾减灾方面的既有优势，白山市的营商硬环境将更趋优化，有望更好地支撑城市经济社会建设。

（三）城市治理水平有所提升，将从多维度增强城市韧性

2021年，白山市的环境韧性竞争力提升明显，多个构成维度排名均进入了全国前100位，表明白山市的治理水平日益提升，生态保护、防灾减灾、交通建设等方面的发展基础和优势正在显现。在环境治理方面，白山市积极践行“两山”理念，全面推进林、山、水、土等工程建设，有效保护了城乡生态多样性，环境污染程度也在不断降低，获得了“中国绿都”称号；在安全治理方面，白山市持续加强防灾减灾能力建设，充分利用数字化平台，不断提升自然灾害预警和应急管理水平；在交通建设方面，白山市逐年加大相关投入力度，从机场、高铁、国省干线、四好农村路等方面全方位加快立体交通建设，推进完善全域交通网络。未来，随着白山市持续加强城市治理能力，进一步优化生态建设、强化安全保障、夯实交通基础，其城市韧性将更快获得提升，有助于更好地应对城市发展中的各种不确定性。

（四）宜居建设稳步推进，城乡居民获得感将有更大提升

近年来，白山市城乡环境持续优化，生活环境竞争力获得了明显提升，在构成要素中，相对处于后位的医疗健康机构指数、文化设施指数较上年排名有所进步，仅市民消费水平指数未有提升。对此，白山市不遗余力地推进完善城乡公共服务体系，重视完善县乡村医疗服务网，持续提升基层医疗卫生服务能力；着力推进优质文体服务资源向乡村延伸，积极建设健身广场等各类体育活动场所，实现了全市142个社区、503个行政村健身路径全覆盖；大力支持域内企业开展线上与线下促销，连续多轮推出惠民消费券，相关领导还充分利用专场直播间推广白山优质农产品，不仅为城乡居民消费带来了实惠，还有力地推动了乡村振兴和农民增收。未来，随着白山市持续在生态建设、公共服务、消费惠民等方面综合施策，稳步提升全域绿色宜居水平，白山市的生活环境竞争力有望迎来新一轮的提升，城乡居民的获得感和幸福感也将进一步增强。

（五）民生面貌不断改善，社会包容竞争力优势将凸显

白山市持续加大民生保障力度，推动社会包容竞争力连续多年保持领先优势。2021 年，白山市的开放度指数、历史文化指数、社会公平指数、社会安全指数稳居全国中上游水平，成为延续其社会包容竞争力优势的重要基础。在开放发展方面，白山市充分发挥地缘优势，加快建设对外开放平台，以临江、长白两个省级边境经济合作区为依托，大力发展边境贸易、生态文化旅游等特色产业，促进城市开放型经济发展获得提升。在文脉延续方面，白山市拥有较为丰富的历史文化资源，近年来将其与旅游资源深度融合，推动城乡文化旅游发展不断加快，非物质文化遗产也得到了较好的保护和传承。在社会公平方面，近年来白山市义务教育基本均衡发展，通过了国家验收，普惠托育养老服务体系加快建设，最低生活保障、临时救助等政策不断完善，脱贫攻坚工作也已如期完成。在平安保障方面，白山市常态化开展扫黑除恶专项斗争，积极争创省级安全发展示范市，努力打造全国最安全的边境地区。未来，随着白山市持续加强城乡社会和民生保障，加快推进健康白山、文化白山、平安白山建设，其社会包容性和城市开放性有望获得更大提升，社会包容竞争力优势将更加凸显。

五　对策与建议

（一）深挖资源禀赋优势，提升城市特色产业竞争力

白山市应深入落实“一主六双”高质量发展战略，充分借助建设“一谷一城”的政策支持，推进医药健康、人参、矿泉水、矿产新材料等特色产业快速发展，塑造提升城市产业核心竞争力。一是壮大发展医药健康产业。加快医药健康特色产业园区和项目建设，推进中医药“四大板块”发展，加快建设原料和健康产品生产基地。二是培育并提升人参产业优势。支持人参产业园区建设及相关高技术企业发展，加快万良等人参特色产业小镇

建设，支持人参产业与县镇三次产业融合发展，积极利用展会、旅游推介会等线上与线下活动宣传，提升人参相关品牌知名度。三是加快矿泉水产业全链发展。充分发挥白山市水源质优量足的优势，加快矿泉水产业园区和特色小镇建设，推进矿泉水产业链向果蔬饮料、食品加工、包装印刷等关联行业拓展，促进其与长白山四季旅游融合互动发展。四是促进矿产新材料产业提档升级。加快整合开发域内硅藻土、镁等优质资源，支持打造国家级矿产新材料研发中心和产业基地，促进关键技术领域实现新突破并形成现实生产力。

（二）强化创新要素驱动，增强城市经济发展后劲

白山市应强化科技创新引领，推动科技进步与城市产业升级更好地融合，为城市经济增长积蓄更多动力。一是持续增加科技投入，鼓励从医药健康、矿产新材料、矿泉水、绿色食品等重点领域提炼并攻克技术难题，支持研发储备一批科技成果，并促进其在本地转化应用。二是支持企业加大研发力度，特别是鼓励新动能领域的企业设立和建设研发机构，提高产品科技含量，赋能重点领域转型升级。三是促进产学研形成创新共同体。支持硅藻土、生物医药等重点领域的企业与高校院所开展协同创新和项目对接，鼓励举办科技合作论坛、成果交易会等各类活动，促进域内外创新主体加深交流与合作。四是拓宽引才引智渠道。深入落实省委人才新政，结合白山特色出台重点产业高端人才支持计划，探索人才柔性引进模式，促进专家资源有效对接本地企业技术需求，加快完善新模式新业态领域的“双创”服务体系，学习借鉴青年发展型城市试点经验，营造有利于吸引青年群体投身白山建设的发展环境。

（三）加快文化旅游发展，强化城市品牌和文化魅力

白山市应全面实施“一山两江”品牌战略，充分发挥避暑休闲、冰雪运动、乡村民俗、文化创意、历史文脉等旅游资源优势，塑造城市旅游品牌，提升城市文化魅力。一是加快全域旅游新业态发展。充分借助地缘和资源特色，围绕休闲度假、冰雪旅游、森林康养、边境风光、特色小镇等内

容，打造兼具文化内涵和体验价值的旅游和服务项目，鼓励发展户外探索营地、艺术家村落、浸入式体验等新业态，支持利用虚拟现实等新技术增强实景演出、科普研学等项目的互动体验。二是着力支持文化创意产业发展。加快推进白山市文化产业园、江源松湾新城影视基地等特色文创园区建设，重视文化深挖、工业遗产活化及空间再利用，支持发展能够彰显城市文化特色和发展轨迹的文创项目。三是积极保护和利用城市历史文脉。支持从延续地域历史文化特性的角度出发，保护和修缮遗址公园等历史文化空间载体，支持打造具有白山历史特色的文化地标和景观，鼓励借助新兴技术手段对博物馆、文化馆等公共文化场所进行数字化改造，促进对城市传统文化资源的活态化传承。四是加强旅游品牌运营和城市宣传营销。进一步提升对“长白山之夏”“长白山之冬”旅游品牌的运营能力，创新利用媒体矩阵、社交平台等多种渠道和方式，探索与影视媒体、综艺节目、艺术家进行深度合作的模式，吸引社会各界到白山进行旅游体验和投资建设。

（四）全面提速通道建设，升级城市开放互联能力

白山市应全面提速通道建设，加快完善立体交通和物流枢纽体系，增强城市对外开放互联能力。一方面，应加快完善立体交通体系。加强交通与旅游规划之间的衔接，推进白山机场和沿边进行旅游大通道建设，全面承接长白山旅游溢出效应，建设完善城乡铁路网和公路网，拓展交通设施的产业、商贸、旅游等多种功能。另一方面，应着力推进物流枢纽网络建设。重点推进靖宇、松江河物流产业集聚区发展，打造一批现代化快递物流园区，同时依托长白和临江口岸物流的发展，进一步优化边贸基础设施网络布局，加快建设综合物流枢纽中心，以更好地支撑沿边开发开放发展。

（五）持续优化生态环境，提高城市生态宜居水平

白山市应深入践行“两山”理念，持续优化城市生态环境，不断提升空间功能品质。一方面，应深入推进“两山”理念试验区、国家级可持续发展试验区建设，加大力度推进环境整治、生态修复、还林复绿等项目工程

建设，持续提升城市生态环境质量和绿色宜居水平；另一方面，应全面推进城市更新和智慧城市发展，加快老旧小区、街路畅通、设施配套、园林绿化等相关工程建设，打造运动公园、艺术公园、夜消费空间等新地标、新载体，同时抓住“四新设施”建设机遇，加快拓展新技术场景的应用，推动城市功能品质提档升级，促进城市可持续发展。

参考文献

[1] 崔岳春、赵光远主编《吉林省城市竞争力报告（2020~2021）》，社会科学文献出版社，2021。

[2] 倪鹏飞、徐海东主编《中国城市竞争力报告 No. 19》，中国社会科学出版社，2021。

[3] 王春宝、金泽文：《为全力建设践行“两山”理念试验区而奋斗——透过白山市政府工作报告看发展亮点和方向》，《吉林日报》2022 年 1 月 14 日。

[4] 叶剑波、申文力：《跃上葱茏谋振兴——白山市绿色转型高质量发展全面振兴侧记》，《长白山日报》2021 年 8 月 17 日。

[5]《白山市 2021 年国民经济和社会发展统计公报》，白山市人民政府网站，2022 年 3 月 10 日，http://www.cbs.gov.cn/sj/tjgb/202203/t20220310_714110.html。

[6]《白山市人民政府办公室关于印发白山市文化旅游体育发展“十四五”规划的通知》，白山市人民政府网站，2022 年 2 月 22 日，http://www.cbs.gov.cn/zw/zfwj/bszbf/202202/t20220222_712240.html。

[7]《2021 年白山市人民政府工作报告》，白山市人民政府网站，2021 年 1 月 20 日，http://www.cbs.gov.cn/zw/jcxxgk/gzbg/202101/t20210120_658121.html。

B.13 吉林省城市竞争力（白城市）报告*

吴　妍**

摘　要： 2020年白城市经济发展企稳向好。综合经济竞争力整体保持稳定，可持续竞争力降幅明显。城市竞争与发展的主体力量相对较弱、城市创业环境不佳、创业基础薄弱、城市发展“软环境”表现不佳等问题的存在影响了白城市竞争力总体水平的提升。白城市明确的发展战略、不断提升的城市宜居水平有助于白城市未来发展。

关键词： 综合经济竞争力　可持续竞争力　城市发展

“十三五”时期，白城市肩负重担、勇于挑战、克服困难，发展变化显著。2020年是“十三五”收官之年，白城市委、市政府以习近平新时代中国特色社会主义思想为指导，认真贯彻习近平总书记视察吉林时的重要讲话、重要指示精神，全面落实党中央国务院、省委省政府和市委的决策部署，以建设吉林西部生态经济区为主线，紧抓生态建设、脱贫攻坚、经济发展、老城改造四项重点工作，白城市振兴发展取得一系列成果，迈出坚实步伐。

---

* 本报告指标分类标准主要来自中国社会科学院城市与竞争力指数数据库。

** 吴妍，吉林省社会科学院城市发展研究所副研究员，研究方向科技创新与区域发展。

一　格局与优势

（一）总体概况

1. 经济发展企稳向好

2020 年是极为不平凡的一年，白城市有效应对各种冲击挑战，稳定经济增长，统筹推进疫情防控和经济发展，在吉林省率先实现复工复产。2020 年白城市 GDP 为 510.18 亿元，在吉林省 8 个地级市（含副省级城市，下同）中排在第 6 位，相较于 2019 年排名上升 2 位。按照可比价格计算，2020 年白城市 GDP 同比增长 1.4%（见表 1），扭转了自 2016 年以来 GDP 增速连年下降的趋势。白城市按照户籍人口计算的人均 GDP 为 27230 元，比 2019 年增长 2.4%。

表 1　2020 年白城市基本情况

项目	数据
总人口(万人)	186.21
GDP 及增长率(亿元,%)	510.18,1.4
三次产业结构	28.4∶16.3∶55.3

资料来源：《白城市 2020 年国民经济和社会发展统计公报》，吉林省统计局网站，2021 年 8 月 20 日，http://tjj.jl.gov.cn/tjsj/tjgb/ndgb/202108/t20210820_8190516.html。

2020 年白城市规模以上工业增加值同比增长 12.1%，规模以上工业企业累计实现利润总额同比增长 47.4%。2020 年白城市工业投资同比增长 60.0%以上，在吉林省名列前茅；规模以上工业总产值同比增长 6.0%，保持在全省前列。2020 年白城市全社会固定资产投资（不含农户）比上年增长 8.4%，第一产业投资同比增长 114.1%，第二产业投资同比增长 90.7%，其中，工业投资同比增长 85.7%。[①] 白城市积极发展重大项目带动经济增

① 《白城市 2020 年国民经济和社会发展统计公报》，吉林省统计局网站，2021 年 8 月 20 日，http://tjj.jl.gov.cn/tjsj/tjgb/ndgb/202108/t20210820_8190516.html。

长。积极谋划氢田、高铁等重大项目524个，实施5000万元以上项目106个，引进30个亿元以上项目。梅花二期、飞鹤乳业、牧原等重点项目竣工投产，带动三产融合；国家光伏发电领跑奖励激励基地如期全容量并网发电。2020年白城市实现农林牧渔业增加值149.93亿元，按可比价比上年增长2.1%；白城市连续9年实现粮食增产，粮食总产量达101.87亿斤，排进全省前3位。[①] 2020年白城市外贸进出口总额同比增长98.9%，其中出口额同比增长109.8%。[②]

2. 精准脱贫取得全面胜利

白城市自实施精准扶贫基本方略以来，以“扎实细致、攻坚克难、甘于奉献、众志成城”的精神，坚决完成精准脱贫攻坚任务。着力有效解决“两不愁三保障”等突出问题，实施“查漏补缺”“巩固提升九大工程”“百日冲刺”等专项行动，进一步提高脱贫实效。注重推进脱贫攻坚与乡村振兴的有效衔接。白城市的县（市、区）摘帽核验满意度都超过98%，高质量通过国家和吉林省脱贫攻坚评估考核。

3. 生态环境持续改善

白城市统筹治理水、草、林、湿，狠抓污染防治，生态环境实现系统性改善。实施引察济向和洮儿河生态补水工程，恢复断流多年的洮儿河、二龙涛河、蛟流河，向海核心区湿地面积由180平方公里恢复到300平方公里。全面开工河湖连通配套工程，引嫩入白扩建列入吉林省“大水网”骨干工程，吉林省首个无偿使用联合国资金的水生态环保项目在大安实施。白城市成为吉林省唯一的林（草）长制试点市，有效推进林草湿生态系统修复保护。白城市不断加大污染防治力度，有序推进生态环保督察整改，空气质量持续提高。

---

① 《2020年白城市人民政府工作报告》，白城市人民政府网站，2021年1月18日，http://www.jlbc.gov.cn/xxgk_3148/gzbg/202101/t20210118_889119.html。

② 《白城市2020年国民经济和社会发展统计公报》，吉林省统计局网站，2021年8月20日，http://tjj.jl.gov.cn/tjsj/tjgb/ndgb/202108/t20210820_8190516.html。

（二）现状格局

1. 综合经济竞争力基本保持稳定

2021 年白城市综合经济竞争力的全国排名小幅下降，但东北三省和吉林省排名保持不变。2021 年白城市综合经济竞争力全国排第 278 位，较 2020 年只下降 1 位；在东北三省 34 个城市中排第 29 位，与 2020 年排名持平；在吉林省内排第 8 位，同 2020 年相比排名没有变化。经济增量竞争力的全国排名与 2020 年持平；东北三省排名较 2020 年上升 2 位，排在第 25 位；在吉林省内排名较 2020 年提高 2 位，由 2020 年的第 7 位上升到第 5 位。经济密度竞争力全国排名退后 1 位，由 2020 年的第 274 位降为第 275 位，但是在东北三省和吉林省的排名保持不变（见表 2）。

表 2　2021 年白城市综合经济竞争力排名

年份	综合经济竞争力			经济增量竞争力			经济密度竞争力		
	全国	东北	省内	全国	东北	省内	全国	东北	省内
2021	278	29	8	276	25	5	275	29	8

资料来源：中国社会科学院城市与竞争力指数数据库；吉林省社会科学院城乡发展指数数据库。

从综合经济竞争力分项指标排名来看，有以下特点。

白城市当地要素竞争力排名最为靠后，在全国 291 个城市中仅仅排在第 280 位，在东北 34 个城市中排在倒数第 5 位，在吉林省 8 个城市中排倒数第 2 位。影响白城市当地要素竞争力排名的因素中，青年人才比例指数排名居于吉林省末位，其全国排名落后于省内排第 7 位的城市 24 位；专利申请指数亦居于吉林省末位，与排在吉林省前列的城市差距较大；此外市场融资便利度在吉林省内排名也相对靠后。这 3 个因素导致白城市当地要素竞争力排名落后。

与 2020 年相比，白城市全球联系竞争力的全国排名明显下滑。2021 年白城市全球联系竞争力在全国排第 271 位，下降 63 位；在东北三省 34 个城市中排在第 28 位，下降 9 位；在吉林省 8 个地级市中排第 6 位，下降 1 位。这表明白城市利用外部要素的能力相对减弱。

与 2020 年相比，白城市营商软环境竞争力小幅提升，营商硬环境竞争力小幅下降。营商软环境竞争力的全国排名由 2020 年的第 281 位上升到第 277 位，进步了 4 位。营商硬环境竞争力从全国第 270 位下降为第 275 位，后退了 5 位。在营商软环境竞争力的影响因子中，市场化指数全国排第 269 位，较 2020 年上升 4 位；经商便利度指数全国排第 266 位，比上年提高 9 位。经商便利度指数和市场化指数排名显著提升，带动了白城市营商软环境竞争力的提升。在营商硬环境竞争力中，电力充沛度指数排名的大幅增长带动了白城市营商硬环境竞争力全国排名的提升。

白城市生活环境竞争力明显提高。2021 年白城市生活环境竞争力全国排第 259 位，比 2020 年提高 28 位；在东北三省 34 个城市中排第 26 位，较 2020 年提高 4 位；在吉林省 8 个地级市中排第 6 位，比 2020 年提高 2 位（见表 3）。衡量生活环境竞争力的指数主要包括历史文化指数、医疗健康机构指数、气候舒适度指数、环境污染度指数、市民消费水平指数、居住成本指数、健体休闲设施指数以及文化设施指数等。受白城市地理历史环境因素影响，白城市的气候舒适度指数和历史文化指数在短时间内无法得到有效改善。白城市经济发展水平明显落后于国内大多数城市，这导致市民消费水平指数排名靠后的情况在一段时间内不会发生显著变化。白城市生活环境竞争力的大幅度提升主要得益于环境污染度指数和居住成本指数排名的提高。2021 年白城市环境污染度指数在全国 291 个城市中排在第 30 位，在吉林省 8 个城市中居于首位，同 2020 年相比，全国排名上升 71 位；白城市 2021 年的居住成本指数的全国排名由 2020 年的第 154 位上升到第 50 位，提高 104 个位次。这表明白城市生态环境治理取得显著成效，民生福祉不断增进。

表 3　2021 年白城市综合经济竞争力分项指标排名

年份	当地要素竞争力			生活环境竞争力			营商软环境竞争力			营商硬环境竞争力			全球联系竞争力		
	全国	东北	省内	全国	东北	省内	全国	东北	省内	全国	东北	省内	全国	东北	省内
2021	280	30	7	259	26	6	277	31	8	275	31	8	271	28	6

资料来源：中国社会科学院城市与竞争力指数数据库；吉林省社会科学院城乡发展指数数据库。

2. 可持续竞争力降幅较大

2021 年，白城市可持续竞争力全国排第 279 位，在东北三省 34 个城市中排第 29 位，在吉林省内排末位。与 2020 年相比，全国排名退后 14 位，东北三省排名倒退 1 位，在吉林省城市中的排名保持不变。白城市综合人口增量竞争力的全国排名从 2020 年的第 252 位下降到第 279 位，下降了 27 位；在东北三省的排名由第 25 位降到第 27 位，下降了 2 位；在吉林省内的排名小幅上升，由第 7 位升到第 5 位。相较 2020 年，2021 年白城市综合人口密度竞争力的全国排名下降 12 位，在 291 个城市中排第 279 位，在东北三省 34 个城市中排第 32 位，在吉林省内居于末位（见表 4）。由此可见，白城市可持续竞争力整体表现不佳。

表 4　2021 年白城市可持续竞争力及显示性指标排名

年份	可持续竞争力			综合人口增量竞争力			综合人口密度竞争力		
	全国	东北	省内	全国	东北	省内	全国	东北	省内
2021	279	29	8	279	27	5	279	32	8

资料来源：中国社会科学院城市与竞争力指数数据库；吉林省社会科学院城乡发展指数数据库。

从白城市可持续竞争力分项指标排名看，有以下特点。

环境韧性竞争力排名进步最大。同 2020 年相比，其全国排名上升 19 位，在东北三省的排名上升 7 位，在吉林省内的排名上升 1 位。白城市环境污染度指数排名居于全国上游，极大地提升了环境韧性竞争力。这主要归功于近年来白城市生态环境得到系统性改善，污染防治成效显著。

社会包容竞争力全国排第235位，在可持续竞争力的5个分项中全国排名表现最好。社会包容竞争力主要由历史文化指数、社会安全指数、社会公平指数、居住成本指数、开放度指数、医疗机构健康指数构成。[①] 白城市历史文化资源比较丰富，居住成本不高，社会治安良好，医疗机构数量和质量不断提升，这些因素拉动了白城市社会包容竞争力的发展。

科技创新竞争力的省内排名上升。2021年白城市科技创新竞争力在吉林省内排第4位，较2020年排名上升1位，这也是在可持续竞争力5个分项中唯一排进吉林省前4位的指标。科技创新是城市发展的动力源泉，科技创新竞争力的省内排名上升，表明白城市的科技创新氛围和条件在吉林省内表现良好，高新技术企业和科技型企业的培育发展取得了一定成效。但是从全国范围和东北三省来看，2021年白城市科技创新竞争力排名下降。白城市科技创新竞争力的全国排名由2020年的第234位下降到2021年的第248位，在东北三省的排名由2020年的第23位下降到第24位。

全球联系竞争力降幅明显，在全国291个城市中排第271位，比2020年排名下降63位；在东北三省34个城市中排第25位，较2020年降低6位；在吉林省8个城市中排第6位，较上年倒退1位。全球联系竞争力主要体现一个城市利用和影响全球的程度。白城市作为内陆城市，地处吉林省西部地区，经济发展受地理、自然、历史等因素影响，处于相对落后水平，这也决定了白城市的全球联系竞争力提升难度较大。

2021年白城市经济活力竞争力在全国排第289位，比2020年提高1位；在东北三省的排名比2020年提升1位，排在第32位；在吉林省的排名则上升2位，由上年的末位升到第6位。2021年，白城经济活力竞争力排名虽然有所提高，但整体上看仍处在全国落后地位，提高经济活力竞争力对于白城市来说任重道远。

---

① 倪鹏飞主编《中国城市竞争力报告 No. 18》，中国社会科学出版社，2020。

表 5　2021 年白城市可持续竞争力分项指标排名

年份	经济活力竞争力			环境韧性竞争力			社会包容竞争力			科技创新竞争力			全球联系竞争力		
	全国	东北	省内	全国	东北	省内	全国	东北	省内	全国	东北	省内	全国	东北	省内
2021	289	32	6	270	27	7	235	25	7	248	24	4	271	25	6

资料来源：中国社会科学院城市与竞争力指数数据库；吉林省社会科学院城乡发展指数数据库。

二　问题与不足

（一）城市竞争与发展的主体力量相对较弱

人才、科技、金融是城市发展的重要因素，是城市竞争力提升的推动力量。当地要素竞争力排名反映了一个城市的人才、科技、金融等主体力量的强弱。白城市 2021 年的当地要素竞争力排在吉林省倒数第 2 位，在东北三省内排倒数第 5 位，在全国排倒数第 12 位。当地要素竞争力落后制约了白城市城市竞争力的提升。人是城市发展的主体，人口数量和人口素质是决定城市竞争力强弱的主要力量。从白城市人口数量情况看，“十三五”时期，白城市人口数量总体呈现下降趋势。2015 年末，白城市户籍人口总数为 196.70 万人，2019 年末，户籍人口总数为 188.50 万人，到 2020 年，户籍人口总数持续下降到 186.21 万人，2015~2020 年户籍人口总数减少 10.49 万人。而更为严峻的形势是最具活力的青年人口占全部人口的比重降幅明显。第七次全国人口普查的数据显示，与 2010 年第六次全国人口普查的结果对比，白城市 15~59 岁人口的比重下降了 9.35 个百分点。人口减少尤其是劳动年龄人口所占比重持续降低，对城市竞争力的提升产生负面影响。而白城市城市经济发展的主要指标在吉林省内均处于中下游水平，经济发展整体水平较为落后，这导致白城市科技与金融实力不强。城市发展的主体力量相对较弱，必然会使白城市提升城市竞争力的推动力量不足，制约白城市整体竞争力的提高。

（二）城市创业环境不佳，创业基础薄弱

经济活力竞争力反映城市的创业环境与创业基础，是城市可持续竞争力的基础，也是城市可持续发展的内生动力。2021 年白城市经济活力竞争力在全国排第 289 位，在 291 个城市中排倒数第 3 位，在东北三省 34 个城市中排倒数第 3 位。从影响创业环境的主要因素看，白城市经商便利度、产权保护指数在全国排名靠后。白城市经济增长率不高甚至出现连续下降趋势，除此之外，白城市劳动生产率的排名位于全国下游水平，青年人才比例指数的全国排名也不高。这些因素叠加使得白城市创业基础比较薄弱。白城市可持续发展的内生动力不足，可持续竞争力的提升基础不牢固，对白城市未来的可持续发展提出严峻挑战。

（三）城市发展软环境表现不佳

营商软环境竞争力影响城市的生产和交易成本。2021 年白城市营商软环境竞争力在吉林省排末位，在东北三省排倒数第 4 位。营商软环境竞争力排名靠后、表现不佳，决定了和排名处于前列的城市相比，白城市生产和交易成本较高，与先进地区相比差距较大。虽然近年来白城市一直将提升城市营商环境作为工作重点，营商环境建设取得显著效果，但即使是从吉林省内的情况来看，白城市营商软环境竞争力也是排在末位。良好的营商环境对城市经济社会发展有正向的促进作用，反之亦然。营商软环境竞争力表现不佳，意味着城市经济社会发展的软环境缺乏竞争力，必然会制约城市竞争力的提升。

三　现象与规律

（一）城市竞争力整体水平呈现下降趋势

2018 年，白城市综合经济竞争力指数为 0.044，排全国第 254 位；2019

年白城市综合经济竞争力排全国第 277 位；2021 白城市综合经济竞争力排全国第 278 位。白城市综合经济竞争力全国排名连续 3 年下降。2019 年白城市可持续竞争力指数为 0. 087，全国排第 265 位，相比上年可持续竞争力指数和排名均有所降低；2021 年白城市可持续竞争力全国排名下降 14 位，在东北三省的排名下降 1 位。白城市可持续竞争力全国排名亦连续 3 年下降。可见，白城市城市竞争力整体水平与其他城市的差距不但没有缩小，反而在不断扩大。

（二）第一产业比重连续上升

白城市三次产业结构与省内其他地级市相比有所不同，2019 年白城市三次产业结构为 25. 3 : 16. 4 : 58. 3，第一产业所占比重超过第二产业，第一产业增加值为 124. 18 亿元，超出第二产业增加值 43. 78 亿元。2020 年白城市三次产业结构为 28. 4 : 16. 3 : 55. 3，第一产业所占比重持续上升，第二产业和第三产业所占比重分别比 2019 年下降 0. 1 和 3 个百分点。第一产业所占比重连续两年超过第二产业所占比重。从《白城市 2020 年国民经济和社会发展统计公报》公布的数据看：2020 年白城市实现农林牧渔业增加值 149. 93 亿元，按可比价比 2019 增长 2. 1%；2020 年白城市实现农林牧渔业总产值 274. 26 亿元，按可比价比 2019 年增长 2. 9%；连续 5 年稳步增长。

四　趋势与展望

（一）白城市发展战略明确，未来发展前途可期

“十四五”时期，白城市以构建“一城三区”为发展战略定位。一是构建生态经济先导区。走生态优先、绿色发展之路，用全产业链思维打造绿色产业体系，争创全国“绿水青山就是金山银山”实践创新基地。二是构建区域中心城。对标中等城市，着力把白城建设成东北地区西部生态经济带重要的中心城市。三是构建乡村振兴创新区。紧扣农业农村现代化，用改革

创新举措活化资源要素，打造乡村振兴的“白城样板”。[①] 白城市明确未来五年发展战略，对白城市城市竞争力的提升必将起到促进作用。

（二）城市宜居水平不断提升

白城市“海绵城市+旧城改造”模式取得显著成效。2020 年白城市改造老旧小区 244 个，通榆老城改造成效显现，大安获“国家园林城市”称号。白城市贯彻“精建细管”的理念，城市面貌得到持续改善。2020 年出台《白城市市区雨水排放管理办法》，颁布实施《白城市文明行为促进条例》和《白城市城市绿化条例》，以立法工作引领白城市城市建设管理质量提升。白城市在国家节水型城市创建初审中获吉林省第一名，赢得国家卫生城、文明城测评专家组的高度赞誉。

五　政策与建议

（一）以生态环境导向的发展模式推进白城市新型城镇化建设

生态环境导向的发展模式是在生态文明思想的引导下，把城市可持续发展作为目标，将生态城市建设和发展带来的经济价值内部化。2020 年 9 月 23 日生态环境部办公厅、国家发展改革委办公厅、国家开发银行办公厅联合印发《关于推荐生态环境导向的开发模式试点项目的通知》，明确定义了生态环境导向的开发模式，提出在生态保护和环境治理的基础上，以特色产业运营和区域综合开发，推动公益性较强、收益性差的生态环境治理项目与收益较好的关联产业有效融合，实现将生态环境治理带来的经济价值内部化的目的。白城市作为吉林省西部地区重要的生态屏障，生态资源较为丰富。“生态立市、绿色发展”亦是白城市的重要发展理念。2019 年国家发改委等

① 《2020 年白城市人民政府工作报告》，白城市人民政府网站，2021 年 1 月 18 日，http：//www. jlbc. gov. cn/xxgk_ 3148/gzbg/202101/t20210118_ 889119. html。

印发了《东北地区西部生态经济带发展规划》，将白齐兴生态经济合作区整体纳入发展规划。可见生态环境导向的发展模式能够充分发挥白城市优势并且符合白城市发展战略与发展理念。探索推进白城市生态环境导向的发展模式，符合国家发展战略，亦可以充分利用国家优惠政策，打造独具特色的白城发展模式，提升白城市城市竞争力。

（二）积极培育城市发展主体

人是经济社会发展的根本。随着经济发展进入新常态，经济发展逐渐由投资驱动型向消费和创新驱动型转变。无论是夯实内需基础、促进企业发展，还是贡献税收，人都是先决条件。白城市要积极培育和引进科技型人才，夯实人才基础。

科技创新能力影响城市发展内生能力和未来发展水平。科技型企业和高新技术企业是最具活力的科技创新市场主体。白城市要充分利用国家和吉林省促进科技型企业和高新技术企业发展产业的政策，加快培育发展科技型企业和高新技术企业。

县级市竞争力报告

Competitiveness of County-level City Reports

B.14

吉林省城市竞争力（集安市）报告

于　凡*

摘　要： 集安市面对新冠疫情突袭而至、经济发展放缓等不利形势以及复杂变化的宏观环境，聚力攻坚，较好地完成了“十三五”时期的主要工作任务，经济社会平稳健康发展。2020 年，集安市综合经济竞争力指数在吉林省县级市中排第 10 位。其中，效率和增量两个分项的竞争力分别排第 12 位和第 6 位。可持续竞争力的县级市排名为第 3 位。其中，文化城市竞争力优势依旧，连年居于榜首；知识城市竞争力保持在上游；和谐城市竞争力提升较大；生态城市竞争力优势回落；全域城市竞争力成为发展短板。集安市应针对问题，发挥现有优势，提高发展效率，提升产业优势，统筹城乡协同共进，持续改善生态环境，增进民生福祉，促进民生福祉，促进和谐发展。

关键词： 综合经济竞争力　可持续竞争力　产业转型

* 于凡，博士，吉林省社会科学院农村发展研究所副研究员，研究方向为农业经济理论与政策。

集安市地处吉林省东南部，辖区面积3341平方公里，辖1个省级经济开发区11个乡镇、4个街道、127个行政村。集安市东南与朝鲜隔鸭绿江相望，边境线长203.5公里，是我国对朝三大口岸之一。2020年末，集安市总人口20.78万人，包括汉族、朝鲜族、满族、回族等25个民族。2020年，集安市GDP为68.07亿元，较上年增长23.74%，三次产业占比分别11.46%、21.85%和66.69%（见表1）。

表1　2020年集安市基本情况

项目	数据
辖区面积(平方公里)	3341
总人口(万人)	20.78
GDP及增长率(亿元,%)	68.07,23.74
三次产业结构	11.46：21.85：66.69

资料来源：2021年《吉林统计年鉴》。

集安城市名片主要体现在四个方面。一是世遗古都。集安历史悠久，文化底蕴厚重，高句丽王城、王陵以及贵族墓葬被列入世界文化遗产名录，是我国第30处世界文化遗产地。二是人参之乡。集安人参应用历史超1700年，人工栽培历史亦近500年，拥有我国人参行业首个中国驰名商标“新开河”以及国家地理标志保护产品“集安清河野山参”。三是边境风情。集安地处鸭绿江国际经济合作带核心区，境内口岸机关齐全，中朝国际列车每日往返于两国之间，是吉林省南向开放的重要窗口。四是养生福地。集安森林覆盖率达82.19%，空气环境质量优良天数比例超过90%，优越的生态环境和气候条件孕育出高品质的人参、山葡萄、五味子、蜂产品、食用菌等特色资源。

2020年，集安市综合经济竞争力在吉林省县级市中排第10位，处于中游水平。可持续竞争力在现行指标体系中位居前列，在县级市中排第3位，位列梅河口市和延吉市之后。

一　格局与优势

（一）总体概况

2020年，集安市面对新冠疫情突袭而至、经济发展放缓等不利形势，聚力攻坚，较好地完成了“十三五”时期的主要工作任务，面对复杂变化的宏观环境，经济社会平稳健康发展，运行态势稳中向好。

1. 产业结构优化，发展后劲增强

“十三五”时期，集安市规模达5000万元的项目有268个，其中规模达10亿元的重大项目有13个，益盛汉参化妆品扩能改造和保健食品生产线等亿元以上项目有47个。大力开展招商引资，通过以商招商、“腾笼换鸟”等方式，相继引进了江苏澳洋集团、河北麦咭翁酒业等企业，累计完成招商引资415.40亿元。着力推进工业发展，嘉元绿宝环卫生产加工一期等项目竣工投产。扎实开展“五转”行动，累计新增个体工商户7609户、小微企业1768户、“四上”企业53户、股份制企业5户，爱心药业在上海E板挂牌、百济堂参业在深圳前海股权交易中心挂牌。加大企业扶持力度，推进工业、旅游等重点产业发展和民营经济发展，设立专项引导资金8000万元，累计为企业融资约60亿元，减免税费9.06亿元。推进全域旅游发展，累计投资额达7.47亿元，全域旅游服务中心、国门景区等项目达到了21个，高句丽文物古迹旅游景区晋升为国家AAAAA级景区，荣获全国森林旅游示范县、全国旅游标准化示范单位称号。

2. 城乡建设加强，营商环境优化

城市基建持续加强，累计投资30亿元，实施滨江音乐广场、十万吨净水厂等项目56个，新改建云水路、光荣路等道路36条，改造老旧小区18个、供热供水供气管网101.8公里。全力提高城市管理水平，统一接管老旧散小区74个，拆除老旧仓房3917个、违法建筑5.86万平方米。抓好美丽乡村建设，累计投资 7. 57 亿元，实施道路、围墙、休闲广场等项目 909 个，实现农村生活垃圾无害化处理和城乡环卫服务一体化，连续 2 年在全省农村人居环境整治考核中排第 1 位。强化农田水利设施建设，累计投资 3. 50 亿元，实施两江九河防洪、中小河流治理等工程 55 个。严格执行耕地保护制度，拆除整改违规大棚房 190 个、违建别墅 7 处，核查疑似乱占耕地图斑 1266 块，恢复耕地 13. 0 亩，复绿 19. 5 亩，确保了永久基本农田面积不减、性质不变。推进“放管服”和“最多跑一次”改革，获评中国营商环境质量十佳城市和全省营商环境标兵单位，信用综合指数在全国 GDP 100 亿元以下的县级市中排第 1 位。强化对外交流合作，与河北魏县、浙江天台县缔结友好城市关系，与浙江路桥区建立长期全面的战略合作关系，营商环境持续优化。

3. 发展社会事业，社会保障提升

落实就业创业政策，城镇新增就业 2. 60 万人，农村转移剩余劳动力 20. 38 万人，创业担保贷款累计 1. 40 亿元。加大临时救助力度，累计发放低保补助、生活补贴等资金 2. 32 亿元。扩大社会保险参保范围，城乡基本医疗保险覆盖 13. 60 万人，城镇职工养老保险覆盖 5. 70 万人。全力改善群众居住环境，累计投资 20 亿元，改造棚户区 40 万平方米、农村危房 2259 户，新建农村卫生厕所 7975 座，发放住房租赁补贴 1468 万元。保障饮水安全，累计投资 3389 万元，新改建农村安全饮水工程 208 处。改善办学条件，累计投资 1. 95 亿元对部分中小学校园校舍进行改造。大力发展职业教育，职教中心被评为省级旅游服务与管理专业示范性实习实训基地和省级现代职业教育改革发展示范校。加快发展文化事业，累计投资 1. 55 亿元，新建全民健身活动中心和基层文化体育场所 280 个。加强文物保护与管理，将相关地区列入全国革命文物保护利用片区分县名单，霸王朝山城、良茂墓群被评为全国第八批重点文物保护单位。强化医疗卫生事业，累计投资 9100 万元，新改建 PCR 实验室 2 个、医疗卫生机构 22 个。严密有序防控疫情，群众生命安全和身体健康得到有力保障。

（二）现状格局

1. 综合经济竞争力有所提高

2020 年，集安市综合经济竞争力指数为 0.276，在吉林省 20 个县级市中排第 10 位，较上年提升 1 位。其中，综合增量竞争力指数为 0.817，增长幅度较大，排名赶超德惠市、榆树市和梅河口市等，由第 9 位升至第 6 位。而综合效率竞争力指数为 0.080，相较上年略有下降，但排名上升 2 位，由较为靠后升至中游水平（见表 2）。总体上，集安市 2020 年综合经济竞争力有所提高，同时仍存在较大上升空间。

表 2　2019～2020 年集安市综合经济竞争力及显示性指标在吉林省县级市中的排名情况

年份	综合经济竞争力		综合增量竞争力		综合效率竞争力	
	指数	排名	指数	排名	指数	排名
2019	0.245	11	0.405	9	0.103	14
2020	0.276	10	0.817	6	0.080	12

资料来源：中国社会科学院城市与竞争力指数数据库；吉林省社会科学院城乡发展指数数据库。

2. 文化城市竞争力保持领先

2020 年，集安市可持续竞争力在全省 20 个县级市中排第 3 位，列于梅河口市和延吉市之后，与上年排名第 2 位相比落后 1 位（见表 3）。其中，可持续竞争力所包含的各分项竞争力的排名分别为文化城市竞争力第 1 位、知识城市竞争力第 4 位、生态城市竞争力第 10 位、信息城市竞争力第 7 位、和谐城市竞争力第 2 位、全域城市竞争力第 20 位。可见集安市可持续竞争力在吉林省县级市中处于领先地位，文化城市竞争力连年表现最为突出。

从文化城市竞争力的评价内容看，在文化产业方面，集安市体育场馆、剧场和影院数量配套水平等评价指标的标准化值为 0.789，排名处于吉林省 20 个县级市中的第 4 位，表现出一定的文化产业优势。而集安市在文化城市竞争力方面连年排第 1 位，其绝对优势地位主要由历史文化资源。集安境内共发现古遗址、古墓葬1万多处。在历史文化指数方面，1994年集安市便列入国家第三批历史文化名城，吉林省20个县级市中唯此一家。同时，集安市拥有吉林省非物质文化遗产7项，具有较为明显的数量优势。

表3 2019~2020年集安市可持续竞争力在吉林省县级市中的排名及分项指标等级

年份	可持续竞争力	知识城市竞争力	和谐城市竞争力	生态城市竞争力	文化城市竞争力	全域城市竞争力	信息城市竞争力
	排名	等级	等级	等级	等级	等级	等级
2019	2	★★★★★	★★★★	★★★★★	★★★★★	★★★	★★★
2020	3	★★★★	★★★★★	★★★★	★★★★★	★	★★★

资料来源：中国社会科学院城市与竞争力指数数据库；吉林省社会科学院城乡发展指数数据库。

3. 知识城市竞争力保持上游

2020年，集安市知识城市竞争力综合得分1.746，标准化值0.716，在吉林省20个县级市中排第4位，评星等级4星，虽然较上年的5星等级和排第3位相比稍有下降，但整体表现仍然处于较高水平。集安市知识城市竞争力较高水平的保持主要体现在财政科技经费和教育经费支出水平等方面。2020年，集安市财政收入37734万元，科技经费支出1707万元，科技经费支出占财政收入比重为4.52%，标准化值为0.711，在全省20个县级市中排第2位；2020年，集安市教育经费支出38519万元，人均教育经费支出1840元，标准化值为0.660，在全省20个县级市中排第4位。此外，集安市专业技术人员数量指标也具有一定优势，2020年该指标标准化值为0.085，在全省20个县级市中排第4位。

4. 和谐城市竞争力提升较大

2020年集安市和谐城市竞争力标准化值由上年的0.675上升至0.931，评星等级由4星升至5星，在全省20个县级市中的排名由上年的第7位升至第2位，整体提升幅度较大。从社会保障财政支出指标来看，2020年集安市人均社会保障和就业财政支出3232.21元，人均医疗卫生财政支出

1145.65万元，分别较上年增长24.18%和9.56%，增长幅度较大，对集安市和谐城市竞争力水平的提升贡献显著。根据基本养老保险、基本医疗保险和失业保险参保情况计算，集安市2020年社会保障程度的标准化值为0.915，在全省20个县级市中居于前列，排第2位。

二　问题与不足

（一）单位GDP耗能与排放仍然偏高

2020年，集安市全年GDP为68.07亿元，从单位资源的生产效率看，集安市单位GDP耗能与排放仍然偏高。2020年，集安市单位耗水量GDP实现值为749.86元/米^3，在全省20个县级市中排第16位，与上年的839.10元/米^{3}相比，减少了10.64%，而此项指标领先的扶余市单位耗水量GDP实现值为2939.21元/米^3，集安市的水资源生产效率仅相当于其1/4的水平，差距显然较大。与此相似，集安市2020年单位耗电量GDP实现值为20.51元/千瓦时，在全省20个县级市中排第12位，与上年的23.34元/千瓦时相比，下降了12.13%，此项指标领先的和龙市单位耗电量GDP实现值为41.86元/千瓦时，集安市的电资源生产效率仅相当于其一半的水平，存在较大提升空间。2020年，集安市单位二氧化硫排放量的GDP实现值为1448.34万元/吨，与上年的1847.84万元/吨相比降低了21.62%，生产效率降幅较大，虽然该项指标在全省20个县级市中排第4位，但与该指标领先的扶余市的2956.77万元/吨相比，差距依然较为显著。在资源节约与环境质量评测指标下，集安市单位GDP耗水、耗电标准化值分别仅为0.320和0.331，单位GDP二氧化硫排放量标准化值为0.842，虽然分值不低，但尚不具备竞争优势。较低的标准化值直观反映了社会生产耗能较大、环境成本较高、生产效率较低的特点。

（二）全域城市竞争力成发展短板

2020年，集安市全域城市竞争力下降幅度较大，在全省20个县级市中的排名由第 11 位降至第 20 位，评星等级由 3 星降至 1 星。从全城城市竞争力内部各指标看，一是城乡人均收入。2020 年集安市城镇居民人均可支配收入 24400 元，农村居民人均可支配收入 13800 元，20 个县级市中城乡居民人均收入最高的为延吉市，分别为 33900 元和 14500 元，集安市与其差距较大。二是公共服务与公共设施。2020 年集安市人均教育支出 1840 元，对应地级市人均教育支出 1800 元，经计算人均教育支出比的标准化与水平标准化加权得分为 0. 179，在 20 个县级市中排第 7 位；2020 年集安市与对应地级市每万人拥有的医疗机构技术人员数分别为 43 人和 64 人，计算加权得分为 0. 463，排第 9 位；2020 年集安市与对应地级市每千人互联网用户数分别为 192 户和 227 户，计算加权得分为 0. 172，排第 12 位。三是结构转换情况。2020 年集安市城镇人口为 8. 66 万人，第三产业占比 66. 69%，经计算，城市化与工业化适应性标准化值为 0. 358，排第 13 位；城镇化率加权得分为 0. 019，排第 16 位。四是空间与生态环境一体化。2020 年集安市行政区域面积 3341 平方公里，经计算，空间一体化与生态环境一体化标准化值分别为 0. 193 和 0. 015，在 20 个县级市中的排名分别为第 15 位和第 17 位。各指标标准化值相对偏低，综合导致集安市全域城市竞争力下降幅度较大。

（三）生态城市竞争力优势回落

2020 年，集安市生态城市竞争力标准化值由上年的 0. 900 降至 0. 606，在 20 个县级市中的排名由第 4 位降至第 10 位，评星等级由 5 星降为刚及 4 星，原本优势不再，落入中游水平。从生态城市竞争力内部各指标看，一方面，集安市偏高的 GDP 耗能与排放水平对生态城市竞争力的提升造成阻碍；另一方面，生态资源的利用效率较低也不容忽视。养生福地是集安重要的城市名片，集安市森林覆盖率为 82. 19%，大气环境质量保持在国家二级标准，空气环境质量优良天数超过 90%。集安整体属北温带大陆性气候，岭南具有明显的半大陆海洋性季风气候，四季分明，春风早度，秋霜晚至。由东北至西南贯穿集安境内的老岭山脉，成为阻挡北方寒风的自然屏障，沿鸭绿江而来的温暖湿润的海洋气流，使集安市形成岭南、岭北小气候区，在吉林省内平均降雨量最多、积温最高、无霜期最长、风速最低。优越的气候和生态条件并未在绿地面积、省级以上保护区以及旅游景区等指标中体现出同等优越的竞争力，集安对气候和生态条件的利用效率有待提升。

三　现象与规律

（一）社会经济更加重视高质量发展

“十四五”时期，集安市将以高质量发展为基调，坚持改革创新，兼顾发展与安全，全力构建城乡治理现代化体系，推进实现“一城、一带、两区”格局。实施投资拉动战略，推动益盛化妆品人参精深加工产业联合体等重点项目实施，筑牢高质量发展的强力支撑点。依托现有产业、资源与区位优势，借助边合区、人参产业园等平台条件，科学合理规划招商与引进项目，吸纳一批行业内具有技术前瞻性的领军型企业。实施产业带动战略，做大做强旅游、健康产业，培育壮大矿产新材料、外经外贸产业，巩固提高现代服务、装备制造产业，加快推进滨江风貌区、中国东北（澳洋）道地中药材产业园、国家人参检验检测中心、大自然石材产业园等项目建设，不断提升产业发展层次、质量和效益。实施创新驱动战略，充分利用大数据、云计算、物联网、人工智能等技术，推进益盛药业、康美新开河、佳信通用等企业的技术研发应用，促进数字经济与实体经济融合发展。加快科技创新，依托人参研究所、山葡萄酒研发中心，加强与科研院所合作，推动技术攻关与应用。积极开展创业创新活动，全力引入科技创新人才，为高质量发展提供智力支持。

（二）“一二三四”发展目标推进城市建设

“十四五”时期，集安市以“一二三四”作为整体发展目标与思路。

“一”即聚焦一个目标，打造中国最美边境城市。“二”即加快两区建设，依托人参、山葡萄、石墨和黄金等特色资源，带动全域全链条产业体系，建设特色农产品优势区和矿产新材料集聚区。“三”即从经济总量、旅游产业和民生改善三方面实现质的提升。一是通过持续招商、上项目、兴产业、促开放，实现经济总量的突破；二是着眼于吉林省“一主六双”发展战略，融入长通白延吉长避暑休闲冰雪旅游大环线，打造特色生态文化旅游名片，实现旅游产业的突破；三是围绕就业创业、住房保障、百姓增收和社会救助等，使城乡居民可支配收入、弱势群体保障标准随着 GDP 增长水平和社会发展水平同步提高，实现民生改善的突破。“四”即实现产业结构、发展方式、人居环境和基层治理四个方面的新发展。产业结构方面要稳定第一产业和第三产业，提升第二产业水平，解决产业发展不均衡的问题；发展方式以资源节约型和环境友好型为目标，向集约化和高质量方向转化；人居环境方面将通过实施老旧小区改造，加强美丽乡村建设，进行精细化管理，建设更加宜居宜游的城市；基层治理要更加以人为本，通过“党建+”服务模式，构建基层治理新体系。

四 趋势与展望

（一）夯实基础推动集安创新发展

集安市加强科技平台建设，提升科研机构创新能力，鼓励规模企业与高校院所进行产学研合作，共建技术平台，共享创新成果。加强资金保障，逐年提高研究试验发展投入占 GDP 的比重。着力解决人才瓶颈问题，完善使人才智力汇集、活力激发和脱颖而出的机制。完善创新机制，优化边合区管理体制，创新园区招商引资与乡镇、街道分税机制，采取“管委会+公司”的模式，由政府主导向市场主导转变。继续深化农业农村、林业、教育、卫生等领域的体制改革，提升行业发展水平，让群众享受改革红利。重视创新成果，坚持以企业为创新主体，统筹推进产品研发和科技成果转化。发展数字经济，推进打造数字农业、现代工业、智慧旅游、电子商务等经济发展新引擎。

（二）统筹城乡推动集安协调发展

集安市围绕打造智慧城市、海绵城市、韧性城市的目标，加快推进城市更新，构建东中西三大城市板块。农村以美丽乡村建设为统领，全面整合涉农资金，将集中利用两年时间完善农村基础设施，推动农村环境实现新跃升，坚持优先建设的原则，全力打造乡村振兴样板村。优化产业布局，岭南巩固提升健康、旅游、对外经贸等产业，开发鸭绿江太极湾、云峰湖等景区，将新建葡萄酒庄 10 个左右，新培育外贸企业 50 户；岭北构建以清河镇为城市副中心、辐射带动周边乡镇抱团发展的新格局，形成多点支撑、多业并举、多元发展的产业体系，改善南强北弱产业格局。加强城乡互动交流，通过长期结对帮扶制度实现互助共进，加大专业技能人才引进力度，引导和促进行业均衡发展。

（三）优化平台推动集安开放发展

集安市持续完善边合区口岸服务区、进出口加工区、仓储物流保税区和旅游新区建设，打造老虎哨、青石、财源、头道等工业园区，构建“一区多园”的开放发展新模式，筑牢开放发展根基。建立全城招商、全员招商机制，推行飞地经济模式，确保项目能够引进来、接得住、落得下，以壮大产业集群，丰富产业链条，增添开放发展动力。加强与延边、丹东等地的联系，建立互推互动机制，推进鸭绿江开发开放经济带纵深发展。精准落实扶持政策，以优质服务使客商安心投资、放心创业，推进建设“集速办”服务品牌，打造东北县域优质营商环境城市和全国信用示范城市，强化开放发展保障。

（四）生态建设推动集安绿色发展

集安市在绿化美化、污水处理、饮用水源保护等重点领域，推进建设一批重大生态项目，完成各类造林、森林抚育3万亩以上。健全生态保护长效管理机制，落实河长制、林长制、田长制，对标“水十条、气十条、土十条”，主动整改并自我完善。引导推进节约型、适度消费和绿色消费等理念与方式，助推可持续发展。重点开发红色游、冰雪游、养生游和乡村游等旅游产品，打造东北优质旅游目的地。特色产业围绕种植标准化、加工精深化、产品品牌化和价值最大化，提升产品质量和附加值。矿产材料产业坚持绿色发展，科学设置探矿权、采矿权，杜绝无序开采、侵占资源和破坏生态等行为，推动生态优先和绿色低碳发展。

五　政策与建议

（一）积蓄振兴发展动能，提高发展效率

一是开展招商引资。依托边合区、产业园区等平台，围绕人参、山葡萄等特色资源，鸭绿江、云峰湖等旅游资源，石墨、黄金等矿产新材料资源，进行产业建链延链补链强链，高质量引进并策划项目，吸纳可持续发展的实力型企业，不断壮大和优化产业集群。加强与中铁集团、红星美凯龙、光明福瑞投资等意向企业对接，加快推进投资强度大、发展潜力好的项目签约落地。二是推动项目建设。以科学发展的理念，克服土地、资金等现实条件制约，合理规划项目签约、开工与投产的规模与次序。确保下一年度规划的30余项5000万元级项目，以及总投资140亿元、年度投资38亿元等计划按期实施并顺利完成。三是促进消费升级。引导消费热点，重建消费信心，开发消费潜能。探索街区经济发展模式，改造提升传统商业街区。着力发展电子商务，完成慧聚双创产业园二期创建，打造省级电商直播示范基地，促进线上线下消费融合发展。

（二）构建产业升级体系，提升产业优势

一是壮大工业经济，强化动态监测，做好要素保障，推动益盛、博祥、

佳信等骨干企业做大做强，促进嘉元绿宝等新兴企业增产增效。推进企业转型升级，不断提升科技支撑能力。加大服务企业的力度，落实减税降费政策，帮助企业纾困解难。二是做强旅游产业，进一步巩固全域旅游示范区成果，提升旅游承载能力。推进建设 A 级景区智慧旅游设施，坚持促进旅游品牌创建。持续开展旅游宣传，不断规范旅游市场秩序，净化旅游市场。三是厚植特色产业，打牢种植基础，扩大种植面积，推广种植技术。做强精深加工，提高产品附加值。推进品牌创建工作，建立质量追溯体系，提升产品知名度。强化市场营销，提高产品价值、影响力与信誉度。健全养老服务体系，完善服务设施，推进健康产业医养融合发展。

（三）统筹城乡协同共进，提升全域竞争力

一是建设精致城市。注重城市建设规划，强化城市功能区划，以设施提升城市功能，加快推进东部水城建设，按计划完成新建燃气管网、净水厂连接管线、供热管网和老旧小区改造。改善出行环境，按计划完成集青街、云水路等街路工程以及集桓高速等的工程进度。以管理优化城市，巩固好全国文明城市的创建成果，不断提高智能化管理水平，完善物业党群服务中心和监督平台的投入使用方式。二是打造美丽乡村。以鸭绿江沿线村屯为重点，开展乡村建设行动，确保投资 5.5 亿元，新建改建农村公路和村屯巷路 618 公里、边沟大墙 4 万米以及改造农村危房 46 户、卫生厕所 2000 座的计划如期完成。全力推进农村产业发展，着重推进凉水二参场休闲农业旅游度假区、榆林食用菌基地等项目建设，完成新建高标准农田 5.3 万亩的计划，稳定粮食生产水平。拓展脱贫攻坚成果，促进乡村振兴，优化村规民风，不断完善乡村治理体系。

（四）持续改善生态环境，提升生态竞争力

完善生态环境建设，加强生态环境保护，倡导绿色理念，坚持生态优先、绿色低碳发展之路。进一步完善“绿水青山就是金山银山”实践创新

基地建设，确保完成人工造林2300亩、森林抚育3000亩和耕地治理360亩计划，顺利通过国家生态文明建设示范市复审。严把产业准入关、项目审批关，坚决守护好集安的蓝天碧水和青山净土。蓝天保卫战铺开人防模式，增加技防手段，杜绝非法采砂、毁坏林木等不法行为，实现全域秸秆禁烧，推进空气质量持续向好。碧水保卫战落实河长制和水资源管理制度，打造国门景区绿水长廊，建设防洪工程7.7公里，完成榆林河、苇沙河重点段治理。净水保卫战推广测土配方施肥、秸秆还田等绿色增效技术，加强污染地块管控与治理修复，不断提升土壤质量。

（五）坚持惠民生促和谐，提升和谐竞争力

一是提升保障水平，加强就业服务，促进城镇新增就业和农村劳动力转移，搭建退役军人就业创业服务平台。动态调整社会救助标准，扩大社会保险覆盖面，及时足额发放各项社保待遇，切实维护医保基金安全。二是发展社会事业，持续提高医疗服务水平，根据疫情形势调整应对政策，确保群众生命安全。开展教育质量提升行动，通过实施立德树人、教学优化等工程，推动教育教学水平切实提升。繁荣发展文化事业，完成博物馆升级、市民农民文化节以及体育主题公园建设工作。三是维护社会稳定，提升全民法制意识和政治素养。不定期开展食品药品安全专项检查，确保群众饮食用药安全。持续性开展安全生产专项整治，守住安全生产底线。常态化开展扫黑除恶斗争，严厉打击电信诈骗、非法集资、跨境赌博等违法行为，营造和谐安定的社会环境。

参考文献

[1] 崔岳春、赵光远主编《吉林省城市竞争力报告（2020~2021）》，社会科学文献出版社，2021。

[2]《吉林省2021年国民经济和社会发展统计公报》，吉林省统计局网站，2022年6月2日，http://tjj.jl.gov.cn/tjsj/tjgb/ndgb/202206/t20220602_8466591.html。

［3］《政府工作报告》，吉林省人民政府网站，2022 年 2 月 7 日，http：//jl. gov. cn/zw/jcxxgk/gzbg/szfgzbg/202202/t20220207_ 8391758. html。
［4］《2021 年政府工作报告》，集安市人民政府网站，2022 年 2 月 23 日，http：//www. jilinja. gov. cn/xxgk/zfgzbg/202202/t20220223_ 588950. html。

B.15
吉林省城市竞争力（延吉市）报告

孙葆春 *

摘　要：　延吉市经济社会稳中求进，综合经济竞争力强，可持续竞争力稳居前列，其中全域城市竞争力、信息城市竞争力与知识城市竞争力都较强。进一步提升城市竞争力水平，需要解决经济高质量发展动能略显不足、和谐城市竞争力相对不强、品牌建设经济效应不突出、生态城市竞争力相对较弱等问题。在今后的发展中，延吉市应实施生态经济转型与开发开放战略，加强科技研发创新，通过三次产业融合、城乡高质量融合发展催生经济新动能，使民营经济成为经济增长的重要助力。为了进一步提升城市竞争力水平，延吉市需要打造现代产业集群，培育区域公用品牌，引导消费，促进经济增长，优化营商环境，护航民营经济发展。

关键词：　综合经济竞争力　可持续竞争力　开放发展

延吉市位于长白山北麓，东、南、北三面环山，西面开阔，中间平坦。全市辖区面积为1748平方公里，包括4个乡镇和6个街道。延吉市是延边朝鲜族自治州的首府，位于延边朝鲜族自治州中心地带，四周由汪清县、图们市、龙井市、和龙市、安图县、敦化市拱卫环绕。延吉市位于东北亚经济圈的腹地，是图们江流域“金三角”的支点城市之一，地理区位优势显著，距离中俄边境60公里，距离日本海80公里，距离中朝边境仅仅10多公里，

---

* 孙葆春，博士，吉林省社会科学院农村发展研究所研究员，研究方向为农业经济理论与政策。

地理境域赋予了延吉市对外开放的优势条件。如表 1 所示，截至 2020 年末，延吉市总人口 55.78 万人，其中城镇人口 48.20 万人，人口城市化率高达 86.41%。延吉市的人口构成中，汉族人口占 41.9%，朝鲜族人口占总人口的比重为 55.2%，朝鲜族的文化传统与民族风俗使延吉市的城市建设呈现朝鲜族的文化元素与民族风情。

表 1　2020 年延吉市基本情况

项目	数据
辖区面积(平方公里)	1748
总人口(万人)	55.78
GDP 及增长率(亿元,%)	314.56,-1.69
三次产业结构	1.40∶34.38∶64.22

资料来源：2020 年《吉林统计年鉴》；2021 年《吉林统计年鉴》。

延吉市 2020 年 GDP 为 314.56 亿元，在吉林省各个县级市中居第 2 位，仅比公主岭市少 0.19 亿元。从增长率来看，延吉市下降幅度为 1.69%，延吉市综合经济竞争力稳定居于吉林省各县级市前列。从三次产业结构来看，第二产业、第三产业占比大，约占 98.60%，第三产业的比重远超第二产业。与 2015 年的产业结构相比较，2020 年延吉市的第一产业的比重进一步下降，由 1.79%下降到 1.40%；第二产业的比重下降趋势明显，由 41.63%下降至 34.38%，与此同时，第三产业的比重由 56.85%上升至 64.22%。2015~2020 年三次产业结构的变化趋势，反映了延吉市文化旅游、商贸服务等第三产业发展较快的特点。2022 年延吉市凭借丰富的旅游资源，被国务院确定为“十四五”国家特色旅游目的地建设城市，成为吉林省唯一的入列城市。

延吉市不断探索县域经济的高质量发展路径，坚持以经济建设为中心，稳中求进，实现综合经济实力的持续提升。通过产业转型升级，推进医药健康业、食品加工业、制造业、文化旅游业的集群化发展，实施供给侧结构性改革。在城镇化率较高的基础上，不断深化城乡高质量融合发展，将延吉市打造成现代化的区域中心城市。2020年，延吉市综合经济竞争力居吉林省各县级市首位，可持续竞争力仅次于梅河口市，居第2位，尤其是在全域城市、知识城市、信息城市方面的可持续竞争力较强。2020年，延吉市斩获“全国营商环境百强县”等12个全国百强称号，荣获全国双拥模范城“九连冠”，以绝对性的优势获评“第六届全国文明城市”。2021年，延吉市更是荣获“全国综合实力百强县市”“全国科技创新百强县市”“全国绿色发展百强县市”“全国新型城镇化质量百强县市”“全国县域旅游综合实力百强县”等20余项全国百强称号，彰显了延吉市强劲的城市竞争力。

一 格局与优势

（一）总体概况

延吉市不断推进产业转型升级，打造支柱产业集群，以项目建设为抓手，提升综合经济实力。深化城乡融合，加强城镇建设和美丽乡村建设。促进开放发展，加强与各地区合作交流，优化民营经济营商环境。延吉市通过增强创新能力，注重生态经济与绿色发展，促进社会的和谐稳定，激发内生动力，实现社会经济的高质量稳定发展。

1. 综合经济实力较强

2020年，延吉市GDP为314.56亿元，在严峻的经济形势与新冠疫情的影响下，绝对数量比上年降低了1.69%，在各县级市的排名也由第1下降到第2，仅次于公主岭市，是吉林省各县级市中GDP水平在300亿元以上的两个县级市之一，超出排在第3位的榆树市45.11亿元，是图们市GDP的12.35倍。如果考虑人均GDP水平，延吉市则位于20个县级市的首位。由此可见，延吉市综合经济实力较强，尤其是人均GDP水平更是具有绝对优势，面对复杂严峻的外部环境，延吉市顶住了经济下行的巨大压力，实现了经济的稳中求进。2020年延吉市实现财政收入23.79亿元，比2019年增长

6.17%。延吉市财政收入比排在第2位的梅河口市多出4.23亿元，是图们市财政收入的16.32倍。2020年，吉林省各县级市的社会消费品零售总额整体水平有所下降，延吉市实现社会消费品零售总额199.61亿元，居于吉林省各县级市的首位，超出排在第2位的公主岭市128.54亿元，是图们市的27.65倍。

2. 产业转型取得实效

延吉市逐步调整产业结构，以项目建设为抓手，促进食品加工、医药健康、商贸流通、文化旅游等主导产业的提档升级，培育人参、新能源汽车等新兴支柱产业，积极发展文化旅游、商贸流通、餐饮服务等第三产业，共同提振经济，现代产业体系逐步趋于完善。从2014~2020年延吉市三次产业结构的变化趋势来看，第一产业、第二产业的比重呈逐步下降趋势，到2018年后又出现小幅上升，第三产业所占比重上升速度较快。推进农业现代化发展进程，加快现代产业体系、农业生产体系和经营体系建设，提升农业综合生产能力。2020年，延吉市在将粮食产量稳定在9.5万吨的基础上，促进特色农业的发展，通过推进“一村一品、一乡一业”格局形成，实现农业经济效益的提升。2020年延吉市农村经济总收入达8.40亿元，比2015年增长23.50%。推进人参等中药材种植，打造“中国参谷”品牌，凭借传统养殖优势，促进延边黄牛、犁尔牧业黄牛等特色养殖业发展。2020年，延吉市规模以上工业企业实现营业收入1798278万元，居各县级市的第3位，占延边朝鲜族自治州的35.82%；实现利润总额100973万元，占延边朝鲜族自治州的31.39%。2020年，延吉市社会消费品零售总额实现199.61亿元，比2019年减少了28.97亿元，这是延吉市自1978年以来首次出现的社会消费品零售总额下降。尽管如此，延吉市的社会消费品零售总额仍居各县级市首位，体现了商贸流通业的底蕴优势。2020年，延吉市限额以上住宿和餐饮业实现营业额15667万元，占延边朝鲜族自治州的60.10%；实际利用外资154万美元，占延边朝鲜族自治州的43.63%。文化旅游业在延吉市的第三产业中发挥着中坚作用，2021年延吉市获得“全国县域旅游综合实力百强县”称号。2020年，延吉市接待游客总人数达345.64万人次，实现旅游总收入 50.02 亿元。

3. 城乡融合深入实施

延吉市人口城镇化率较高，城镇人口占比为 86.41%，在吉林省各县级市中居于首位，超出全省平均人口城镇化率 37 个百分点。从三次产业结构的变化来看，2018 年开始，第一产业的比重有提高的趋势，说明实施乡村振兴战略过程中特色农业发展得到重视。2020 年，延吉市城镇居民人均可支配收入 36980 元，农村居民人均可支配收入 16732 元，分别比 2019 年增长 3.01%和 7.24%。“十三五”期间，农村居民人均可支配收入的年均增长率高于城镇居民人均可支配收入 1.1 个百分点，说明城乡收入差距趋于缩小。2020 年，延吉市建制镇年生活用水量 109.56 万立方米，道路长 34.3 公里，生活垃圾年清运量 1.27 万吨；村庄年生活用水量 98.30 万立方米，道路长 603.53 公里，生活垃圾年清运量 1.59 万吨，可以看出延吉市城乡在公共服务与基础设施方面的差距也在缩小。同时，延吉市通过合理规划城市布局，引领城乡融合发展。

4. 开发开放不断深化

延吉市是一个信息沟通便捷、注重区域合作开发的开放型、外向型城市。从地理区位看，延吉市与朝鲜、俄罗斯陆上毗邻，与韩国、日本隔海相望，处于东北亚经济圈腹地。延吉市交通便捷，对外开放的条件优越，周边有 12 个对外口岸，有国际空港延吉机场、海陆联运航线、铁路、高速公路等基础设施，海陆空立体交通网络使延吉市成为节点城市，成为俄罗斯、北美国家、日本、韩国通往东北亚、亚欧大陆最为便捷的国际通道之一，为发展临空经济、互市贸易、跨境电子商务等提供了区位优势和基础条件。为了打造吉林省乃至东北地区的重要对外窗口，延吉市集聚图们江区域的人才、资金、基础设施、创新技术，加强营商环境建设，以吉林（延吉）国家重点开发开放试验区建设为抓手，加快大健康全产业链、服务外包基地和特色商品集散中心的建设发展，促进延吉市对外开发开放事业的不断深化。

（二）现状格局

1. 综合经济竞争力实力强劲

延吉市综合经济竞争力强劲，连续 7 年居于吉林省县级市前三位。如表 2 所示，2020 年延吉市综合经济竞争力指数值为 1.000，2014~2020 年 2 次排在县级市首位。从年度变化趋势来看，延吉市的综合经济竞争力水平强劲且稳定。2020 年，延吉市综合经济竞争力的 2 个显示性指标都居于县级市的榜首，但是年序变化趋势各有不同。综合增量竞争力指标排名不断提升，从 2014~2016 年分别处于第 6 位、第 7 位、第 6 位，到 2017~2019 年均上升至第 5 位，再到 2020 年一举冲顶。这说明延吉市的经济总量非常有竞争力，尤其是连续 5 年的综合增长幅度较为显著，与其他县级市相比，抗住了经济发展外部环境的严峻形势，以及新冠疫情的冲击。延吉市的综合效率竞争力优势十分显著，连续 7 年一直稳居榜首。这说明延吉市的综合经济竞争力如果按照地域面积核算综合效率，就更能显示其综合经济实力的强劲。

表 2　2014~2020 年延吉市综合经济竞争力及显示性指标排名

年份	综合经济竞争力		综合增量竞争力		综合效率竞争力	
	指数	排名	指数	排名	指数	排名
2014	1.000	1	0.704	6	1.000	1
2015	0.936	3	0.582	7	1.000	1
2016	0.924	3	0.565	6	1.000	1
2017	0.984	2	0.728	5	1.000	1
2018	0.816	3	0.529	5	1.000	1
2019	0.797	3	0.508	5	1.000	1
2020	1.000	1	1.000	1	1.000	1

资料来源：吉林省社会科学院城乡发展指数数据库。

2. 可持续竞争力稳居前列

与综合经济竞争力相同，延吉市的可持续竞争力表现也非常抢眼，2020

年居各县级市的第 2 位，仅次于梅河口市，且从年度数据看，表现十分稳定，一直居于前三位，2014~2020 年，延吉市可持续竞争力 4 次排在县级市首位。如表 3 所示，2020 年延吉市可持续竞争力指数值为 0.96，延续了各年度指数得分较高的表现。可持续竞争力的分项指标共有 6 项，延吉市在不同项目指标上有不同的表现。在知识城市竞争力方面，延吉市连续 7 年排在各县级市的第 2 位。作为县级市，延吉市有延边大学，其属于国家“211 工程”重点建设大学，是国家“双一流”建设高校，还有两所专科学校，即吉林职业技术学院和延边职业技术学院。从指标等级上看，2020 年延吉市知识城市竞争力指标等级为四星，略有下滑，说明吉林省各个县级市为了提升知识储备和加大人才培养，人均教育方面的财政支出力度都有所加大。2014~2020 年，延吉市的和谐城市竞争力起伏变化较大，有 4 年排在第 10 位之后，有 2 年排在第 5 位，有 1 年排在第 4 位，2020 年排在第 12 位，等级为四星。在各项财政支出中，医疗卫生与计划生育支出在各县级市中居第 12 位，说明延吉市用于社会保障和医疗卫生方面的支出相对较低。生态城市竞争力是延吉市提升较大的一个分项指标，2020 年排在第 6 位，等级为四星。从年度数据看，延吉市的该项竞争力指标有起伏，但总体方向是不断进步的，说明延吉市的生态文明建设逐步取得成效。2020 年，延吉市文化城市竞争力同样排在第 6 位，等级为三星，无论是排名还是指标等级，都有所下降。全域城市竞争力和信息城市竞争力是延吉市优势显著的分项指标。2020 年，全域城市竞争力再次排县级市首位，这是 2014~2020 年延吉市第 4 次位列榜首，且等级为五星。延吉市在城乡一体化的全域城市发展中，在城乡人均收入比、公共服务、公共设施、城乡产业结构、空间一体化，以及生态环境一体化方面的综合表现突出。信息城市竞争力同样是延吉市可持续竞争力中较为强劲的一个分项。2014~2020 年，延吉市信息城市竞争力蝉联第 1 位，等级均为五星。作为一个开放的外向型城市，延吉市贸易流量较大，信息交流便捷，交通便利是其对外合作交流的一个基础条件。

表 3　延吉市可持续竞争力及分项指标排名和等级

年份	可持续竞争力		知识城市竞争力		和谐城市竞争力		生态城市竞争力		文化城市竞争力		全域城市竞争力		信息城市竞争力	
	指数	排名	等级	排名	等级	排名	等级	排名	等级	排名	等级	排名	等级	排名
2014	0. 94	3	★★★★★	2	★★	15	★★★	11	★★★★★	1	★★★★★	1	★★★★★	1
2015	1. 00	1	★★★★★	2	★★★★	5	★★★★	9	★★★★★	2	★★★★★	1	★★★★★	1
2016	1. 00	1	★★★★★	2	★★★★	4	★★	8	★★★★	2	★★★★★	1	★★★★★	1
2017	0. 85	3	★★★★★	2	★★★	11	★	20	★★★★	4	★★★★★	2	★★★★★	1
2018	1. 00	1	★★★★★	2	★★★	11	★★	20	★★★★	4	★★★★	2	★★★★★	1
2019	1. 00	1	★★★★★	2	★★★★★	5	★★	14	★★★★	3	★★★★	5	★★★★★	1
2020	0. 96	2	★★★★	2	★★★★	12	★★★★	6	★★★	6	★★★★★	1	★★★★★	1

资料来源：吉林省社会科学院城乡发展指数数据库。

二　问题与不足

通过对延吉市综合经济竞争力与可持续竞争力及其分项指标年度变化趋势的分析，本报告找出存在的问题与不足之处，深入挖掘制约竞争力进一步提升的因素，促进延吉市城市竞争力的持续快速提升。

（一）经济高质量发展动能略显不足

延吉市要在经济发展的外部环境较为不利的背景下，实现经济高质量发展，必须有强劲有力的动能内核带动。第一，产业结构调整优化、转型升级的压力依然很大。从三次产业来看，延吉市多数支撑产业都是传统产业，新兴产业的带动效果不显著。第二，科技创新催生经济发展新动能的空间较大。2020 年，延吉市的科技经费支出占财政收入的比重在各县级市中居第 4 位，相当于梅河口市的 41.57%，集安市的 57.94%，洮南市的 68.8%。新兴产业多数有一定的技术创新能力，拥有能够适应市场需求的产品，且具有较高的科学技术含量。这两点是相辅相成的，如果新兴产业没有相应的高新科技作为基础，就不能产生带动经济快速发展的新动能。

（二）和谐城市竞争力相对不强

延吉市的和谐城市竞争力发展是可持续竞争力分项指标中较弱的一项，表现为指标年度波动较大，星级等级相对较低。2014~2020 年，有 1 次排在第 15 位，有 4 次排名相对靠后。从指数星级来看，只有 1 次获得五星，有 3 次获得四星，有 1 次获得二星。在社会保障、就业、医疗卫生、教育等方面，延吉市的财政支出力度与其他县级市相比略显不足。延吉市在科学技术方面的支出居于各县级市的第 2 位，但是仅相当于排在首位的梅河口市支出数额的一半。社会保障和就业支出、教育支出分别排第 5 位和第 6 位，医疗卫生与计划生育支出排第 12 位，相当于榆树市的 42%。即使从人均数额来看，延吉市的人均社会保障、就业和医疗卫生财政支出水平，与其可持续竞争力水平也不相匹配。

（三）品牌建设经济效应不突出

品牌建设对产业振兴、竞争力提升发挥的作用越来越大。延吉市意识到品牌建设的重要性，致力于各个领域的品牌培育，并取得了一定的效果，尤其是将电子商务与延吉市的特色农业、食品加工业融合发展，通过“京东延吉馆”等电商平台，将延边大米、朝鲜族美食、人参等产品销往全国，以“崔奶奶朝鲜族特产”为主的特色农产品品牌逐步形成。但是，目前来看，延吉市的品牌建设还没有对经济发展起到较大的促进作用，拥有地理标志注册保护的农产品数量还不多，存在着品牌数量较少、知名度不高、竞争力不强等问题。食品加工业也是延吉市的传统优势产业，而且拥有各种富有朝鲜族特色的传统美食优势，却缺乏像涪陵榨菜这样的带动力强、覆盖辐射面广、商标品牌价值大的区域品牌。

（四）生态城市竞争力相对较弱

尽管2020年延吉市的生态城市竞争力指标有了显著提升，但是生态经济转型的压力依然较大。从耗水量看，延吉市无论是供水总量还是生活用水总量，绝对数量在各县级市中都是最高的。从单位 GDP 耗水量看，延吉市按照 GDP 平均计算的耗水量为 14.69 米^3/万元，与排在首位的扶余市 3.40 米^3/万元的平均消耗量相比较，相差非常大，居各县级市第 17 位。同样，按照单位 GDP 计算农村用电量，延吉市的农村用电效率排在各县级市的第 12 位。延吉市绿地面积为 2348.8 公顷，居各县级市首位。可见，延吉市的自然生态条件优越，但是在资源合理利用方面还有提升潜力。

三　现象与规律

（一）构建绿色发展格局，实施生态经济转型

延吉市位于长白山北麓，既有丰富的自然资源可供利用，又有生态文明建设的责任与压力。独特的地理位置和资源条件，赋予了其“绿色转型发展”的先天优势。在“两山”理念的指导下，绿色发展意识不断增强，向生态经济转型的格局趋于明朗，2022 年延吉市入选“2022 年度县市绿色高质量发展百佳样本”榜单。生态优先、低碳绿色将成为延吉市经济发展的主旋律。在项目引进甄选、产业转型升级的过程中，延吉市注重选择绿色生态项目，将长白山麓的绿色生态优势转化为产业优势、市场优势和价值溢价。从可持续竞争力的生态城市竞争力分项指标的年度变化趋势可以看出延吉市对生态文明建设的重视，尤其是 2020 年该指标排名提升到第 6，表明

延吉市的经济社会发展正逐步向全面绿色低碳转型，这也催生了延吉市在共享经济领域培育新经济增长点的规划。

（二）实施开发开放战略，发展外向型经济

延吉市与长白山地区的一些县级市的资源结构相近，所以在产业结构上有同质性，如中药材、食品加工等产业，不利于市场竞争力的提升。然而延吉市实施开发开放战略具有不可复制的优势，如具备开发开放的硬件基础设施、信息交流畅通、交通网络完善、贸易往来频繁。结合商贸服务业的发展，构建综合服务中心区和临空经济发展区；结合产业结构调整与供给侧结构性改革，构建新兴产业发展区和沿边创新发展区；结合吉林延吉国家重点开发开放试验区和中国（吉林）自由贸易试验区延吉分片区的申建，逐步形成延吉市开发开放新格局。作为延边朝鲜族自治州的首府城市和中心城市，延吉市还承担着与其他县级市联动发展、合作共赢的责任。实施开发开放战略，可以对其他县级市起到更强的带动辐射作用，为吉林省东部地区绿色转型发展做出更大的贡献。

（三）加强科技研发创新，提升经济内生动力

现代产业体系需要加强以科技研发创新为支撑，满足市场消费需求，实现高质量发展。2019 年延吉市全年专利授权数 204 件，比排在第 2 位的梅河口市多出 85.45%，占延边朝鲜族自治州所有县级市的 62.96%。延吉市将科技研发创新作为促进经济发展的内驱动力。集合政府、企业、科研院校以及社会各界力量，围绕特色农业、食品加工、医药健康、装备制造等主导产业，加强与先进地区科研团队的对接以及合作，缩短关键性技术的攻坚时间，加快先进技术成果的转化应用。加强科技研发创新，加快延吉市综合经济实力的提升速度，尽快缩小与发达县级市的差距，给装备制造业、商贸服务业的发展带来后发优势，实现经济的高质量发展。

四　趋势与展望

（一）三次产业融合推进经济高质量发展

延吉市三次产业融合发展的核心是自然资源与旅游资源。延吉市第一产业依然是以种植业为主，2020 年种植业产值占 62.1%，畜牧业产值为 26.2%，二者合计占到 88.3%。延吉市林业和渔业占农林牧渔业总产值的 5%，农林牧渔业及辅助性活动产值占农林牧渔业总产值的比重为 6.7%，说明延吉市农业社会化服务业相对发达。延吉市凭借长白山的自然条件以及人参产业发展优势，在延边朝鲜族自治州打造“延边・中国参谷”项目，把人参产业作为乡村振兴的重点项目，联合珲春、汪清、图们、敦化、龙井、和龙、安图等县级市，进行标准化种植。紫鑫初元药业、可喜安生物、敖东药业等医药健康龙头企业聚集延吉市，促进人参产品的深加工集聚化发展。为了把延吉市打造成世界人参产业之都，延吉市建设了人参加工产业园区，设置了国家级人参产品质量检验检测机构，集产品研发、企业孵化于一体。此外，延吉市整合红色旅游、历史文化、边疆民俗、冰雪旅游资源，设计了红色文化体验游、生态农趣体验游、民俗文化体验游、网红打卡体验游、乡村旅游体验游等多种主题旅游线路，发展休闲农业与乡村民俗旅游业。适应生态经济转型方向，旅游业与餐饮服务业、商贸服务业联动发展，三次产业共同推进经济高质量发展。

（二）城乡高质量融合发展催生经济新动能

随着城乡发展新格局的不断优化，乡村振兴战略的深入实施，以及基础设施网络建设不断趋于完善，延吉市将稳固城乡融合发展基础，并将其逐步放大，从而碰撞催生经济新动能。延吉市的“一城、三区、多节点”总体空间发展格局不断清晰化，包括主城区和西部新城在内的延吉市中心城区，致力于打造新型智慧城市，更好地发挥延吉市作为延边朝鲜族自治州的政治、经济、文化中心功能，实行精细化城市管理，完善各项公共服务功能。延吉高新区、延吉空港区、延龙图新区共同起着促进延吉市产业经济发展的作用，按照产业一体化发展、集群化发展的思路，推动龙头企业的科技创新、协同合作、强强联合，实现延吉市的经济振兴。以朝阳川镇、依兰镇、小营镇、三道湾镇等特色乡镇为重要节点，将其作为延吉市中心城区的腹地，推动城镇化建设的层次化、梯队化发展。同时推进实施乡村振兴战略，发展人参产业、特色养殖业，与医药健康、食品加工、电子商务、文化旅游等产业相互促进、联动发展。

（三）民营经济成为经济提升的重要助力

延吉市推进全域旅游，通过休闲农业、农旅结合助力乡村振兴，民宿、餐饮、食品加工、电子商务等产业都是民营经济的主战场。在延吉市的产业结构中，文化旅游、商贸流通、电子商务等产业的发展决定了民营经济对经济发展的作用。延吉市通过实施“大众创业、万众创新”，按照以创新引领创业、以创业带动就业的思路，促进民营经济的健康发展。在基础设施方面，投入 1.27 亿元建设高新区双创大厦，将其作为实训基地、中小企业孵化基地，提高延吉市民营企业的创新创业能力以及科技成果转化率。截至 2020 年，延吉市双创基地有 7 家，高新技术企业有 40 家，数量占延边朝鲜族自治州的 57.9%。截至 2021 年底，延吉市健康运营的民营企业有 1.5 万户，登记在册的个体工商户有 5.4 万户，成为民营经济健康发展的中坚力量。

五　政策与建议

（一）打造现代产业集群，提升综合经济实力

在延吉市的现代产业体系发展过程中，集群化是一个重要的发展思路。产业集群的形成需要具备优越的资源禀赋、健康的经济发展环境、积极的消

费市场需求等各项条件。延吉市的自然资源禀赋优越，信息、技术、人才资源较为丰富，政策、制度、营商环境等软环境利好，对龙头企业吸引力较大。此外，延吉市的消费能力较为强劲，也是现代产业集群发展的一大助力。从三次产业的发展看，延吉市的人参产业、特色种养业、食品加工业、医药健康业、装备制造业等都需要打造现代产业集群，利用延吉市作为延边朝鲜族自治州的政治、经济、文化中心功能，吸纳各个产业发展需要的人才、资金、技术等各种资源，配套完善的基础设施条件，构建高效的公共服务体系，吸引更多的龙头企业进驻延吉市，促进延吉市各个产业实现跨越式发展。

（二）培育区域公用品牌，提升市场竞争力水平

延吉市有众多品牌资源，一是延边黄牛、长白山人参、延边大米、延边苹果梨等地理标志产品，二是朝鲜族边境城市的美食文化，三是延吉的自然风光、历史文化资源，这些品牌资源是延吉市城市竞争力提升的“地标名片”。如何整合资源，培育区域公用品牌，形成“品牌伞”，从而辐射更多的产品品牌建设，获得品牌溢价，是当前亟待解决的问题。第一，以地理标志保护产品为核心，以龙头企业为主体，丰富产品品种，提升产品品质，严格质量监管。区域品牌的作用发挥取决于产品的质量与品质，要长期稳定地占据市场，才能获得额外的收益，才能最大限度发挥区域品牌的“金名片”作用。第二，以区域品牌为核心，促进农业综合功能开发。如人参的深加工、药食同源产品开发；各种朝鲜族美食方便食品开发；牛肉产品的餐饮业开发。农产品种养、加工、休闲、电子商务一体化发展，开创三次产业持续深入融合的新局面。第三，利用各种推广媒体，提高品牌产品的知名度，并凭借优良的产品品质，获得消费者的认可，提高消费者的购买频率。第四，不断创新营销模式，充分利用电子商务和各种直播带货、社区营销、认养模式、专属定制销售等，快速提升延吉优质产品的知名度和美誉度，有助于延吉市区域公用品牌的形成，进而提升产品的市场竞争力和城市的综合竞争力。

（三）发挥区域中心作用，消费促进经济增长

消费是经济增长的重要助力，在延吉市的产业布局中，无论是特色农业、休闲农业、食品加工业、医药健康业，还是商贸服务业、文旅产业，都需要消费力的带动。延吉市社会消费能力较强，2020 年实现了 199.61 亿元的社会消费品零售总额，且远远高于其他县级市，比排在第 2 位、第 3 位、第 4 位的公主岭市、榆树市和德惠市的总和还要多。延吉市的批发零售贸易业、住宿和餐饮业的社会消费品零售总额分别为 171.6 亿元、28.0 亿元，分别相当于排在第 2 位、第 3 位的公主岭市、德惠市的 2.7 倍和 2.0 倍。凭借开放型城市便捷的信息交流、交通网络、贸易往来优势，延吉市主动融入国内国际双循环的新发展格局，依据消费者的消费需求进行生产，尤其是在新冠疫情发生以来，人们对于绿色农产品、健康食品、保健食品的需求量上涨，可以顺势扩大相关消费需求，提升特色产品的市场占有率，激发消费拉动经济增长的潜力。一方面，结合配套商业服务设施的改善，加强对农村地区的有效覆盖；发展农产品电子商务，重视打通“最后一公里”，提升农村居民的收入与消费力。另一方面，注重文化旅游业的高质量发展，增强内在品质与口碑效应，通过相关基础设施的完善，以及服务品质的提升，吸引周边省（市）及国内外游客。商贸、餐饮、旅游多管齐下，将延吉市打造成区域消费中心。

（四）优化营商环境，护航民营经济发展

优化营商环境是延吉市提升城市竞争力的关键举措。2020 年，延吉市荣获“全国营商环境百强县”称号，还入选了“中国未来投资潜力百佳县市”。首先，为企业的拓展提供更多的机遇和空间。积极参加“进博会”“第五届全球吉商大会”等活动，进行招商引资；通过优化招商服务，积极进行项目建设，引进投资。加大固定资产投资的力度，加大对交通、能源、水利、信息、市政设施、防灾抗灾等基础设施的支撑力度。其次，支持新兴产业发展。截至 2021 年，延吉市成功申报省级中小企业公共服务平台 3 个，

获得省级“专精特新”认定中小企业 4 户。最后，给予税收制度和扶持政策优惠。延吉市实施重点招商引资项目建设联席会议制度，跟踪落实招商项目立项和手续审批等事项，切实帮助解决项目建设中遇到的突出问题和实际困难。在财政金融方面，落实国家相关减税降费政策，为企业减免税费负担，落实创业担保贷款政策，协助企业融资。持续改善市场交易环境，开展清理拖欠民营企业账款工作，推进“多证合一”等商事制度改革，切实为民营经济的繁荣降低交易成本、优化营商环境。

参考文献

［1］于倩倩：《延吉市立足优势建设“延边·中国参谷”》，《延边晨报》2019 年 10 月 12 日。

［2］庾虎男：《延吉市新电商助力经济新发展》，《吉林农村报》2022 年 8 月 23 日。

［3］周勇：《中国消费中心空间发展：动力、扩张及路径》，《求索》2022 年第 5 期。

［4］杜运周等：《营商环境生态、全要素生产率与城市高质量发展的多元模式——基于复杂系统观的组态分析》，《管理世界》2022 年第 9 期。

［5］《延吉市政府工作报告（2020 年）》，延吉市人民政府网站，2021 年 4 月 20 日，http：//www. yanji. gov. cn/zw_ 2497/jcxxgk/gzbg/202104/t20210420_ 336601. html。

B.16

吉林省城市竞争力（梅河口市）报告

丁 冬*

摘 要： 本报告通过梅河口市国民经济和社会发展的综合情况阐述其当前格局与优势，并以此为基础，根据可持续竞争力各项总指标及分项指标测算结果，剖析与比较梅河口市在国民经济和社会发展中展现的优势与劣势。通过分析现状与存在的问题，本报告发现近年来梅河口市发展势头强劲，经济发展增速大幅加快，科技、教育以及社保投入逐步增加，在生态城市建设、创新驱动发展、对外开放、城乡一体化发展以及和谐城市建设等方面，位列全省所有县级市前三。与此同时，经济总量较小、助推经济社会发展的高层次人才匮乏、具有实力的龙头企业带动力不足等竞争力短板仍然存在。基于现状与存在的短板，本报告从多角度剖析当前梅河口市在国民经济和社会发展中的现象与规律，并探索未来趋势。此外，对梅河口市推动可持续与综合发展提出对策与建议，坚持以对外开放合作为引领，以“4+3+N”现代产业体系为支撑，建设高质量发展示范城市；坚持以创新驱动为重点，以人才发展为核心，建设社会事业全面现代化城市；进一步提升现代产业核心竞争力，进一步提升综合经济竞争力；激发农业产业化龙头企业创新活力，为留住人才奠定基础。

关键词： 可持续竞争力 综合经济竞争力 产业振兴

---

* 丁冬，吉林省社会科学院农发所副研究员，研究方向为乡村振兴与“三农”问题。

梅河口市位于吉林省东南部，是东北地区重要的交通枢纽和商埠重镇，是吉林省省辖市。梅河口是世界最大的树生果仁加工集散地、亚洲最大的食用酒精生产地、亚洲最大的肥肝生产地、国家火炬中医药特色产业基地、中国皇粮御米之乡。如表 1 所示，2021 年，梅河口市行政区域面积为 2179 平方公里，总人口为 70 万人。

表 1　2021 年梅河口市基本情况

项目	数据
行政区域面积（平方公里）	2179
总人口（万人）	70
GDP 及增长率（亿元，%）	271.20，12.1%
三次产业结构	8.3∶45.9∶45.8

资料来源：《梅河口市 2021 年国民经济和社会发展统计公报》，梅河口市人民政府网站，2022 年 6 月 29 日，http：//www.mhk.gov.cn/zwgk/xxgk/zmsszdw/tjj/tjjxxgkml/202207/t20220728_ 51051.html；2021 年《吉林统计年鉴》。

2021 年梅河口市综合实力、绿色发展、投资潜力、新型城镇化质量 4 个“全国百强”实现了晋位升级，荣获了“高质量发展十佳县（市、区）”称号。梅河口市通过深入实施“三三四四五五”战略布局，锐意进取、攻坚克难，为建设高质量发展先行示范区奠定了坚实基础。与上年相比，梅河口市的可持续竞争力综合指标在 20 个县级市中排名跃居第 1，提高了 3 位，指数值为 1.000，超过排名第 2 的延吉市（指数值 0.964）0.036。其中，生态城市竞争力、知识城市竞争力、信息城市竞争力、全域城市竞争力与和谐城市竞争力这些分项指标的优势非常突出，均排名前三。此外，梅河口市综合经济竞争力指标的位次保持不变，位列第 2，依然保持前三位的优势水平。

一　格局与优势

（一）总体概况

2021 年是梅河口市发展历史上大放异彩的一年，各方面都获得一定的成绩。梅河口市委、市政府抓住机遇、迎接挑战，全面落实“一主六双”高质量发展战略。首先，经济发展势头良好。梅河口市 2021 年 GDP 达 271.20 亿元，增速为 12.1%，在吉林省 11 个省辖市、管委会的 GDP 排名中，增速排名第 1。其中，第一产业增加值为 22.50 亿元，增长 5.2%；第二产业增加值为 124.50 亿元，增长 12.8%；第三产业增加值为 124.20 亿元，增长 12.8%。三次产业结构为 8.3∶45.9∶45.8，展现了较大的发展潜力。2021 年 7 月，中央编办批准梅河新区升格为正厅级开发区，梅河新区成为全国唯一由省级开发区升格为正厅级的开发区。梅河新区的设立，必将激励其在新的起点上扬帆起航，必将推动其在新的征程上再创辉煌。梅河口市经济总量和财政收入均翻一番；城市建成区面积扩大一倍，达 60 平方公里，相当于再建了一座梅河口新城；城区常住人口增加 12 万人，成为人口净流入城市。此外，梅河口市于 2021 年获得全省县域经济综合实力考评第 1 名。

其次，乡村振兴扎实推进。2021 年，梅河口市投资 1.27 亿元建设高标准农田和黑土地保护面积 9.5 万亩，完成免耕播种面积 5.3 万亩，围绕粮食播种面积和产量“双增”目标，积极调整种植结构，落实粮食播种面积 151.1 万亩。坚持把改善农村人居环境作为全市乡村建设行动的目标，按照“示范引领、以点串线、连线成片”的原则，在全市 18 个乡镇 36 个村，启动了“千村示范”创建百日攻坚活动，在省拨付 1820 万元的基础上，市财政按照 1∶1 的比例配套，对照“九有六无”验收标准，完成了示范村创建工作，为补齐农村基础设施建设短板、推进乡村振兴奠定了坚实基础。加大培育新型农业经营主体的力度，累计创建国家级示范社 13 个、省级示范社 30 个、市级示范社 44 个，省级家庭农场 18 个、市级家庭农场 86 个，进一步增强新型农业经营主体的示范引领带动作用。巩固深化脱贫攻坚成果。在继续向 16 个脱贫村派驻驻村第一书记、工作队员的基础上，向 13 个集体经济薄弱村、4 个党支部领办合作社省级示范村派驻驻村第一书记、工作队员，驻村干部由攻坚期的 48 人增加到 90 人。投资 5196 万元，新改建 2 条农村公路 26.7 公里，改造危桥 3 座。

再次，梅河口市持续培育壮大主导产业，创新发展新兴产业，构建了多点支撑、多业并举、多元发展的“4+3”产业发展新格局。医药健康产业优势凸显，成长为梅河口市的百亿元级核心产业，形成涵盖制造、商贸物流、康养全产业链的发展格局，规上医药工业企业发展到17户，拥有剂型56种，批准文号551个，药品品种458个，其中亿元以上品种14个，专利品种27个，独家品种36个。天衡药业和鲁南制药高端制剂生产平台正式投产；恒金药业、弘美制药、万通药业等企业持续投资扩能改造，梅河口市医药健康产业保持年均30%以上速度增长，总量约占吉林省的20%。

最后，人居环境全面改善。深入推进“六大任务”“五大革命”，打造国家级乡村治理示范村3个、市级标兵村20个、示范村150个，创建“美丽庭院、干净人家”7.1万户，占农村常住户数的91%，改造农村危房4867户，农村人居环境实现了从干净到优美的提升。在全省农村人居环境项目综合考评中位列第1，被确定为全省乡村振兴战略试验区。梅河口市社会事业实现现代化，是让人“来了不想走、走了还想来”的魅力城市。市委、市政府围绕社会事业现代化目标，全面建成省内一流、全国领先的区域医疗、教育、文体“三个中心”，为梅河口市及周边区域群众提供更高层次的公共服务。与吉林大学第一医院合作建立吉林大学第一医院梅河医院。在区域教育中心建设方面，引进东北师范大学、吉林师范大学、延边大学优质教育资源，启动建设总投资100亿元、占地2.5平方公里的教育小镇；引进近百名高层次教育人才，推动教育事业高质量发展；成立梅河口康美职业技术学院，是全省县域内第一所高校。

（二）现状格局

1. 可持续竞争力排名跃居榜首

据可持续竞争力指标的测算结果可知，梅河口市的可持续竞争力综合指标在20个县级市中排名第1，处于显著的领先地位。与上年相比，可持续竞争力排名提高了3位，指数值为1.000（见表2），超过排名第2的延吉市（指数值0.964）0.036。根据可持续竞争力各分项指标的计算结果得知，梅河口市可持续竞争力排名跃居榜首的主要原因在于，其生态城市竞争力与知识城市竞争力排名第1，开放便捷的信息城市竞争力排名第2，城乡一体化的全域城市竞争力与公平包容的和谐城市竞争力均排名第3，这些分项指标的优势非常突出，均位列前3。由此可见，梅河口市在生态城市竞争力、知识城市竞争力、信息城市竞争力、全域城市竞争力以及和谐城市竞争力的共同提升下，可持续竞争力综合结果大幅度提升，优势非常突出。与此同时，梅河口市文化城市竞争力指标虽然较2019年提升1个等级，但依旧处于偏中后的位次，位居20个县级市的第11。这说明梅河口市在文化城市建设方面，仍然存在一些短板，尤其是高层次人才不够多、国家或省级文化古迹与园区数量还未实现突破，文化城市竞争力还有较大的提升空间。

表2　2019~2020年梅河口市可持续竞争力排名及分项指标等级

年份	可持续竞争力		知识城市竞争力	和谐城市竞争力	生态城市竞争力	文化城市竞争力	全域城市竞争力	信息城市竞争力
	指数	排名	等级					
2019	0.891	4	★★★★	★★★★	★★★★★	★	★★★	★★★★★
2020	1.000	1	★★★★★	★★★★★	★★★★★	★★	★★★★	★★★★★

资料来源：吉林省社会科学院城乡发展指数数据库。

2. 综合经济竞争力排名保持第2不变

通过综合经济竞争力指标的测算结果可知，梅河口市综合经济竞争力指数值为0.513（见表3）。与上年相比，综合经济竞争力指标保持排名第2不变，持续保持在吉林省20个县级市中排名前三的优势水平，处于比较领先的位置，仅排在延吉市之后。从总体上来看，梅河口市综合经济竞争力持续保持领先水平。从综合经济竞争力的两大显示性指标来看，综合效率竞争力指标排名第2，指数值为0.538，在绝对值与相对值两个方面都保持领先水平；从综合增量竞争力指标来看，综合增量竞争力指数值为0.472，处于全省所有县级市中游水平，与上年相比，下降了11位，排名下降较多，主要源于经济总量较小，龙头产业带动能力有待提升。

表3　2019~2020年梅河口市综合经济竞争力及显示性指标排名

年份	综合经济竞争力		综合增量竞争力		综合效率竞争力	
	指数	排名	指数	排名	指数	排名
2019	0.930	2	0.750	3	0.936	2
2020	0.513	2	0.472	14	0.538	2

资料来源：吉林省社会科学院城乡发展指数数据库。

二　问题与不足

（一）经济总量尚不够大

梅河口市在“十三五”时期经济总量翻了一番，但由于城市体量和规模不大，城区常住人口仅有42万人，城市功能没有得到充分发挥。因而，与发达地区相比，城市发展底子较弱、基数较小、财力较弱，总量依旧不大。从指标排名结果来看，梅河口市2021年GDP为271.20亿元，增速在吉林省11个省辖市、管委会GDP中排名第1，但GDP绝对值排名处于下游位置，经济总量仍然不大。此外，结构调整和新经济增长点培育较缓慢，也对区域可持续竞争力与综合经济竞争力造成负面影响，容易产生产业结构雷同、同行业竞争严重等问题，进而导致地区发展后劲不足。

（二）具有实力的龙头企业带动力不足

虽然梅河口市确立了“4+3”产业发展格局，初步形成了集群集聚发展态势，但总体上产业规模依然不够大，对经济发展的支撑力不够强，因而产业辐射带动能力不强。一是龙头企业的产业带动力不足。区域内较多企业仍处于散、小、弱的状态，导致其积累能力不强，缺乏竞争优势，主导产业支撑作用还有待加强。二是龙头企业的科技创新能力弱，内生动力不足。与此同时，企业的创新平台匮乏，硬件基础设施比较落后，与发达地区有较大差距，不能满足梅河口市快速发展与创新的需求。三是专业合作社的带动力不足。虽然全省农业专业合作组织数量急剧扩张，但2/3以上的农民专业合作组织存在不规范、不健全等问题，甚至有些农民专业合作组织有名无实，资金短缺，加之缺乏能人运作，运行困难。

（三）助推经济社会发展的高层次人才优势还有待进一步释放

从可持续竞争力指标排名结果来看，梅河口市多元一体化的文化城市竞争力指标排名第11，与单项指标排名第1的集安市相比，综合得分相差近2分。这种情况的出现主要是因为梅河口市在文化城市建设方面仍然存在一些短板，尤其是缺乏助推经济社会发展的高层次人才，国家或省级文化古迹与园区数量还未实现突破，人均非物质文化遗产数量与人均文化产业较少，所以文化城市竞争力还有较大的提升空间。当前，吉林省高校农业专业技术人才有2386人，在农业高校领域已形成了以任露泉、李玉院士以及一大批长江学者、杰出青年基金获得者为代表，结构合理、素质优良、充满活力的高水平师资队伍。其中，正高级职称970余人，占比达40.65%。但受制于区域发展不平衡和产业发展差距，梅河口市农业科技队伍不稳定的现象普遍存在，尤其是前沿领域的领军人才流失严重，农业科技人力资本流动存在“马太效应”。结构素质不适应，地区发展人才支持总量不足，随着城镇化加速推进，大量农村人口向大中城市转移，导致人才优势还有待释放。

三　现象与规律

（一）连续几年保持较突出的可持续竞争力优势

2019~2020年，梅河口市的可持续竞争力指标连续保持比较强的优势，在20个县级市中名列前茅，特别是2020年，梅河口市可持续竞争力比上年提升了3位，排名跃居第1。从可持续竞争力各分项指标来看，创新驱动的知识城市竞争力排名比上年提高了一个等级，排名跃居第1；公平包容的和谐城市竞争力排名比上年提高了一个等级，排名也是第1，高于排名第2的分数较多；环境友好的生态城市竞争力排名与上年保持一致，稳居第1，展现出稳定而优秀的生态可持续发展能力；城乡一体化的全域城市竞争力排名比上年提高了一个等级，全域城市竞争力的提升说明城市各方面发展均衡协调；开放便捷的信息城市竞争力排名与上年保持一致，等级均为五星，展现出卓越的城市信息共享与交流的实力。可见，梅河口市近年来的创新、生态、物流、信息流等发展迅速，在多个分项指标的共同支撑下，连年保持比较突出的可持续竞争力水平。但与此同时，梅河口市文化城市竞争力指标依旧处于偏中后的位次，位列20个县级市的第11。

（二）逐步形成宜居宜业宜游的民生幸福城市

梅河口市发展空间广阔，特别是“十三五”以来，梅河口市坚持把生态宜居、产城融合理念贯穿城市建设管理全过程，城市建设和管理水平处于全国先进行列。目前，梅河口市已经累计投资30亿元建设海龙湖公园、人民公园、山水公园等8个主题公园和36个城市花园，城市绿化覆盖率达47%。同时，引进碧桂园集团、龙湖集团等国内房地产行业领军企业，开工建设一批高品质住宅小区和星级宾馆，具备承载100万人口的城市规模和功能。梅河口市已经成为公园城市、花园城市、“精致的客厅城市”，成为东北地区休闲康养的首选城市，正在逐步形成宜居宜业宜游的民生幸福城市。

（三）旅游产业异军突起

梅河口市通过高质量完成“旅游产业突破年”各项目标任务，“无中生有”培育业态，引领全省旅游业发展。其中，海龙湖、城市客厅已经成功创建国家AAAA级旅游景区。红色旅游持续升温，鸡冠山景区线路成功入选全省红色旅游精品推荐线路。梅河口市通过成功打造东北不夜城、海龙湖、梅小野星光花海、啤酒节等多样化地标与节庆活动，2021年全年吸引的游客已经超过1000万人次，旅游综合收入突破50亿元。部分景点更是被评为最美网红打卡地与国家级夜间文化和旅游消费集聚区。此外，梅河口市已经建成国际会议会展中心，成功举办全省新型城镇化建设现场会等会议会展活动，荣获中国优秀会展城市奖。培育美食不夜城、海鲜夜市等夜间消费新业态，成功举办全省夜经济发展现场经验交流会，连续两年被评为全省服务业先进地区。

四　趋势与展望

（一）特色产业助力优势产业崛起

梅河口市是世界最大的树生果仁加工集散地、亚洲最大的食用酒精生产地、亚洲最大的肥肝生产地、国家火炬中医药特色产业基地、中国皇粮御米之乡。可见，梅河口市产业特色鲜明，是实力雄厚的现代化城市。通过全面贯彻落实“一主六双”高质量发展战略，梅河口市逐渐发展形成了医药健康、食品加工、商贸物流、现代服务业“四大主导产业”和全域旅游、装备制造业、建筑及其配套产业共同发展的“4+3”现代产业体系。未来，梅河口市将重点培育“互联网+医疗”、工业互联网、大数据、物联网、区块链、“5G+”等新兴产业，创新发展新技术、新设备、新材料、新能源，培育引进一批“专精特新”企业，积蓄经济高质量发展新动能。全力建设区域现代化产业集聚中心、商贸物流中心、现代服务业中心，打造中国北方食药城，建设高品质的海鲜城、不夜城、美食城、啤酒城和全域景区城，以特色产业助力优势产业崛起，努力将梅河口市打造成全省发展格局中的重要增长极、推动高质量发展的样板，为新时代吉林全面振兴、全方位振兴注入新的动力和活力，可持续保持较高质量发展的强劲竞争优势。

（二）以对外开放合作为引领建设高质量示范城市

梅河口市以“4+3+N”现代产业发展体系为支撑，做大做强“四大主导产业”。打造中国北方食药城，“十四五”期末，医药健康产业规上企业将发展到25家以上，产值将达500亿元以上；打造健康食品城，“十四五”期末，食品加工产业产值将达300亿元以上；打造区域现代商贸物流城，“十四五”期末，社会消费品零售总额将达200亿元；打造现代服务业开发区，“十四五”期末，服务业增加值将达300亿元以上。加快发展三大新兴产业。打造全域景区城，2025年旅游收入将超过300亿元；打造高端化、科技化、规模化装备制造业基地，“十四五”期末，装备制造业产值将达200亿元；规划建设建筑及其配套产业园，“十四五”期末，建筑及其配套产业产值将达300亿元。谋划培育“N个”特色产业。紧盯政策导向、发展热点和市场需求，打造一批成长性好、科技含量高、竞争力强的“专精特新”“小巨人”企业，“十四五”期末，特色产业产值要初具规模。

（三）绿色理念引领城市未来发展

通过可持续竞争力数据测算结果可知，近年来梅河口市环境友好的生态城市竞争力指标均为前几位，展现出良好的生态发展水平。2021年，梅河口市通过全面开展“散乱污”企业专项整治行动，将区内180台燃煤小锅炉全部淘汰；加大秸秆禁烧管控力度，空气环境质量优良天数的比重提高到90%。完成污水处理厂提标改造工程，城市黑臭水体全部得到有效治理。全面落实河长制，实施山水林田湖草生态修复工程，辉发河出境断面水质稳定达标；开展水源地保护行动，历史上首次实现全封闭管理；实施“绿美梅河大地”工程，森林覆盖率达30%。此外，通过聘请中国城市规划设计研究院编制城市整体规划，将特色产业全面提升。在生态农业方面，梅河口市出台棚膜经济、食用菌等特色产业扶持政策，培育农民专业合作社1883个，发展中药材种植5万余亩、食用菌1520万袋，畜禽总量达950万头（只），创建市级产业园区9个，农产品加工企业发展到325户。大力发展乡村旅游产业，休闲农庄、农家乐达86个。发展绿优水稻种植42万亩，粮食总产量突破17亿斤，形成了特色鲜明、布局清晰的农业产业发展格局，在国家级现代农业示范区建设评比中位列全省第1。

五　对策与建议

（一）提升多方面管理服务能力，建设社会事业全面现代化城市

坚持以创新驱动为重点，以人才发展为核心，全面提升区域“三个中心”品质。充分发挥梅河口市山水林田湖草天样样好、处处美的城市特色，大力提高“三个中心”管理服务能力。同时，借助吉林大学第一医院梅河医院的品牌效应、依托未来教育集团的人才效应、发挥大型赛事活动的集聚效应，建设东北地区健康养生城市、东北亚教育高地、国内一流的文体活动示范区。未来，可以构建社会事业城乡融合发展体系。探索教师轮岗体制机制改革，促进城乡教育一体化发展。不断完善农村卫生院医疗设施，充分利用“互联网+医疗”，推动医疗资源下沉。发挥文体中心的作用，对外承办高层级文体赛事，提升城市影响力；对内积极开展丰富多彩的文体活动，提高人民群众的文体生活质量。

（二）进一步提升现代产业核心竞争力，进一步提升综合经济竞争力

围绕构建“4+3+N”现代产业体系，梅河口市进一步发展壮大现有产业，大力培育新兴产业。

关于医药健康业。推动四环制药口服固体制剂、惠升制药产业化生产车间、麦孚特医食品项目尽快投产达效，新增产值20亿元以上。积极推进步长天成药业项目建设，力争2022年竣工投产。启动投资3亿元的四环医美项目，建设玻尿酸、乐提葆等产品生产线，项目投产后预计实现产值10亿元。支持惠升制药口服降糖药、四环制药抗肿瘤口服固体制剂、步长制药抗癫痫药和天衡药业抗痛风药等品种落户。规上医药工业企业达19户，实现产值140亿元。

关于食品加工业。建成健康食品产业园和果仁产业园，吸引40户优质企业入驻。做足酒文章、壮大酒产业，10万吨级别的新梅城精酿啤酒、菊

乃香清酒项目实现投产，新增产值 12 亿元；年产 2 万吨的泸州老窖白酒生产基地力争当年投产。鼓励保兴泉做大做强，新增 80 万件 OEM 代加工产能，年产优质矿泉水超过 2 万吨。创建梅河大米国家地理标志产品保护示范区，推动梅河大米规模化、品牌化发展。充分发挥梅河口冷面的地理标志证明商标作用，进一步提升产品市场影响力和竞争力。加强与“三只松鼠”“百草味”“海天味业”“香港大昌行集团”等知名企业合作，拓宽产品销售渠道，提高产品附加值。

关于商贸物流业。红星美凯龙、欧亚购物中心二期投入运营。谋划建设网红大厦，发展直播经济、网红经济。开展“文商旅”结合的专项促销活动，带动批零住餐等大众消费增长。申报吉林自由贸易试验区梅河口片区，积极申请设立二级海关。启动建设总投资超过 5 亿元的山城镇现代物流产业园区。开工建设阜康酒精 5G 智能化仓储物流和现代化智慧农产品冷链物流园区项目，引进传化物流东北总部使其在此落户发展，加快推进传化物流“公路港”项目。社会消费品零售总额达 70 亿元。

关于现代服务业。重点发展生产性服务业，促进现代服务业向高端化、便利化、品质化迈进。积极争取国省金融政策支持，吸引银行、证券、保险等金融机构在梅河口市设立区域总部或分支机构。适时启动建设金融一条街，吸引金融要素集群集聚。引进上海利得资本合作建设公共资源交易平台和金融担保服务中心。发展会展经济，依托会议会展中心、双创中心，举办全国性经贸交流活动 20 场次以上。商旅客流增长 30%以上，服务业增加值达 140 亿元。

关于旅游业。开展“旅游产业跨越年”专项行动。全域规划旅游产业，编制磨盘湖生态旅游景区规划。推进文旅深度融合，探索发展会展游、研学游、文体游。深耕避暑和冰雪两大资源，启动建设第五世界旅游度假区和梅小野冬季旅游项目，谋划实施鸡冠山主题森林乐园，打造冬夏两旺、四季有景的全域景区城。加快实施 AAAAA 级景区三年创建计划，创建海龙湖（国际）旅游度假区。完善旅游配套服务设施，睿荷温泉酒店（二期）、在水一方星级宾馆建成并投入运营。开工建设星级宾馆 5 个以上、旅游大卖场 2 个以上。旅游综合收入增长20%。

关于装备制造业。启动建设总投资110亿元的东旭集团高端显示材料和高端医药材料产业园，年内一期工程竣工投产，实现产值42亿元。引进西奥电梯东北销售总部。深化与长春汽开区、旭阳集团、北汽集团、上海申龙客车合作，谋划建设汽车及零部件产业园，启动投资72亿元的申龙汽车项目。装备制造业产值增长20%。

关于建筑及其配套业。规划建设占地1300亩的建筑及其配套产业园，启动投资10亿元的赛柏斯新型材料生产基地项目，引进苏州绿可开工建设投资10亿元的装配式建筑产业园，推动中国建材、中联重科、北京住总等企业谋划建材生产项目。建筑及其配套产业产值增长30%。

（三）激发农业产业化龙头企业创新活力，为留住人才奠定基础

坚持把对外开放合作作为经济发展的主战场，提升对外开放的合作层级。激发农业产业化龙头企业的创新活力，重点围绕“4+3+N”现代产业体系，开展活动招商、回访招商、地块招商、债券招商，对标世界500强、中国500强、行业500强等领军企业，引进一批投资规模大、产业层次高、创新能力强、带动潜力足的头部企业，培育经济发展的新增长点。深化开放合作之路，充分发挥市级领导引领和党员干部带动作用，秉持“真情留商、环境养商、政策富商、文化赢商”的理念，高频次、高效率、高质量开展“走出去、请进来”活动，结识一批优质客商，洽谈一批重大项目，吸引一批龙头企业。通过“三专”举措、“三办”服务，提高项目履约率和到资率。此外，在大众创业、万众创新的大背景下，在以国内循环为主体的新发展格局的形成过程中，实施人才引进工程。充分发挥梅河新区“市区合一”的体制机制优势，在全国范围内，尤其是从沿海发达城市和全国各地知名高校引进高端人才、专业人才。通过设立人才引进资金，完善高端人才引进政策。通过各种大赛筛选“双创”项目、选拔优秀新型人才。

参考文献

[1] 孙欣：《聚焦实体经济振兴，加速城市竞争力进阶》，《青岛日报》2022 年 2 月 9 日。

[2] 郑烨、段永彪：《“放管服”改革、区域营商环境与城市竞争力——基于国内城市面板数据的实证分析》，《北京航空航天大学学报》（社会科学版）2022 年第 4 期。

[3] 隋二龙、李铭：《梅河口市：铸生态之基拓发展之路》，《环境与生活》2021 年第 11 期。

[4]《为吉林高质量发展贡献更多“梅河经验”》，《吉林日报》2021 年 10 月 17 日。

[5]《梅河口市　优化能源结构　促进绿色发展》，《吉林日报》2022 年 6 月 14 日。

[6] 刘丽靓、彭扬：《推动实施对东北全面振兴有全局影响重大改革举措》，《中国证券报》2021 年 9 月 14 日。

比较与借鉴篇

Comparison and Reference Reports

B.17

东北地区国家创新型城市科技创新发展研究

魏忠宝　张　慧　王婧瑜　李京京　单　艺　井丽巍*

摘　要： 根据《中华人民共和国国民经济和社会发展第十四个五年规划和2035年远景目标纲要》部署，应充分发挥创新型城市对于实现高水平科技自立自强和建设科技强国的战略支点作用，全面启动高水平国家创新型城市建设。目前，全国已有78个城市（区）被评为国家创新型城市，其中，东北地区共有5个城市被评为国家创新型城市，分别为沈阳、大连、长春、吉林和哈尔滨。本报告主要根据《国家创新型城市创新能力评价报告2021》对东北地区国家创新型城市进行分类评价，并分别对创新治理

* 魏忠宝，吉林省科学技术信息研究所所长，研究方向为科学技术管理；张慧，吉林省科学技术信息研究所助理研究员，研究方向为科技信息和管理；王婧瑜，吉林省农业科学院助理研究员，研究方向为数据分析；李京京，吉林省彩虹人才开发咨询服务有限公司，研究方向为数据统计；单艺（通讯作者），吉林省科学技术信息研究所研究实习员，研究方向为数据建模；井丽巍（通讯作者），吉林省科学技术信息研究所科技统计与分析监测中心主任、研究员，研究方向为科学技术管理。

力、原始创新力、技术创新力、成果转化力和创新驱动力等5个方面进行深入的分析评价。东北地区5个国家创新型城市的创新能力有所差异，大连的创新治理力、技术创新力和创新驱动力居于东北地区之首，而沈阳的成果转化力在东北地区表现突出，长春的原始创新力在东北地区中远超其他城市。进一步应用数据包络分析（DEA）方法分析东北地区国家创新型城市科技创新投入产出效率，从而发现东北地区国家创新型城市DEA尚未达到全部有效，并且科技创新成果转化率存在较大差异，高新技术产业化发展水平不均衡。最终根据东北地区国家创新型城市在科技创新能力方面存在的问题，提出了建立跨区域合作平台，促进协同创新发展，以及促进高新技术产业化发展、增加基础研究投入等对策建议。

关键词： 国家创新型城市　科技创新　DEA　综合效率　资源配置

创新型城市是以科技创新作为引领发展的第一动力。建设创新型城市，既是贯彻落实习近平总书记“尊重科技创新的区域集聚规律，因地制宜探索差异化的创新发展路径，加快打造具有全球影响力的科技创新中心，建设若干具有强大带动力的创新型城市和区域创新中心”① 的要求，也是新时代发展的内在需求。

根据《国家创新型城市创新能力评价报告2021》（以下简称《评价报告》）可以看出，东北地区共有5个城市被评为国家创新型城市，分别为沈阳、大连、长春、吉林和哈尔滨。本报告通过分析东北地区国家创新型城市的创新能力发展情况及科技创新投入产出效率情况，找到各地区存在的问题，进而提出促进创新发展的具体对策建议。

---

① 《努力实现高水平科技自立自强（有的放矢）》，“人民网”百家号，2022年7月20日，https：//baijiahao. baidu. com/s? id=1738819422695588397&wfr=spider&for=pc。

一　东北地区国家创新型城市创新能力分类评价

（一）综合创新能力排名情况

如图 1 所示，2019 年①，东北地区的 5 个国家创新型城市中，综合创新能力居第 1 位的是大连，综合创新指数值为 62.45，居全国第 17 位；居第 2 位的是沈阳，综合创新指数值为 60.15，居全国第 20 位；居第 3 位的是长春，综合创新指数值为 57.04，居全国第 26 位；居第 4 位的是哈尔滨，综合创新指数值为 53.10，居全国第 35 位；居第 5 位的是吉林，综合创新指数值为 22.12，居全国第 72 位。根据《评价报告》，对全国 288 个地级及以上城市的创新能力进行了评价，获得全国城市创新能力排名情况。其中东北地区城市创新能力进入全国“百强榜”的有大连、沈阳、长春和哈尔滨，分别居全国的第 21 位、第 24 位、第 30 位和第 40 位。

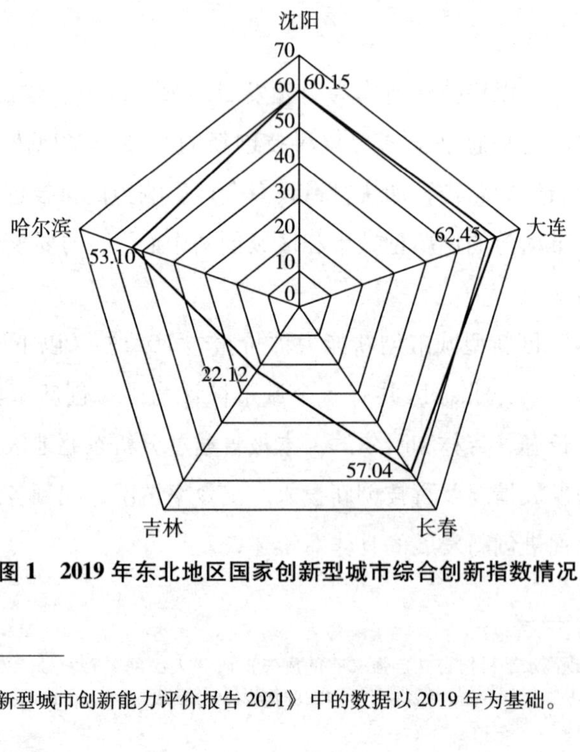

图 1　2019 年东北地区国家创新型城市综合创新指数情况

---

① 《国家创新型城市创新能力评价报告 2021》中的数据以 2019 年为基础。

从创新能力构成来看，大连的创新治理力、技术创新力和创新驱动力居于东北地区之首。而沈阳的成果转化力在东北地区表现突出。长春的原始创新力在东北地区中远超其他城市。哈尔滨在各方面的创新能力均有较大提升空间。吉林在各方面的创新能力均有待提升。具体创新能力指数值详见图 2 的 2019 年东北地区国家创新型城市发展情况和表 1 的 2019 年东北地区国家创新型城市创新能力构成情况。

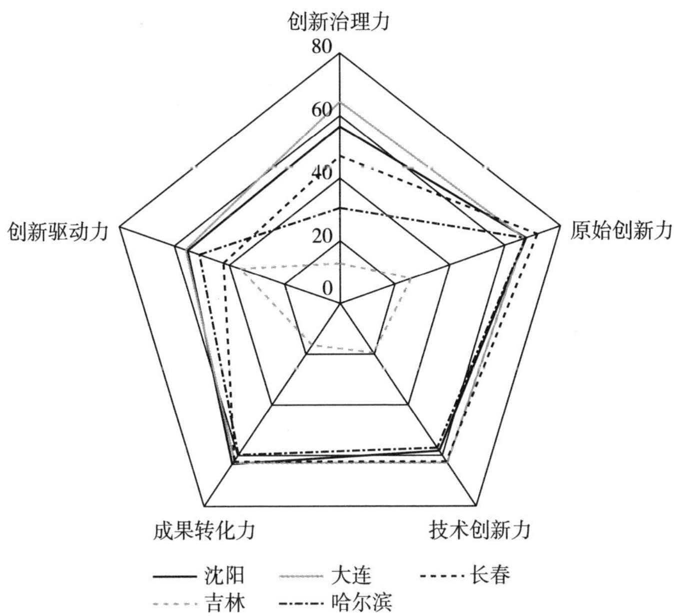

图 2　2019 年东北地区国家创新型城市发展情况

表 1　2019 年东北地区国家创新型城市创新能力构成情况

城　市	创新治理力	原始创新力	技术创新力	成果转化力	创新驱动力
沈　阳	56.5	67.6	58.2	63.3	55.2
大　连	64.4	67.1	62.9	62.0	55.9
长　春	47.1	71.6	62.4	62.1	42.1
吉　林	12.8	25.9	19.5	16.4	36.1
哈尔滨	30.5	67.4	57.0	59.7	50.9

（二）创新策源地情况

《评价报告》指出，依据主体的创新功能（创新能级）的不同，将全国国家创新型城市分为创新策源地、创新增长极和创新集聚区三大类进行评价。其中从创新策源地看，东北地区的长春、沈阳、哈尔滨和大连的重大原创性科技成果产出较多，原始创新力排名均在全国前15位。从研发强度看，大连和沈阳高于其他2市，但从基础研究经费占研发经费比重看，哈尔滨和长春均远高于大连和沈阳。从国家级科技成果奖数量看，长春远超于其他3市。虽然大连的创新策源地城市创新能力在东北地区位列第一，但在重大原创性科技成果产出方面与长春、沈阳和哈尔滨存在较大差距。2019年东北地区国家创新型城市创新策源地情况见表2。

表2　2019年东北地区国家创新型城市创新策源地情况

城　市	全社会研发经费支出占地区生产总值比重(%)	基础研究经费占研发经费比重(%)	“双一流”建设学科(个)	国家级科技成果奖(项当量)
大　连	2.85	9.34	3	45.94
长　春	2.05	14.31	11	106.25
沈　阳	2.64	4.90	2	60.30
哈尔滨	1.77	26.25	11	69.00

（三）创新增长极情况

2019年东北地区国家创新型城市创新增长极情况如表3所示。从技术创新主体看，沈阳、大连和长春高新技术企业均超过1000家，远多于其他城市。从技术输出合同成交额占地区生产总值比重看，长春表现突出，超过7%。从万人发明专利拥有量看，大连和沈阳表现突出，均超过20件。

表 3　2019 年东北地区国家创新型城市创新增长极情况

城　市	规上工业企业研发经费支出占营业收入比重(%)	高新技术企业(个)	国家级高新区营业收入占地区生产总值比重(%)	万人发明专利拥有量(件)	技术输出合同成交额占地区生产总值比重(%)
沈　阳	1.17	1814	21.82	20.69	4.40
大　连	1.59	1727	36.87	21.27	2.82
长　春	0.51	1317	95.51	15.34	7.87
吉　林	0.57	146	56.70	3.14	0.33
哈尔滨	1.14	793	33.37	18.93	3.88

（四）创新集聚区情况

2019 年东北地区国家创新型城市创新集聚区情况如表 4 所示。从技术购买情况看，长春表现突出，技术输入合同成交额占地区生产总值比重超过 6%。从国家级科技企业孵化器、大学科技园新增在孵企业数量看，沈阳、大连、长春和哈尔滨等城市较多。从科技型中小企业数量看，大连、沈阳和哈尔滨科技型中小企业均超过 1000 个。从新产品开发看，长春表现突出，规上工业企业新产品销售收入占营业收入比重超过 21%。

表 4　2019 年东北地区国家创新型城市创新集聚区情况

单位：%，个

城　市	技术输入合同成交额占地区生产总值比重	科创板上市企业	国家级科技企业孵化器、大学科技园、双创示范基地	国家级科技企业孵化器、大学科技园新增在孵企业	科技型中小企业	规上工业企业新产品销售收入占营业收入比重
沈　阳	2.17	1	38	357	1171	19.06
大　连	1.60	2	42	285	1616	16.17
长　春	6.77	2	31	310	446	21.87
吉　林	0.85	0	6	73	41	10.51
哈尔滨	1.45	1	37	347	1184	13.79

（五）创新治理力情况

从财政科技投入来看，东北地区的财政科技支出占公共财政支出比重总体平均水平为1.45%，大连居东北地区首位，且超过总体平均水平。而吉林的财政科技支出占公共财政支出比重低于全国平均水平0.97个百分点。由财政科技投入的标准差、方差和变异系数可以看出，东北地区各城市的财政科技投入存在差异性，各城市的财政科技投入水平相差较大。而从科技投入人力资源来看，大连的万名就业人员中的研发人员为113.02人，居东北地区第1位。

从科技产出情况来看，东北地区除吉林外，其他城市的万人发明专利申请量基本在21~31件，且差异较小。

从常住人口增长率来看，东北地区各城市差异较大，长春、沈阳和大连的常住人口增长率为正，且长春排名第一，为0.33%。而吉林和哈尔滨常住人口规模为负增长，分别较上年减少0.46%和0.87%。从标准差、方差和变异系数来看，东北地区各城市的差距较大。

2019年东北地区国家创新型城市创新治理力情况及其描述性分析分别见表5、表6。

表5　2019年东北地区国家创新型城市创新治理力情况

城　市	财政科技支出占公共财政支出比重（%）	常住人口增长率（%）	万名就业人员中的研发人员（人）	万人发明专利申请量（件）	人均地区生产总值（万元）
沈　阳	1.90	0.07	73.29	29.95	7.77
大　连	2.71	0.06	113.02	29.47	10.00
长　春	1.26	0.33	69.52	30.15	7.83
吉　林	0.42	-0.46	24.15	6.50	3.44
哈尔滨	1.42	-0.87	63.78	21.88	4.88

表 6　2019 年东北地区国家创新型城市创新治理力描述性分析

项目	财政科技支出占公共财政支出比重(%)	常住人口增长率(%)	万名就业人员中的研发人员(人)	万人发明专利申请量(件)	人均地区生产总值(万元)
平均值	1.45	-0.36	66.85	21.97	6.20
中位数	1.42	-0.46	63.78	21.88	4.88
标准差	0.82	0.54	31.54	9.51	2.65
方差*	6.72E-03	2.96E-03	995.23	90.62	7.04
最小值	0.42	-0.87	24.15	6.50	3.44
最大值	2.71	0.33	113.02	30.15	10.00
变异系数*	56.60	150.20	47.20	43.30	42.80

*该项目无单位。

（六）创新驱动力情况

从技术水平来看，长春的单位地区生产总值能耗在东北地区最小，为 0.32 吨标准煤/万元，能源利用效率较高。而沈阳和大连的单位地区生产总值能耗基本与长春水平相当，这 3 个地区整体技术水平较高，且创造的经济效益较多。但是长春的高新技术企业营业收入水平与其他两地的营业收入水平还有差距。

从贸易合作方面来看，东北地区的外资竞争力差距较大，沈阳人均实际使用外资额位居第一，为 198.33 美元，是吉林的 22 倍多。

从人民生活情况来看，东北地区差距较小，城乡居民人均可支配收入之比平均值为 2.18，居民人均可支配收入平均值为 3.80 万元。

从创新生态环境来看，东北地区的 $PM_{2.5}$年平均浓度为 39 微克/米^3，处于较为优质的状态。

2019 年东北地区国家创新型城市创新驱动力情况及其描述性分析分别见表 7、表 8。

表 7　2019 年东北地区国家创新型城市创新驱动力情况

城　市	高新技术企业营业收入占规上工业企业营业收入比重(%)	城乡居民人均可支配收入之比	单位地区生产总值能耗（吨标准煤/万元）	$PM_{2.5}$年平均浓度（微克/米^3）	人均实际使用外资额（美元）	居民人均可支配收入（万元）
沈　阳	40.62	2.58	0.39	43	198.33	4.68
大　连	36.75	2.33	0.38	35	92.26	4.65
长　春	20.59	2.16	0.32	38	43.78	3.34
吉　林	25.92	2.03	0.71	38	8.78	3.01
哈尔滨	61.06	2.19	0.56	42	31.55	4.00

表 8　2019 年东北地区国家创新型城市创新驱动力描述性分析

项目	高新技术企业营业收入占规上工业企业营业收入比重（%）	城乡居民人均可支配收入之比	单位地区生产总值能耗（吨标准煤/万元）	$PM_{2.5}$年平均浓度（微克/米^3）	人均实际使用外资额（美元）	居民人均可支配收入（万元）
平均值	41.07	2.18	0.50	39	41.58	3.80
中位数	0.36	2.19	0.56	38	31.55	4.00
标准差	0.19	0.10	0.15	3	31.02	0.63
方差*	0.03	0.01	0.02	9	962.58	0.40
最小值	0.20	2.03	0.32	35	8.78	3.01
最大值	0.61	2.33	0.71	42	92.26	4.65
变异系数*	46.60	4.89	30.92	8	74.60	16.84

*该项目无单位。

二　基于东北地区和其他地区国家创新型城市的 DEA 效率分析

（一）数据来源

本报告在构建科技创新投入产出效率评价指标体系的过程中，根据《评价报告》选取了国家创新型城市的科技投入和产出等方面的指标。其中投入指标为基础研究经费占研发经费比重、财政科技支出占公共财政支出比重和万名就业人员中的研发人员。产出指标的选取分为两个方面：一是反映科技创新的直接产出，首先考虑万人发明专利拥有量这个指标；二是反映科技成果的产出，选取国家级科技成果奖作为科技成果产出指标。

（二）研究方法

在科技创新投入产出绩效评价方面，大部分研究主要通过建立指标体系，应用 DEA、因子分析法、模糊数学等方法进行。目前对于国家创新型城市的科技创新投入产出绩效评价的研究相对较少。本部分主要从横向维度评价沈阳、大连、长春、吉林、哈尔滨、深圳、青岛、长沙、西安和银川等 10 个城市的科技创新投入产出绩效水平。应用 DEA 对 10 个国家创新型城市的科技创新投入产出绩效进行评价，进一步分析各城市的科技创新投入产出效率情况，并针对东北地区在科技创新发展中存在的问题，给予对策建议。

（三）国家创新型城市科技创新投入产出效率分析

为进一步探究东北地区和其他国家创新型城市的科技创新投入产出效率，根据《评价报告》选出沈阳、大连、长春、吉林、哈尔滨、深圳、青岛、长沙、西安和银川。具体测算结果见表 9。

表 9　2019 年 10 个国家创新型城市的 DEA 情况分析

城　市	综合效率	纯技术效率	规模效率	规模报酬
沈　阳	0.937	1	0.993	递增
大　连	0.619	0.613	0.981	递增
长　春	1	1	1	不变
吉　林	0.510	1	0.510	递增
哈尔滨	1	1	1	不变
深　圳	1	1	1	不变
青　岛	0.983	1	0.983	递增
长　沙	1	1	1	不变
西　安	1	1	1	不变
银　川	0.788	1	0.788	递增

10个城市中DEA有效的城市有5个，分别为长春、哈尔滨、深圳、长沙和西安。DEA有效的城市，其纯技术效率和规模效率也同时有效，这些城市在给定的投入条件下，实现了产出最大化，创新效率都较高，资源配置处于比较合理的状态，资源也没有浪费。

DEA无效的城市，其纯技术效率和规模效率至少有一个无效。纯技术效率有效而规模效率无效的城市有沈阳、吉林、青岛、银川，这4个城市的资源配置已经达到了最优，但是因为财政资金结构和管理体制机制不合理，产出效率较低，财政科技投入的增加并不能使创新产出相应增加。纯技术效率和规模效率同时无效的城市有大连，这个城市的资源配置和使用情况不够理想，部分投入指标冗余，部分产出指标不足。

三　存在的问题

（一）科技创新成果转化率存在较大差异

大连的科技创新投入强度居东北地区国家创新型城市的首位，而重大科技成果转化能力与其他几个城市相差较大。科技投入资源配置不够合理，造成了科技资源的浪费，尤其对于基础研究投入的比例较低，而城市创新能力的重要源泉就是基础研究。因此，需要对各城市科技创新投入产出比例做出合理的分配和调整。

（二）高新技术产业化发展水平不均衡

东北地区各城市的能源利用效率大部分较高，但是高新技术产业化发展水平差距较大，哈尔滨的高新技术企业营业收入占规上工业企业营业收入比重最高，达61.06%，而长春最低，仅为20.59%，东北地区国家创新型城市不均衡发展的状况较为严重，整合配置内部优势资源的效率较低。

（三）东北地区国家创新型城市DEA尚未达到全部有效

东北地区国家创新型城市的综合效率平均值为0.813，纯技术效率平均值为 0.923，规模效率平均值为 0.897。其中 DEA 无效的城市为沈阳、大连和吉林。这进一步说明东北地区国家创新型城市的资源利用情况与资源配置有差异，资源没有得到合理的利用。

四　对策建议

（一）建立跨区域合作平台，促进协同创新发展

东北地区国家创新型城市的科技成果转化效率有差异，应通过推动各区域人才流动，突破各区域发展界限，寻求各区域的协同创新发展，共同制定发展战略目标，进一步搭建科技创新合作交流平台，整合各区域的创新资源，对各区域间的资源做出合理的调整，降低各区域要素投入产出的无效率和避免资源的浪费。

（二）促进高新技术产业化发展

高新技术产业化是各区域科技发展的创新驱动力，因此要加强以协同机制为保障的政府职责体系建设，确立关键领域的重点资源配置方向，建立以企业为主体的创新发展模式，进一步增强高新技术企业在研发投入和产出方面的关联性，提升科技成果转化的效率，立足于各区域的产业发展优势，充分发挥各区域的资源优势，提升研发成果在国内外的竞争力，进而推动高新技术产业高质量发展。

（三）增加基础研究投入

基础研究是科技创新的源头，东北地区国家创新型城市的基础研究投入比例都相对较低，基础研究经费投入较少，因此各区域需要进一步加大基础研究投入力度，在继续加大中央财政投入力度的同时，鼓励和引导地方政府和企业加强对基础研究的重视，突破科技创新的发展瓶颈，并最终解决基础研究成果产业化的难题。还应推动各区域的开放合作和交流，加强人才的交

流，补齐各区域在基础研究领域创新的短板，为各区域进行科技创新奠定理论基础。

参考文献

[1] 陈晨、张广胜：《国家创新型城市对属地创新能力影响效应评估——政策动态过程与政企互动视角》，《科技进步与对策》2020 年第 11 期。

[2] 赵志耘、杨朝峰、张志娟：《国家创新型城市创新能力监测与评价》，《科技导报》2021 年第 21 期。

[3] 姜文琪、周咏梅、郭毅：《青岛市财政科技投入的绩效评价研究》，《会计师》2019 年第 24 期。

[4] 彭良玉：《基于 DEA 方法的安徽省地方财政科技投入绩效评价》，《全球科技经济瞭望》2020 年第 1 期。

B.18

杭州市数字竞争力评价及提升路径

吴晓露*

摘　要： 数字化转型已成为全球经济社会发展的主旋律，城市数字化成为各大城市争夺竞争制高点的新赛道。本报告依托《城市数字化发展指数（2022）》等城市数字化建设评估报告，从数字基础设施、数字社会、数字政府、数字经济及数字生态等5个维度全面评估了浙江省杭州市的数字化发展综合实力，并提出提升杭州市数字竞争力的政策与建议。

关键词： 城市竞争力　数字竞争力　数字化转型

随着数字化转型逐渐成为重组全球要素资源、重塑全球经济社会结构、改变全球竞争格局的关键力量，城市作为当前及未来相当长一段时间内区域发展的主要空间载体，抢抓信息革命机遇，推进自身发展，由要素驱动向创新驱动转变，成为其高质量发展和全面提升的关键。城市数字竞争力是城市竞争力的重要组成部分，数字化力量和智慧化水平分别代表其高质量发展竞争力和创新发展水平。近年来，杭州市围绕“全国数字经济第一城”的建设目标，将数字化改革作为新时代继写“八八战略”和全面深化改革、高质量建设共同富裕示范区的总抓手，加快推进数字产业化、产业数字化及城市数字化“三化融合”，努力将自身建设成具有国际一流水平的全国数字经济理念与技术策源地、企业和人才集聚地、数字产业化发展引领地、产业数

* 吴晓露，浙江省社会科学院经济所副研究员，研究方向为区域经济学。

字化变革示范地和城市数字治理方案输出地。一方面，全力实施数字经济“一号工程”，让数字经济引领高质量发展。2021 年，数字经济核心产业增加值 4905 亿元，占 GDP 的 27.1%，增长 11.5%，高于 GDP 增速 3.0 个百分点（见表 1）；规模以上数字经济核心产业制造业增加值同比增长 16.4%，高于规模以上工业增速 5.8 个百分点。① 另一方面，加快数字化改革在政治、社会、民生等领域纵深推进，数字化治理水平与城市服务能力持续保持全国领先地位，为构建新发展格局背景下的城市高质量发展提供了有力支撑。

表 1　2021 年杭州市市情信息

项目	数据
土地面积(平方公里)	16600
常住人口(万人)	1220.4
城镇人口占常住人口的比重及其增长率(%)	83.6,0.3
GDP 及其增长率(亿元,%)	18109,8.5
三次产业结构	1.8∶30.3∶67.9
数字经济核心产业增加值及其增长率(亿元,%)	4905,11.5

资料来源：《2021 年杭州市国民经济和社会发展统计公报》，杭州市人民政府网站，2022 年 4 月 13 日，http://www.hangzhou.gov.cn/art/2022/4/13/art_1229063404_4030379.html。

一　现状与优势

杭州市数字化发展总体概况和主要优势包括以下几个方面。

（一）数字竞争力稳居全国第一方阵，在持续保持引领、全面发展基础上有小幅提升

杭州市是全国最早规划与布局数字化发展的城市，早在 2000 年，就提出“构筑数字杭州，建设天堂硅谷”，2014 年，在全国率先提出将信息经济

① 杭州市统计局，http://tjj.hangzhou.gov.cn/。

列为“一号工程”，2016 年，成为全国首提“数字经济”的城市。超前的发展理念、合理的发展规划及持续的推进落实令杭州市成功将数字化转型的先发优势转化为领跑实力，成为全国六大数字化发展一线城市之一①。近年来，杭州市更把发展数字经济、推动城市全面数字化转型作为建设现代化经济体系、构建新发展格局的必由之路，以及提升城市竞争力、助力城市高质量发展的重要抓手；在城市数字化发展赛道上紧扣浙江省的“152”数字化改革体系，强调数字产业化、产业数字化和城市数字化，大力推进大数据、人工智能等新技术与实体经济、政府治理、社会服务的不断融合；不仅持续做大做强电商、云计算、大数据、物联网、人工智能等数字经济优势产业，更系统化、规范化地推进“数智杭州”建设，数字赋能新基建、新消费、新制造、新电商、新健康、新治理，为杭州市的高质量发展和城市竞争力的提升蓄积了新动能。据新华三集团数字中国研究院发布的 2017 ~ 2022 年《城市数字化发展指数》，杭州市的数字化发展指数从 2017 年的 78.3（排第 8 名）一路上升至 2022 年的 91.9（排第 3 名），与年度全国数字化发展最佳城市间的差距也从 6.6 缩小至 0.6（2017 年和 2022 年，全国数字化发展最佳城市分别是深圳和北京，数字化发展指数分别为 84.9 和 92.5）（见图 1），杭州顺利晋升为全国六大数字化发展一线城市之一。

（二）分项指标间的不均衡状况大幅改善，以“最多跑一次”改革为抓手的补短板机制成效显著

杭州市数字化建设在初期也曾存在短板，新华三集团数字中国研究院的相关研究显示，2017 年，杭州市的城市服务相较于数据及信息化基础设施、城市治理与产业融合等三大分项指标落后许多，4 个二级指标（智慧民生及其项下的移动端诊疗平台实现率、实现无线网络全覆盖的学校数量、交通一

---

① 《城市数字化发展指数》是紫光股份旗下新华三集团数字中国研究院自 2017 年开始每年对全国 242 个城市做出的城市数字化发展水平与运营效果的总体画像评估；据《城市数字化发展指数（2022）》，北京、上海、杭州、深圳、成都、广州等 6 个城市是全国数字化发展的一线城市。

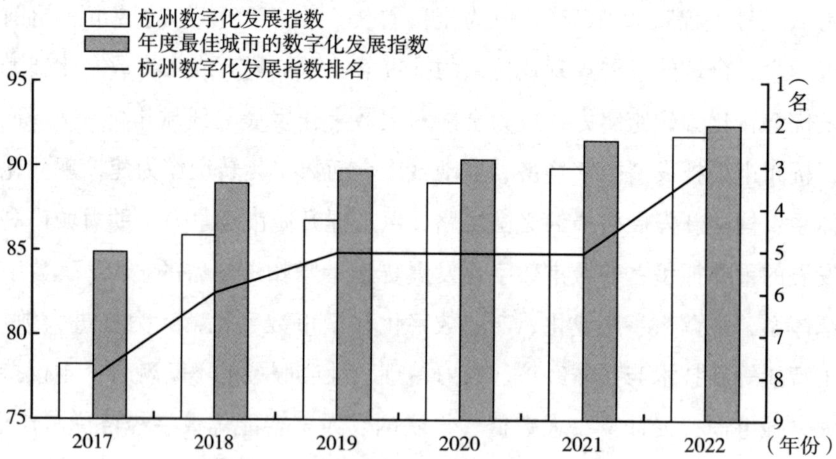

图 1　2017~2022 年杭州数字化发展指数

说明：新华三集团数字中国研究院的《城市数字化发展指数》显示，2017~2022 年，除 2017 年和 2022 年全国数字化发展最佳城市分别为深圳市和北京市外，其他年度的最佳城市均是上海市（2018 年上海市和深圳市并列最佳）。

资料来源：新华三集团数字中国研究院历年《城市数字化发展指数》。

卡通的互联互通、社保服务移动平台）及实现“一号一窗一网”等 5 个三级指标均排在全国第 30 名之后。为补齐上述短板，2016 年，杭州市作为在全国率先提出“最多跑一次”改革的浙江省省会城市和改革标杆城市，确立了建设“移动办公（事）之城”的总目标，提出以“城市大脑”（综合版）为关键支撑，以大数据资源中心为基础设施，以构建业务协同、数据共享两大模型为基本方法，全面推进经济调节、市场监管、公共服务、社会管理、生态环境保护、政府运行等六大领域政府数字化转型，打造实时、在线、共享、安全和整体协同、运行高效的数字政府，促进政府治理体系和治理能力现代化。2019 年底，随着“移动办公（事）之城”框架体系和核心功能的基本建成，杭州市政务工作实现了政务钉基本功能的全覆盖，全市 60%以上政务服务事项实现了“移动可办”，70%以上政务服务事项实现了全流程“一网通办”，90%以上公民个人服务事项实现了“一证通办”；“杭州办事服务”App 和综合自助机分别覆盖了 300 个事项应用和 256 个事项应用；“城市大脑”（综合版）完成了 10 个以上重点领域、20 个以上应用场景建设。城市数字化发展分项指标间的不均衡状况大幅改善，城市数字化服务能力大幅提升。由图 2 可见，2017~2021 年，杭州市的城市服务指数不断提升，与年度全国城市服务最佳城市间的差距逐年缩小，杭州成为全国城市服务改善最快的城市。杭州市也一举摆脱了数字化技术在医疗、教育、交通、社保、政务、就业、帮扶和智慧社区等城市服务和民生领域探索不深、开发不够、应用难以落地等困境，进入了数据及信息化基础设施、城市服务、城市治理与产业融合并驾齐驱、协同共进的均衡发展阶段，成为全国六大数字化发展一线城市之一。

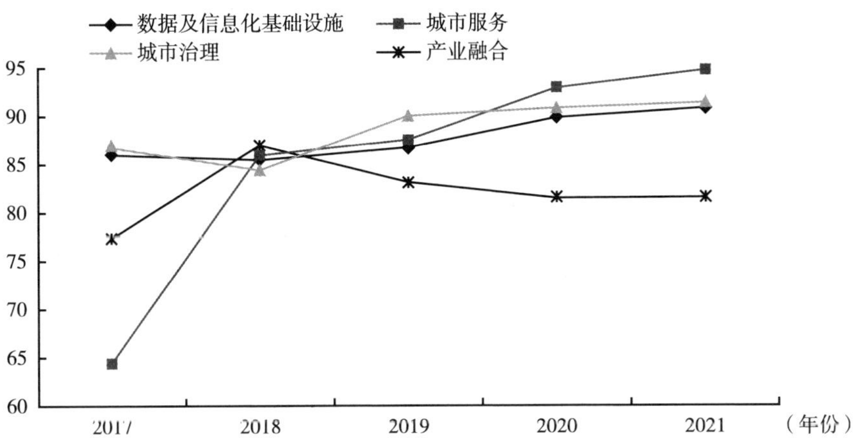

图 2　2017~2021 年杭州数字化发展指数

资料来源：新华三集团数字中国研究院历年《城市数字化发展指数》。

（三）优势指标领先地位凸显，对经济社会的拉动效应持续释放

随着“数智杭州”建设的全面推进，2022 年，杭州市不仅城市数字化总体画像一举挤进全国前 3 名，而且绝大多数分项指标和二、三级指标也均排全国前 10 名；数字基础设施、数字社会及数字政府优势尤其明显，前者排全国第 1 名（97.6），后两者均排全国第 2 名（分别为 93.7 和 92.8）（见图 3）。

首先，数字赋能社会转型、城市治理取得显著成效，数字社会建设

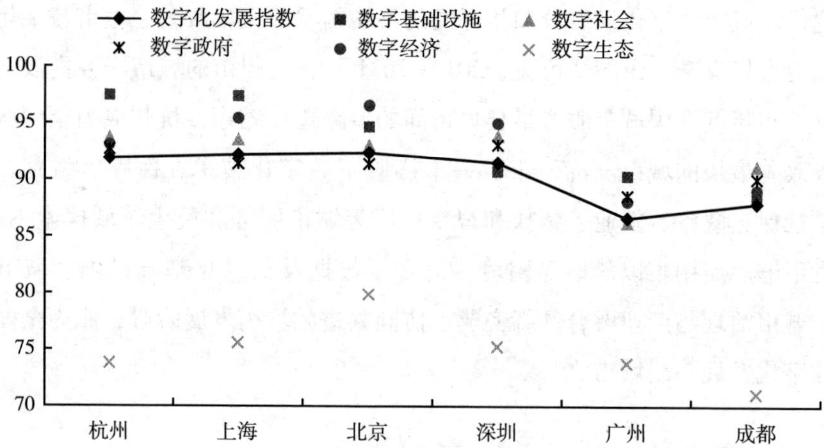

图 3　2022 年一线城市数字化总体画像

资料来源：新华三集团数字中国研究院《城市数字化发展指数（2022）》。

整体推进，数字政府服务效能全国领先。近年来，杭州市紧扣数字化改革“152”体系，全面推进“数智杭州”的体系化、规范化建设，在赋能治理、惠及民生等领域取得了明显的阶段性成果。第一，公共服务能力跃居全国榜首，宜商宜居竞争力大幅提升。在“最多跑一次”的便利、“民呼我为”的温度及“亲清在线”的高效等改革基础上，以推进“关键小事智能速办”“浙里智惠基本公共服务”等省级试点和打造“智惠杭州”等重大应用为契机，加快推进基本公共服务均等化、数字化、智能化，基本建成泛在可及、智慧便捷、公平普惠的数字化公共服务体系。第二，“城市大脑”加快迭代升级，智慧城市建设引领全国。杭州市是在全球率先提出并实施“城市大脑”建设的城市，近年来，在持续优化“一脑治全城、两端同赋能”运行模式，加快建设“数字体征+现场联动+专家会诊+智慧研判”数智指挥平台，以及打破数据瓶颈、实施流程再造的基础上，深化了“城市大脑+现代城市+未来社区+活力乡镇+未来乡村”等核心场景建设，提升了城市大脑“全域感知、深度思考、快速行动、知冷知暖、确保安全”等五大功能，实现了从“治堵”到“治城”再到“治疫”的发展阶段跨越。《城市数字化发展指数

（2022）》和《中国城市数字治理报告（2020）》[①] 显示，杭州市的“城市大脑”建设水平和数字治理水平均居全国首位。第三，数字政府建设持续深化，服务效能领跑全国。在全国率先设立以“数据资源”命名的市、县两级政府机构，有序推进城市数据资源治理体系和数字治理建设体系的系统性重塑，创新探索“系统+跑道”的整体智治、唯实唯先的现代政府架构；《中国数字政府发展研究报告（2021）》[②] 显示，2021 年，杭州市的数字政府发展指数为 80.4，居全国省会城市首位。同时，依托国家级、省级政务服务平台，全面推进政务服务事项便利化，政务服务效能显著提升。2020 年底，“移动办公（事）之城”政府履职六大领域专业应用实现全城覆盖，市、县两级政务服务事项 100%实现全流程“一网通办”；2021 年，进一步将围绕个人和企业全生命周期的 282 项单独事项合并为 75 项，真正做到“一件事”全流程“一次办结”。自 2019 年起，杭州市已连续 3 年在全国重点城市网上政务服务能力第三方评估中取得第 2 名。

其次，数字经济持续引领，成为城市高质量发展的强劲引擎。随着数字经济“一号工程”的持续推进，数字经济持续快速增长，成为驱动经济转型升级和高质量发展的核心关键力量。第一，数字经济稳步发展。由图 4 可见，2017~2021 年，杭州市的数字经济核心产业增加值增速一直高于同期 GDP 增速，增加值占 GDP 比重均超过 24%；2021 年，数字经济核心产业营业收入和增加值分别达到 16331 亿元和 4905 亿元，同比分别增长 26.6%和 11.5%，成为经济稳增长的“压舱石”和高质量发展的“金名片”；软件和信息技术服务业与数字内容产业集群在数字经济核心产业中的主导地位不断巩固，增加值和同期占 GDP 比重分别为 3933 元和 3548 元、21.7%和 19.6%。第二，创新能级、创新动力大幅提升。加快推进重大科技创新平台建设，为推动数字经济发展提供强有力的科技支撑；城西科创大走廊已成为数字经济

① 2020 年 8 月 18 日，中国经济信息社、中国信息协会和中国城市规划设计研究院联合发布的《中国城市数字治理报告（2020）》是国内研究机构首次从数字治理指数角度对城市发展水平的考察报告。

② 清华大学社会科学学院数据治理研究中心 2021 年 10 月 26 日发布。

创新策源地，建成国家重点试验室 14 家和大科学装置 1 个，数字科技创新战略力量培育成效凸显，部分数字技术实现了从跟跑向并跑的跨越。不断强化科技创新的支撑引领，巩固企业技术创新主体地位，为数字经济发展打造创新创造主力军。2021 年底，拥有国家高新技术企业 10222 家，成为全国第 6 个国家高新技术企业数量“破万”的城市，居全国省会城市第 2 位；人工智能发展迅猛，全市人工智能规模以上制造业企业和典型企业超过 520 家，人工智能算力和专利数分别居全国第 1、2 位，产业竞争力位列全国第一梯队。第三，产业数字化全面深化，新业态新模式层出不穷。加快催生数字化新技术、新理念，全方位、全链条推进传统产业和大数据、人工智能等新技术与实体经济的融合发展。以建设“产业大脑+未来工厂”为抓手，加快推进制造业数字化转型，累计认定未来工厂 32 家和智能工厂（数字化车间）423 家，建成省级工业互联网平台 285 个和上云企业 47 万家。在保证网上零售额稳定增长的同时，加快推进品质消费普及普惠体系构建。2021 年，全市场实现网上零售额 9951.5 亿元，同比增长 10.7%，数字生活新服务指数居全国首位。智慧农业亮点纷呈，县域数字农业农村发展总体水平稳居全国榜首。

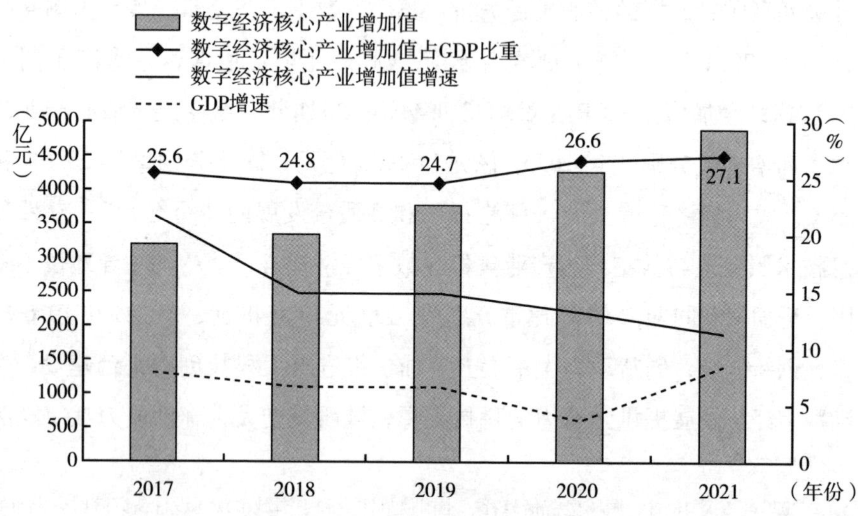

图 4　2017~2021 年杭州市数字经济核心产业发展情况

资料来源：历年《杭州统计年鉴》；历年《杭州市国民经济和社会发展统计公报》。

二　问题与劣势

杭州市的城市数字化建设一直走在全国前列，分项指标及绝大多数二、三级指标优势明显，但在数字要素市场、网络安全等数字生态、产业数字化、数字乡村建设等方面仍存在提升空间。

（一）数据交易平台、数字经济政策法规及网络安全制度机制等数字生态建设相对落后

《城市数字化发展指数（2022）》显示，虽然杭州的数字生态建设排进全国前3名，但二级指标与三级指标仍不均衡，数据交易平台、数字经济政策法规及网络安全制度机制等指标较为滞后，分别排全国第44、52和24名，这与杭州数字化发展一线城市的地位不相适应。这源于中国城市的数字化发展更多采用"应用驱动"模式，受市场用户需求推动，依托数字经济、数字服务、数字政府等市场应用层面的庞大需求倒逼技术进步和社会转型，大量的相关顶层设计、政策法规尚在逐步完善中。杭州市数字化发展的初衷和方向更多表现为破解资源要素禀赋困境、激发市场活力、提升城市治理能效、改善民生发展环境等，主张实践为先，相关制度建设相对滞后。但随着城市数字化发展成为各国争夺竞争制高点的新赛道，顶层设计、网络安全及数字资源的有效利用将成为提升城市数字竞争力的重要影响因素，应快速跟进落实。

（二）数字赋能实体经济、产业数字化仍有进一步提升空间

与北京、上海等国内数字化发展一线城市相比，杭州市的制造数字化、农业数字化水平仍需提升；《城市数字化发展指数（2022）》显示，杭州市的产业数字化二级指标排全国第14名，制造数字化与农业数字化2个三级指标只排全国第39名与第38名。数字赋能第一、二产业的发展速度近年来

有所减缓，产业数字化指数自2019年开始小幅下滑，不利于数字经济核心产业的增长和数字经济竞争力的提升。

三　政策与建议

针对杭州市数字化发展的现状、优势及问题，本报告认为，应以系统化推进“数智杭州”建设为抓手，从以下两方面入手，加快打造数字变革高地，为高质量城市数字化转型和高品质城市建设提供驱动力。

（一）进一步完善数字化改革顶层设计和相关制度建设，营造开放、健康、安全的数字生态

首先，以加快推进一体化智能化公共数据平台、党政机关整体智治、数字政府、数字经济、数字社会、数字法治等建设为抓手，通过规范相关主体行为，推进城市数字化转型，实现健康发展。其次，高度重视数字安全、网络安全，加强城市数字安全能力建设，推动城市安全体系与数字体系融合发展，尽快构建能面向未来和适应发展的新一代城市数字安全框架和运行系统。最后，进一步完善数字开放共享机制，健全数字交易规则，畅通数字流通渠道，加快推动数据要素的市场化和开发利用。

（二）持续推进数字赋能实体经济，做大做强数字经济

聚焦科技创新和产业创新双联动，以数字产业化和产业数字化为抓手，深入实施数字经济“一号工程”2.0版，加快推进产业数字化、高端化、集群化、融合化，做大做强数字经济。在工业领域，以“产业大脑”为支撑，以未来工厂和未来产业先导区等建设为抓手，加快推进产业链、创新链、供应链融合应用，尽快形成全要素、全产业链、全价值链全面连接的数字经济运行系统，赋能高质量发展。进一步健全数字贸易体制机制和推进数字乡村建设，探索以高端服务为先导的“数字+服务”新业态新模式，推动农业智慧化、科技化、现代化，全面推进现代服务业和现代农业高质量发展。

B.19

吉林省碳纤维产业创新联合体建设路径研究*

张立巍**

摘　要： 国外对“卡脖子”技术的限制催生了我国的创新联合体。报告认为，创新联合体应具有理论自洽、二次开发、技术配套和自研路线四个创新阶段，内部结构可分为理论、技术和产品三个创新层次。基于此，报告提出，吉林省可依托异质供给侧创新集群建立创新联合体，通过信任合作、共享共进和完善股权结构的方式巩固创新联合体，借助竞争、任务和激励机制发展创新联合体，从而打造吉林省碳纤维产业的创新组织。

关键词： 创新联合体　碳纤维　核心企业

创新联合体的研究核心从产业主体、创新主体迭代为企业主体。碳纤维产业创新联合体的建设既有一般产业的共性规律，也有产业自身的特殊逻辑，探究创新联合体的创新规律和内部结构，有助于提出更有效的吉林省碳纤维产业创新联合体建设路径。

* 该课题获得吉林省社科基金项目“吉林省碳纤维产业创新联合体建设路径研究”（项目编号：2022B61），中国工程院院地合作项目“吉林省碳纤维及复合材料产业集群发展战略研究”（项目编号：JL2021-12）的支持。

** 张立巍，吉林化工学院教授，研究方向为产业经济与企业创新。

一　创新联合体四阶段创新规律

创新联合体的推动核心为企业，这与其他创新组织有显著区别，意味着企业在创新联合体中居核心地位。核心企业推动的碳纤维创新联合体的创新具有阶段性，分为理论自洽、二次开发、技术配套和自研路线四个创新阶段。理论自洽指创新联合体进行基础性的研发理论论证，旨在形成闭环可行的研究理论，为创新联合体开辟新的研发方向；二次开发主要引入其他创新主体已经完成或阶段性完成的技术；技术配套以核心企业的技术为核心引入其他配套技术；自研路线按照企业既定路径开发新技术和新产品。碳纤维产业发展日新月异，需要自洽的理论研究作为先导；碳纤维复材技术需要企业间的深度合作，涉及二次开发和技术配套；自研路线是碳纤维及复材产业打造“护城河”的根本保证。因此，碳纤维产业创新联合体的创新路线以理论自洽为先导，以二次开发和技术配套为补充，以自研路线为根本，具有一定的阶段性路径依赖。

二　创新联合体三层结构设计

根据创新联合体的创新阶段论及与核心企业互动的创新主体的不同，创新联合体可分为理论创新层、技术创新层和产品创新层。理论创新层表现为核心企业与高等学校之间的协同关系，高等学校的理论创新能够为核心企业的发展提供创新思路，也可以围绕核心企业现有的技术、产品路线论证创新路径。技术创新层主要体现为核心企业与科研院所之间的合作关系，科研院所可以依托已有的共性技术，主动为核心企业进行技术的二次开发，满足核心企业的技术需求。产品创新层表现为核心企业与上下游企业在产品层面的密切关系，围绕核心企业的生产主线，上下游企业通过技术配套实现核心企业的产品定型。一般情况下，不同创新层对应不同的创新主体，但在实践中由于不同创新主体的创新能力不对等，也允许出现某个创新层汇聚几类创新主体。核心企业通过调动理论创新层、技术创新层和产品创新层，为其自研路线和自主创新服务。

三　吉林省碳纤维产业创新联合体建设路径

创新联合体的三层结构实际包含了创新链、产业链和机制链。创新链为理论、技术和产品创新层，产业链包括理论层的产业发展前瞻、技术层的共性技术创新和产品层的产品更新换代，机制链包括理论层的竞争机制、技术层的任务机制和产品层的激励机制。碳纤维核心企业要发挥核心作用，依托三链建立、巩固和发展创新联合体。

（一）基于创新链建立联合体

1. 纵横双向创新联合体的建设选择

一是纵向集群式创新联合体的建设选择。创新联合体中核心企业提出研发问题，创新主体答题。根据答题人的不同可分为核心企业主导的需求侧创新集群和以高水平研发团队引入为主的供给侧创新集群。二是横向分布式创新联合体的建设选择。创新主体分为同质性和异质性两大类，而且同域和异域的创新主体都可以加入创新联合体。在质性和区域叠加下，创新主体可分为同质同域、同质异域、异质同域和异质异域四大类别，进而形成基于竞争的同质分布创新联合体或基于合作的异质分布创新联合体。

2. 基于双核心企业群的吉林省碳纤维产业创新主体的确立

吉林省碳纤维企业主要集中于原丝碳丝生产和碳纤维复材生产领域，前者以吉林碳谷和吉林化纤为代表，后者以吉林化纤和吉林国兴复材为代表。吉林碳谷和吉林化纤在原丝碳丝生产上拥有领先技术，推动吉林省碳纤维原丝碳丝产能、产量、质量等全方位优于国内其他企业。吉林化纤和吉林国兴复材主要从挤压板、编织布、碳碳复材等领域发力，处于复材的上游生产环节，对接下游风电叶片、汽车零部件、体育用品、氢气瓶等生产商。总体来看，吉林省在原丝碳丝领域已形成吉林碳谷与吉林化纤双核心企业，在碳纤维复材领域已形成吉林化纤和吉林国兴复材双核心企业，其他高校、科研院所和上下游企业围绕双核心企业群开展创新研发活动。

3. 基于异质供给侧创新集群的纵横双向创新联合体的建立

吉林省碳纤维创新联合体的建立应遵循“立足基础，面向未来，纵向供给，横向异质”的策略。一是立足基础。吉林省碳纤维产业资源优势突出，核心企业创新基础雄厚，创新联合体应充分重视现有创新基础和格局。二是面向未来。创新联合体应依托自有创新能力，叠加异域创新技术，内外同促技术更新，巩固领先技术优势，鼓励产业从跟跑、并跑到领跑。三是纵向供给。双核心企业群牵头组建吉林省碳纤维创新联合体，提出系统研发需求，依托区域企业、吉林化工学院等本土科研主体持续发力，引入北京化工大学等合作关系稳定的异域高水平研究团队，在创新链中明确分工，纵向推动供给侧创新集群建设，促进碳纤维产业实现跃升。四是横向异质。为避免创新资源的浪费，创新联合体应加强创新主体研发方向的异质性引导，在吉林化工学院、长春工业大学、北京化工大学等理论创新层内设立异质性研发导向机制，在区域内传统研发优势领域与区域外高水平创新主体等技术创新层内设置异质性研发平衡机制，在吉林化纤、吉林碳谷、吉林国兴复材等产品创新层内建立异质性研发协调机制，形成碳纤维创新合力。

（二）基于产业链巩固联合体

1. 以信任合作为基础，增加高校前瞻研究活力

高校参与创新联合体的发展诉求高于利益诉求，核心企业应与高校建立以信任为基础的合作发展关系，增强高校投身前瞻研究的活力。一是核心企业与驻吉林市高校建立命运共同体，有利于双方奔着区域发展的共同目标努力。位于同一区域的企业和高校会受到同一区域发展环境的深刻影响，核心企业可采取打通人才通道和研发平台等举措，绑定区域、企业和高校的共同发展愿景，增强高校投身前瞻研究的使命感。二是核心企业与驻吉林省高校建立发展共同体，有利于双方达成互惠互利关系。核心企业可借助长期建设项目与非吉林市省域高校开展合作，通过绑定企业和高校的长期发展愿景，

增强高校投身前瞻研究的技术供给能力。三是核心企业与省外高校建立战略共同体，有利于双方的价值创造。核心企业可依托关键技术的研发需求与省外高校开展合作，借助彼此力量实现技术突破，通过绑定企业与高校的阶段发展愿景，增加高校投身前瞻研究的影响力。

2. 以共享共进为方式，提升院所技术创新能力

吉林省目前建设的碳纤维科研院所的人才主要源于企业和高校，吉林省碳纤维创新联合体亟须建设独立从事共性技术研发的科研院所。首先，吉林省可依照事业单位性质组建新型科研院所，利用科研院所体制优势对接共享技术研发的外部性特征，用政府支持对冲共性技术研发成本，打造区域内共享共进的碳纤维研究机构，提升区域共性技术创新能力。其次，吉林省应积极改造现有的企业类科研院所，鼓励政府、企业和社会共同出资，依托产权结构对接技术的共性，将企业类科研院所与所属企业剥离，但要保留企业化管理模式，打造具有现代管理体制的产权范围内共享共进的碳纤维研究机构，以科研创新和制度创新的“双轮驱动”提升区域共性技术的创新能力。

3. 以股权结构为主干，强化企业产品迭代实力

吉林省碳纤维创新联合体内企业主体的合作关系可通过股权结构加以巩固。一是强化吉林市国资委布局核心碳纤维企业股权结构的能力。吉林市国资委已对吉林化纤、吉林碳谷等企业进行不同程度的股权投资，未来应在低成本大丝束、碳纤维上游应用领域和风电、汽车、氢气瓶等下游应用领域强化股权布局能力，扩大碳纤维企业产品迭代领域。二是提升吉林省国资委布局核心碳纤维企业股权结构的能力。吉林省碳纤维产业必须由吉林市向吉林省扩展，可依托长春智慧优势设置研发基地，在白城等地建设应用基地，在吉林市夯实生产基地。创新联合体应主动与吉林省国资委对接，优化碳纤维在全省的发展格局，拓展企业产品迭代空间。三是深化国有资本与民营资本的合作。广东、浙江、江苏等地的民营碳纤维产业应用集群已经形成，创新联合体可推动吉林省国有资本与域外下游企业接触，发挥吉林省碳纤维上游原料和复材优势，延伸企业产品迭代链条。

（三）基于机制链发展联合体

1. 构建政企共同推进的竞争机制

吉林省碳纤维创新联合体应构建政企共同推进的“企业出题、政企出钱、高校出智”的竞争性基础研究机制。一是企业出题。政企依托创新联合体邀请碳纤维业界专家和学者梳理产业发展的重点问题，制定能够贯穿创新链的基础研究重点课题目录，定期增补或更换目录内容，确立目录对区域产业和企业发展的权威导向地位。同时，核心企业应结合自身发展的创新实际提出基础研究的具体问题，将基础研究问题进行项目化分割，清晰界定每个项目的内涵，给出项目研究可预期的创新成果参考。二是政企出钱。核心企业依托碳纤维创新联合体的产业基金设立横向研究课题，遵从“谁出资谁受益”的原则，产业基金出资人可以优先享有基础研究成果，激发企业出资的欲望。政府依托科研基金设立碳纤维创新的纵向研究课题，通过金额大小、项目等级等方式吸引高校等创新主体参与申报。三是高校出智。在前期竞智中提高高校申报项目的竞争力，重点关注前期成果的竞智而不仅是申报书的竞智；在中期组智中鼓励组建团队强化高校学科知识与产业应用知识的融合，在研发团队间的合作中开展适度竞争；在后期尊智中树立研发团队的质量竞争意识，提高研发质量评价结果在人才评定中的占比，赋予研发活动更深的荣誉内涵，升级项目研发的竞争格局。

2. 构建政企共同推进的任务机制

共性技术的开发是战略任务，共性技术的二次开发是战术任务。一是政企推进“战略任务+长期团队”模式的共性技术开发。通过提升科研院所对接战略科研任务长期性等特性的能力，发挥科研院所在碳纤维创新联合体中的稳定器作用；通过政企双方共建的创新任务池，助力科研院所自定科研任务，实现研发任务的柔性下放；依托创新联合体宽松的管理环境，将藏才于企、藏才于校、藏才于院所变革为藏才于创新联合体，打破长期使用人才的桎梏和束缚，开辟灵活使用人才的新通道。二是政企推进“战术任务+短期团队”模式的技术二次开发。共性技术的二次开发需要科研院所和核心企业之间建立技术的供需关系，应设立首席对接员制度衔接供需关系，对接员通过调取技术开发的内部资料、召开对接会议等方式提升对接效果；由于二次技术开发属于企业应用创新，在技术开发活动中适用于企业管理模式，可探索设立项目经理，让其负责组建技术开发团队，全权管理二次技术开发活动，科学设置容错率，确保在规定的时间内完成二次技术开发工作。

3. 构建政企共同推进的激励机制

激励机制可有效推动上下游企业开展创新活动。一是构建碳纤维创新联合体的外在显性利益机制，包括创新补偿机制和创新变现机制。创新补偿机制关注企业创新人员的付出，对上下游企业的配套技术研发可实施定额与绩效相结合的补偿方式，定额补偿针对创新人员的基本劳动付出，绩效补偿针对创新人员的智慧付出。其中，定额部分由创新联合体出资，绩效部分由使用方出资。创新变现机制关注创新的市场价值，上下游企业的配套创新成果可根据产品的最终市场认可度追加奖励金额。二是构建碳纤维创新联合体的内在隐性激励机制。通过举办碳纤维年会、参与地方产业规划编撰等方式提高创新联合体的影响力，提升创新主体的社会声誉；通过创建内部大讲堂、邀请专家讲座、开设产业学院等方式提高创新联合体的吸引力，强化创新主体的人才引育；通过对标国家和地方碳纤维发展方向、预测产业发展重点，提高对创新联合体的把控力，增加创新主体的发展机遇；通过企业产能的转移、扶持研发项目的设立、研发资源的共享等措施，提高创新联合体的整合力，改善创新主体的风险境遇。

B.20
基于提升城市核心竞争力的吉林省教育信息化发展策略研究

于琪瑶*

摘 要： 信息技术的不断发展和应用给人类社会带来了显著影响。5G时代下，教育信息化的发展对城市建设特别是信息城市建设有重要的指引作用。教育公共服务是城市基本服务的一部分，教育信息化发展是信息化时代教育公共服务的重要组成部分。数字教育资源公共服务体系的建立是教育信息化发展的重要依托。本报告根据信息城市核心竞争力的要素，找到教育信息化发展与城市核心竞争力提升的关系，提出利用信息化手段提升人口质量、构建智慧学习环境、完善政策导向的吉林省教育信息化发展策略。

关键词： 城市竞争力 智慧城市 教育信息化 教育资源 公共服务体系

信息技术的不断发展和应用给人类社会带来了显著影响。在5G的高速通信网络下，云计算正重构信息产业竞争格局，大数据、人工智能等智能技术正重构城市竞争力维度，城市正在向大众普遍参与、形成群体智慧的方向发展。教育是衡量民生的重要组成部分，更是城市竞争力的重要维度。

---

* 于琪瑶，吉林省电化教育馆网络技术部副主任、助理研究员，研究方向为数字化学习环境。

一　研究背景

教育是城市社会活动的一部分，是城市创新发展的根本动力，是市民幸福指数的基本保障。① 城市发展依赖集聚效果，教育发展促进科技进步和文化艺术集聚，对整个区域经济的提升有极为重要的影响。人口与产业集聚促进城市经济结构合理化，教育信息化是教育现代化的内生动力，对人口及产业发展有促进作用。从城市发展理论来看，从数字城市、智慧城市到新型智慧城市，城市化的转型升级和不断发展推动了城市中人们思维方式和认知方式的转变，智慧教育既是智慧社会的必要组成部分，也是改善民生、促进新型智慧城市建设的有机基底。② 大数据技术对智慧城市的建设起到基础支撑作用，教育信息化对智慧城市的发展起到保障作用。

近年来，吉林省按照教育部“教育信息化和网络安全工作要点”要求，以“数字吉林”建设为引领，扎实推进信息化建设，深化网络条件下教学模式改革，大力促进教育系统性变革和服务能力提升。吉林省省会长春市的城市竞争综合实力领先于省内其他城市。为深入推进义务教育均衡发展，着力提升农村学校和薄弱学校办学水平，全面提高义务教育质量，利用信息化手段解决教育问题成为合适的解决方案。教育信息化对坚持以人为本、促进人的全面发展，解决义务教育深层次矛盾、推动教育事业科学发展，促进教育公平、构建社会主义和谐社会，进一步提升国民素质、建设人力资源强国，具有重大的现实意义和深远的历史意义。

二　相关概念界定

（一）智慧城市

城市化进程对城市经济、资源利用、生活质量、时间成本以及可持续发

① 逯行：《智慧城市教育公共服务数据治理研究》，《中国远程教育》2021 年第 5 期。

② 汪于淇：《基于 PEST 分析的智慧教育城市建设和发展策略研究》，《中国商论》2021 年第 8 期。

展等多方面带来不同程度的影响，随着城镇化水平的提高以及人口的不断增加，全球各地城市管理者面临日益严峻的挑战。智慧城市的兴起给各城市发展带来了实际效益，包括 GDP 增长、失业率降低、生活质量以及安全健康水平提升等，这使城市管理者能够实现科学决策、精细管理、快速响应，从而提升城市竞争力。在现代信息技术的驱动下，城市也能像人一样拥有智慧。现代信息技术与城市肌体的深度融合、迭代演进，相当于给城市安装了一个“大脑”，让大数据帮助城市来思考、决策，使城市能够自我调节，与人类良性互动。当前，智慧城市建设已成为国家战略，政策环境持续利好，发展路径日益清晰，呈现“百花齐放”的良好态势。智慧城市是一个复杂的系统，在不断迭代与优化中升级发展。这意味着每年智慧城市建设的评估维度会随着时代发展发生变化，城市竞争力排名也随之发生变化。智慧城市的建设不仅依赖初速度，也要关注加速度。

（二）智慧教育

对智慧城市的认识和关注不断增加，将为提升城市竞争力创造更大的空间，教育的智慧化是构建智慧城市的基本要求。智慧城市中的教育公共服务建设以实现智慧教育为发展目标，以数据治理为手段，通过构建智慧城市教育公共服务数据治理体系提升市民对城市教育公共服务的满意度。[①] 智慧城市中的教育公共服务本质上是智慧教育支撑服务，是利用人工智能、大数据等新一代信息技术，通过构建智慧教育环境为市民提供基本教育公共服务，具有公共性、公益性和文化性等基本属性。[②] 智慧教育通过汇集区域内教学、管理、应用的数据，挖掘其行为，实现城市智慧教育的精准性、管理的科学性、学习的高效性。

传统的网络环境和技术环境下，学习资源的供给千篇一律，而智能时代

---

① 包磊、王道生、李秀琴：《基于大数据治理下的智慧教育云平台建设构思——以甘肃省教育管理公共服务平台为例》，《科技创新导报》2018 年第 30 期。

② 廖蔓琪、万昆：《智慧城市公共教育服务的理论内涵与框架研究》，《数字教育》2015 年第 5 期。

的网络传输技术使智能环境传输全过程的学习数据供给成为可能。在此背景下，智能学习服务系统将实现对个体的精准分析，进而按照个体的特定需求提供优质的资源和服务。智慧教育通过无处不在的通信网络和传感设备智能感知学习者的场景和特征，主动为学习者营造学习环境、规划学习路径、推送适合的学习资源，实现从“人找信息”到“信息找人”的转换。在智能技术和泛在高速通信环境下，各类教育场景在任何地方、任何时间、任何方式下都能进行便利、快捷、高效、智能的连通与协同，各类教育业务将不再以孤立的方式提供服务，教育领域的管理业务、教学业务、评价业务、培训业务与服务业务将实现智能协同，进而实现业务流程的重组和服务形态的创新。

（三）教育信息化

智慧教育要充分尊重学生的发展规律。习近平总书记在党的十九大报告中强调，必须把教育事业放在优先位置，加快教育现代化。教育信息化是教育现代化的核心动力。2018 年 4 月教育部发布《教育信息化 2.0 行动计划》，2019 年 2 月中共中央、国务院印发《中国教育现代化 2035》，这些文件都强调教育信息化在推动教育现代化过程中的地位和作用。当前教育信息化不仅要涵盖信息环境建设、软硬件支持，而且应结合教育理论，分析技术应用的多种潜力和层次，建设多应用场景、多实践领域、宽技术场域的实施路径。在此过程中，应借助智能技术，特别是大数据、人工智能、云计算等技术手段推动教育服务的智能化，以及教育应用的情境化和普及化，实现教育的革命性转型。

教育信息化建设将为各类数据的采集和分析建立标准化模型，通过对物理环境的感知，实现对数据的汇聚和跨空间传输，增强教育服务的调节功能，打破时间、空间、内容、媒介的限制，实现教育信息的无缝流通。

（四）数字教育资源公共服务体系

数字教育资源公共服务体系是行政部门提供数字教育资源基本公共服务的载体，主要通过网络学习空间的形式提供资源服务并支撑基于信息技术的新型教育教学模式。当前数字教育资源公共服务体系以国家和省级两个层级为主。一方面，国家体系承载国家教育资源的公共服务平台；另一方面，各省级教育资源公共服务体系经国家体系枢纽环境连接成逻辑统一的整体。吉林省数字教育资源公共服务体系是由省级平台和下属市（州）县（区）平台经省级枢纽环境连接而成的逻辑统一的整体，由省教育厅根据实际进行统筹建设与实施，覆盖全省义务教育以及部分幼儿教育、职业教育、成人教育与特殊教育领域。①

三　城市竞争力的核心要素

随着5G时代的到来，技术水平飞速提升，人口结构发生变化，资本水平大幅跃升，政策导向也相应调整。本报告重点分析影响城市竞争力的人口质量、技术水平、政策引导这三个维度。

（一）人口质量

城市的发展依赖人，特别是人才。人才为城市增添新的活力与动力。城市发展的基础是资源，而人口提供的劳动力是资源的源头。即使现在，劳动力资源仍是主体，是一个城市快速发展不可缺少的因素，劳动力素质和是否能合理配置劳动力资源至关重要。因为人不仅提供单纯的劳动力，同时他们还是技术的携带者和创造者，是一切先进技术的发明者和使用者，再先进的技术也只有在人的控制和运用下才会发挥作用，才能很好地促进城市发展，这是人对城市化进程的贡献。城市发展和人口问题是辩证统一的，两者相互制约、相互促进，并且缺一不可。人的存在以城市的发展为载体，而城市的发展需要解决各方面的人口问题。经济发展的决定性因素不是资本积累也不是技术进步，而是人。②

① 刘忠民：《基于平台+资源服务体系的网络扶智研究——以吉林省为例》，《中国电化教育》2019年第7期。

② 王今朝、黄俊：《人口规模优势和社会主义制度优势：中国经济发展的稳固支撑》，载董长瑞主编《经济理论与政策研究》，经济科学出版社，2013。

（二）技术水平

智慧城市是在新一代信息技术支撑下，在知识社会下一代创新（创新2.0）环境中形成的城市形态。它通过实现全面透彻的感知、宽带泛在的互联以及智能融合的应用，构建有利于创新涌现的制度环境与生态，实现以用户创新、开放创新、大众创新、协同创新为特征的可持续创新，塑造城市公共价值，并为每一位市民创造独特价值，从而推动城市与区域的可持续发展。信息技术的不断发展和应用给人类社会带来显著影响，传统网络的信息安全、传输速度、延时性等问题将在5G时代得到改善，5G宽带等网络技术的普及，能够激发教育信息化应用的潜力。

（三）政策引导

产业是城市赖以生存和发展的基础和动力源，是城市竞争力的关键所在。无论是解决当前城市发展面临的现实问题，还是未来发展的问题，都需要推动城市产业发展实现质量、效率、动力等变革，增强城市的区域带动力和国际竞争力。一是推动传统产业转型升级。聚焦核心化、智能化、服务化、绿色化方向，加大新技术、新业态、新模式的推广运用力度，做大做强城市行业龙头企业，促进传统产业转型升级。二是培育壮大新兴产业。适应消费升级和深化供给侧结构性改革，利用物联网、大数据等信息技术成果，积极培育新兴产业，推动平台经济、虚拟经济等新业态健康发展，促进形成新的经济增长点。三是强化科技创新。立足自身资源禀赋和产业基础，科学谋划科技创新，积极利用先进适用技术进行成果转化，着力打造特色鲜明、优势突出的高科技产业体系，为城市发展不断注入新动能。四是提升城市治理水平。城市治理是城市发展和增进人民群众福祉的重要保障。习近平总书记指出，要着力完善城市治理体系和城乡基层治理体系。提升城市治理水平，一方面要，加快推动政府职能转变，提升城市治理的科学化、精细化、智能化水平，推进社会治理现代化；充分发挥市民的主人翁精神，鼓励市民通过各种方式参与城市治理，充分保障其对城市发展的知情权、参与权、监督权；

注重发挥各类社会组织的作用，动员、引导和支持各类组织参与城市治理，实现政府、市民、社会各方力量的良性互动、同向发力。另一方面，要加快推进智慧城市建设，推动城市信息基础设施优化升级，加快布局5G、人工智能、工业互联网、物联网等新基建，深化数据汇聚共享，加强城市大数据平台建设和功能整合，共同打造“城市大脑”，全面推进政务服务、公共服务数字化和城市运行“一网统管”，不断提升城市治理现代化水平。

四　教育信息化发展与城市竞争力提升的关联

教育信息化对城市经济有双向促进作用。技术进步是推动经济增长的决定因素。教育信息化作为教育技术发展的有效手段，为培养全方位发展的人提供了有效的技术保障。技术的创新离不开教育的发展，教育产业的发展为城市企业提供了充足的智力支持以及经济发展的重要保障。城市经济实力越强，对教育投入力度越大，教育产业发展越旺盛，教育信息化水平越能处于领先地位，从而吸引越来越多的人才，带动经济水平提升，使城市竞争力得到提升。吉林省的教育资源优势明显，特别是拥有吉林大学、东北师范大学、延边大学等多所高等学府，同时基础教育资源实力雄厚，不乏全国闻名的中小学。因此，吉林省亟待提升这些优势教育资源的信息化应用能力。

（一）教育信息化发展与城市供给能力

城市竞争力的提升离不开自然和非自然环境的构建，其中非自然因素在当今城市发展中占有越来越重要的位置。构成城市竞争力的非自然资源与环境因素较多，经济方面包括产业基础、城市规模、人力资源、市场体系等，制度方面有企业制度、政府制度、市场规范等，文化方面则有价值观、教育水平、文化意识等。[①] 教育信息化发展一方面依赖制度的完善，另一方面对经济发展有促进作用。教育信息化发展与城市供给能力提升两者相互促进、协同发展。

---

① 张建东：《教育产业与城市竞争力》，《教育研究》2004年第10期。

（二）教育信息化发展与城市集聚能力

城市集聚规模和内容变化影响城市的发展。一般来说，伴随着城市工业化步伐的加快和流通活动的变化，城市的人口集聚形态也发生变化，科学技术和文化艺术的发展呈现多元化。城市集聚程度的高低、文化科学产业的发展程度都对经济发展和区域整体发展产生影响。与此同时，在经济的自由流动和优化配置下，集聚是必然结果，集聚经济能够提升区域经济的增长速度。对于内陆地区的城市，特别是西部地区及东北地区的城市，应抓住国家西部大开发战略及东北老工业基地振兴战略机遇期，利用本地区要素成本优势及特色资源吸引国内外资源，促进相关产业集聚发展。① 教育信息化发展加快了城市要素的流动速度，提升了城市的运转效率。教育信息化发展与城市集聚能力的提升两者相互补充、互为支撑。

（三）教育信息化发展与城市创新能力

教育信息化的发展带来教育形式和学习方式的重大变革，促进教育改革，对传统的教育思想、观念、模式、内容和方法产生了巨大冲击。教育信息化是国家信息化的重要组成部分，对转变教育思想和观念、深化教育改革、提高教育质量和效益、培养创新人才具有深远意义，是实现教育跨越式发展的必然选择。城市创新能力的提升除了要依赖高技术含量的物质资本，还必须具备与之匹配的高技能劳动力。在当前结构调整、动力转换的经济发展新常态下，我国需加大对教育、健康、居住等的公共投入力度，以提升教育水平为抓手，促使人力资本稳步提高。在这一过程中，需要重点关注职业技术培训，让制造业从业人员的专业素质不断提高。确立教育的个性化原则，首先要走出思想认识上的误区。信息技术学习环境是诸多要素的综合体，不仅包括支撑学习者学习过程的有形环境，如信息传输网络、完备的教学平台、丰富的网络课程教学资源以及完善的远程学习支持服务体系等，而

① 关木子、李涛：《城市资源集聚能力探析》，《科技创新与生产力》2017 年第 3 期。

且包括影响学习者身心发展的隐性环境，如与学习者个性化学习进程有联系的学习情境、学习氛围、人际关系、学习文化等。在信息技术学习环境下，个性化是指对学生学习个性的尊重，包括两个层面。在理念层面，指关注、重视和关照个性，强调以对个性的关照来主导和驱动设计；在行为层面，指构建过程和设计行动不仅强调功能，还强调适应个性、匹配个性、服务个性和满足个性的环境品质。基于个性尊重理念对网络学习环境进行构建，可以实现根据学生的不同特征与需求因材施教，通过网络给出不同学习环境、学习方式、学习内容的选择，为每个学生提供最佳的教学支持，让学生自由选择学习内容、制订学习计划，自由安排学习时间和地点，从而获取知识、更新知识，最终实现个性化学习。可以说，教育信息化的发展为城市创新能力的提升带来巨大的智力保障，两者相互依赖，共同提升。

五　对策建议

（一）通过信息化手段提升人口质量

吉林省是重要的工业基地和商品粮生产基地，在新时代面临新的外部环境和挑战，经济发展受限，导致其教育水平与发达省份相比存在很大差距。人口数量是城市竞争力的核心要素，人口素质提高为城市发展带来生机。教育具有明确的目的性和方向性，引导人的发展，其重要特点是可以根据一定的目的和要求，选择影响条件，排除和控制各种不良因素的影响，以保证教育目的的顺利实现。教育信息化作为教育系统性变革的内生变量，支撑引领教育现代化的发展，推动教育理念更新、模式变革、体系重构，是加快实现教育现代化的有效途径。

党的十八大和十八届三中全会提出要将“立德树人”的要求落到实处。2014 年教育部研制印发的《关于全面深化课程改革落实立德树人根本任务的意见》提出，教育部将组织研究提出各学段学生发展核心素养体系，明确学生应具备的适应终身发展和社会发展需要的必备品格和关键能力。核心素养是党的教育方针的具体表现形式，是连接宏观教育理念、培养目标与具体教育教学实践的中间环节。因此，利用信息化手段培养德才兼备的强国人才具有重要的战略意义。

推动教育信息化，促进区域协同发展。信息化教学应用实践共同体作为一种新型的推动组织变革的管理工具和行动框架，其优势和不可替代性在于其突破传统正式组织边界的开放性和不断发展的动态性。[①] 学校组织不同成员开展实践和研究，将目光从关注各学校硬件机制，转向对其机制建立、课堂效果、内在联系、评价维度的考量。通过打造区域内名校，建立名校带动薄弱学校的教学实践共同体，发挥名校示范引领作用，促进教育公平。教育公共服务是核心，提升城市公共服务能力是目标。利用信息化教学应用实践共同体创新人才培育模式，是提升人口质量的有效途径。

教育信息化建设的目标是引领教育服务模式创新，促进教育体制机制变革，推动教育信息化升级转型，适应教育现代化发展要求。通过利用技术手段聚合学习过程和教育管理数据，开展学情分析和学习诊断，精准评估教学效果，提供个性化的学习服务，支持精细化管理和科学决策，推动人工智能在教学、管理中的应用。教育信息化具有突破时空限制、快速复制传播、呈现手段丰富的独特优势，成为促进教育公平、提高教育质量的有效手段，成为构建泛在学习环境、实现全民终身学习的有力支撑，带来教育科学决策和综合治理能力的大幅提高。教育信息化始终关注学习者本身，重视技术带来的体验，更注重教与学过程中的生命价值与感受，因此教育信息化的发展为培养高素质人才提供有效途径。以教育信息化支撑引领教育现代化是新时代我国教育改革发展的战略选择，对构建教育强国和人力资源强国具有重要意义。[②]

---

① 梁林梅、沈芸、耿倩倩：《信息化教学应用实践共同体：内涵、特征、运行结构与改进建议——以教育部 2018 和 2019 年度“教育信息化教学应用实践共同体”项目为例》，《电化教育研究》2021 年第 9 期。

② 《教育部关于印发〈教育信息化 2.0 行动计划〉的通知》，教育部网站，2018 年 4 月 18 日，http：//www.moe.gov.cn/srcsite/A16/s3342/201804/t20180425_ 334188.html。

（二）利用技术手段构建智慧学习环境

近年来，人工智能、大数据、区块链等技术迅猛发展，深刻改变人才需求和教育形态。智能环境不仅改变了教与学的方式，而且已经开始深刻影响教育理念、文化和生态。学习环境的研究经历了从重点关注人的行为到重视环境评价再到关注学习者如何更有效学习的过程。教育教学更好更有效的发展离不开学习环境设计研究。学习环境为教育活动的开展提供保障，利用技术手段建构学习环境的宗旨就是通过对学习环境的设计培养高质量人才。

吉林省教育资源公共服务平台由省教育厅行政部门主办，于 2014 年 6 月上线运行，为全省广大师生提供免费的国家教育云资源和远程技术服务。吉林省教育资源公共服务平台是以云计算为基础，通过将信息技术与教学过程深度融合，汇聚优质资源及应用，以网络学习空间为纽带，面向教育机构、教师、学生、家长提供一站式教学服务。

截至 2021 年 12 月 31 日，吉林省教育资源公共服务平台共有注册机构 4000 余个，注册教师 32 万余名，注册学生 335 万余名，注册家长 659 万余名，注册用户总数达 100 余万人。其中，中心校以上学校注册率达 100%，教师注册率近 100%，一线教师注册率超过 99%，学生注册率达 99%，月均活跃用户超 3 万人。平台上共有教材资源 1400 余万条，其中互通资源 550 余万条，省内资源库中教师原创资源条目为 130 余万条；平台核心应用教学助手教材资源库中资源总量约 720 万条，另有核心应用承载的习题 2075 万余道。吉林省教育资源公共服务平台用户各角色激活比例见图 1。

图 1　吉林省教育资源公共服务平台用户各角色激活比例

根据教育部发布的《教育信息化“十三五”规划》《教育部关于数字教育资源公共服务体系建设与应用的指导意见》，在共享国家教育资源的同时，省级教育行政部门全面整合省内分散的教育信息资源，整合教育资金，避免重复建设。以吉林省教育资源公共服务平台为运行中枢，以“同构部署、虚拟映射、异构接入”3种方式整合联通全省11个市（州）平台，基本建成“覆盖全省、互联互通、共治共享、协同服务”的吉林省基础教育资源公共服务体系，形成“全省一体系、资源体系通”的架构。

在网络学习空间应用层面，吉林省教师用户共通过网络学习空间发表文章15万余篇，发布照片536万余张，上传个人资源395万余条，网络学习空间累计发布个人动态364万余次，线上交流互动2233万余次。2021年吉林省教育资源公共服务平台共有近40万名教师通过网络学习空间使用教学应用，累计使用近20万次，教师累计收藏、下载资源21万余条，累计上传原创资源6万余条。教师累计发布作业3万余次，共有53万余名学生参与教学助手空间作业。教师累计完成授课7万课时，累计板书文件34万余件，课堂实录视频3000余个。2021年12月平台访问数据见图2。

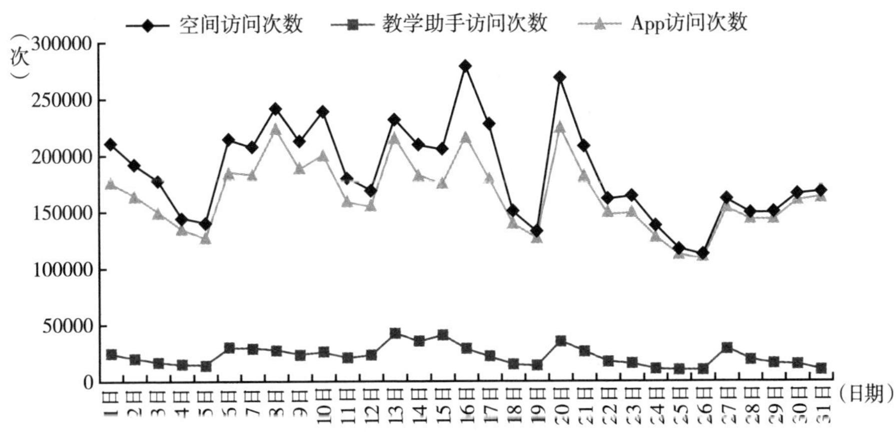

图2　2021年12月平台访问数据

经过前期的不断完善，吉林省教育资源公共服务平台近两年注册用户（学生和家长用户）增长明显。全省各市（州）注册用户均有增加。信息化手段搭建的网络学习环境促进教育公平发展，缩小区域之间差距。

党的十八大以来，互联网技术与应用水平迈上新高度，共建网络空间命运共同体的美好愿景更是为互联网发展提供了中国智慧。2020 年新冠疫情防控期间，网络学习空间更是发挥着不可替代的作用。面对网络学习空间的蓬勃发展要抓住机遇，面向用户需求升级功能与服务，完善保障机制，将网络学习空间应用纳入专项督导，促进教育信息化绩效水平提升，打造网络学习空间应用示范典型。同时网络学习空间的构建与发展要紧跟时代技术的更替，遵循教育教学规律，发挥技术对教学的最大化支撑，提升教育信息化水平。

（三）完善省级教育信息化政策导向

近年来，吉林省以“构建云服务体系，建设优质教育资源，努力提升教育质量”为发展方向，创新实施“互联网+教育”工程。按照“夯实基础、融合创新、深化应用、协同发展”的原则，坚持“应用驱动、机制创新”的基本方针，积极推进信息技术与教育教学深度融合，着力建设教育资源公共服务体系，促进优质教育资源共建共享，扎实推进“教育信息化 2.0 行动计划”，深化网络条件下的教学模式改革，大力促进教育系统性变革和服务能力提升。教育行政部门将信息技术在教育教学中的融合应用作为深化基础教育育人方式改革、积极推进教育服务供给方式变革的有效机制，推动师生信息化应用能力和信息素养持续提升。吉林省教育厅印发的《吉林省 2020 年教育信息化和网络安全工作要点》中，明确了教育信息化建设的 3 个核心目标，给出了省内信息化建设的重点任务，通过政策导向，完善全省教育信息化基础设施，促进互联网与教育的融合创新。教育信息化发展与城市核心竞争力提升对策见图 3。

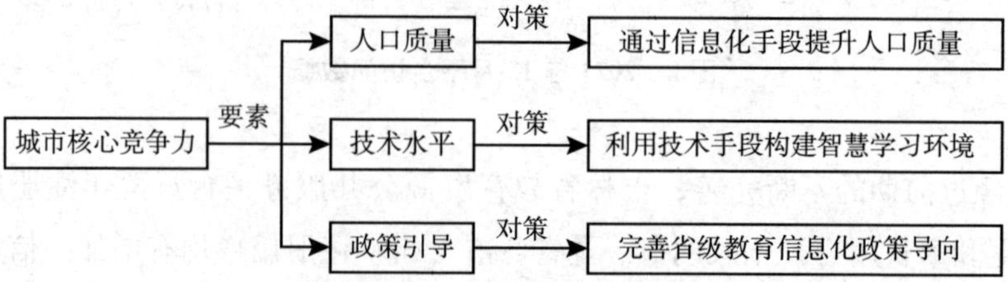

图 3　教育信息化发展与城市核心竞争力提升对策

教育行政部门通过制定完善的政策导向，落实立德树人的根本任务，利用教育信息化手段提升教育管理水平，跟踪监测教与学全过程，建设综合性、过程性的多维度评价体系，与此同时，教育行政部门要深化教育大数据应用，全面提升教育管理信息化支撑教育业务管理、政务服务、教学管理等工作的能力，促进教育管理业务重组、流程再造，促进教育治理体系及治理能力现代化。通过教育信息化政策导向的完善，带动城市经济发展、人才引进，助推城市核心竞争力提升。

B.21
吉林省智慧城市推动城市治理现代化研究

于秋时*

摘　要： 吉林省城市发展的内核趋向更加高效、开放、创新、融合，对治理能力的要求不断提升，智慧城市用复杂的科技信息技术搭载现代化的城市治理内核，实现现代城市治理水平的综合效能提升。越来越多的城市在规划建设与治理模式上充分考虑与智慧城市相融合，智慧城市成为新一轮信息化浪潮下对城市传统发展方式的反思，是信息化、城镇化、工业化向纵深发展以探索城市发展新理念、新模式、新路径的一个综合性体现。智慧城市是软硬件相结合的新型城市更新，吉林省探索把信息技术与城市资源进行整合，以信息流和信息资源的开发与利用为核心，提升城市资源利用效率，加强城市软实力交流，使数字化与信息流深入城市治理的各个方面，融入人们的实际生活和工作。

关键词： 智慧城市　城市治理　治理现代化

习近平总书记指出，运用大数据、云计算、区块链、人工智能等前沿技术推动城市管理手段、管理模式、管理理念创新，从数字化到智能化再到智慧化，让城市更聪明一些、更智慧一些，是推动城市治理体系和治理能力现

---

* 于秋时，吉林省社会科学院（社科联）情报资料室助理研究员，研究方向为信息管理。

代化的必由之路，前景广阔。[①] 在城镇化快速发展的时代，城市的发展方向、城市的科学合理规划与定位越来越成为城市高质量发展的核心问题。智慧城市是城市治理能力提升的重要载体和手段，是整合城市发展的更高级形态，通过运用信息技术，优化城市运营管理模式，提高城市的综合管理与服务水平。通过科技的合理运用来加强城市建设，可以说智慧城市已经成为城市转型发展的战略选择。

一　智慧城市推动城市治理现代化的主要方面

（一）“智慧+环境”

节能减排与生态环境保护治理更高效。智慧环保是信息技术在节能环保方面的实践应用。既可以进行空气、水质与噪声污染等多方面的智能监控，又可以打造智慧能耗监测平台以及环境综合治理平台，针对节能减排与能耗标准等进行实时监控，对城市的空气、水、废弃物等的环保信息进行严格监测和发布，使人居环境更加和谐友好，使环境执法力度进一步加大。

（二）“智慧+政务”

政务服务保质增效。建立政务数据中心，打造智慧政府，以互联网和信息技术为基础，大力发展电子政务服务体系。不能局限于高层次政务服务部门，而是要随着信息网络的铺开，向社区、街道、乡镇、农村延伸。建立城乡一体统筹发展的政府职能体系，加强城市社会创新管理，铺设安全、高效、广覆盖的社会服务管理智能信息网，加速政府职能转变，提升政府办事能力与办事效率，巩固法治建设成果，加大行政执法力度。全面推进智慧政务与网上办事项目建设。

---

① 《数字化让城市更智慧（思想纵横）》，“人民网”百家号，2021 年 3 月 26 日，https：//baijiahao. baidu. com/s？ id = 1695245033110259029&wfr = spider&for = pc。

（三）“智慧+公共服务”

提升社会事业与基本公共服务水平。以为广大市民提供高效、优质的服务为基本导向，在智慧医疗、智慧社会保障、智慧社区服务等方面加快信息化步伐。以信息技术为基础，为群众提供整合资源服务。在社区服务方面，建立信息资料库，以社区生活服务信息化平台为依托，提供家政、配送、医疗、养老等多方面的服务。在日常生活方面，推动支付信息化、一体化建设，为群众提供互联网、有线电视、水电气等“一站式”缴费服务。在医疗方面，及时公开食品药品监督信息库信息，网络预约挂号、门诊等服务要建立面向患者的系统工程，整合城市医疗资源。

（四）“智慧+产业”

培育城市经济新动能。随着第三产业、现代服务业的快速发展，以文化创意、电子信息软件、信息服务、物联网商务、金融服务和现代信息物流、智慧旅游等为代表的智慧产业正在崛起。智慧产业围绕电商进行一系列布局，不断利用大数据时代信息化的优势，降低企业运营成本，减少营销环节资源浪费，压缩物流运输成本。在发挥城市自身优势的基础上，政府应大力扶持智慧产业发展，实现新旧动能转换，转变经营理念，健全产业链条，把信息技术突破、企业技术研发和产业升级换代结合起来。突破物联网与信息技术瓶颈，持续在智能机器人、集成电路、芯片研发、新型半导体照明、新型物联网等产业领域加大投入力度，培育推动经济发展、产业结构转变的新增长极。

（五）“智慧+交通”

建设智慧高效的城市交通网络。智慧交通充分利用物联网解决“城市病”，对城市交通情况、运输情况、交通基础设施的铺设与搭建情况、交通工具的配套建设情况等进行全面细致的掌控。针对城市交通实施实时全面的监控，对交通突发状况以及日常维护情况进行综合感知。以大数据为基础，以信息技术为手段，对实时监控中获取的数据进行开发和利用，提炼可以为城市交通部门提供管理决策的基础信息。突破“信息孤岛”瓶颈，以云计算为新存储模式，实现数据资源及时共享。同时可以通过互联网对交通运输数据进行快速传输交换，对城市中各种交通布局进行合理规划，从而达到解决城市中各种交通问题的目的。

（六）“智慧+安全”

建立城市安全与应急体系。社会治安综合治理平台、智慧城市应急系统、公共安全综合管理平台等保障城镇居民生命财产安全的智能系统和平台正在各个城市建立。利用电子警察、治安卡口、应急指挥平台等智能系统和平台，政府组织多个职能部门（包括交通、环保、消防、公安部门等），通过对监控资源的整合处理，对各种突发事件进行模拟并判定预警方案；通过一系列惠民智慧手段的实施，确保为市民营造一个安全、和谐、便捷的智慧型人居环境。

二　智慧城市推动城市治理现代化面临的问题

（一）顶层构建与体制机制尚待完善

吉林省智慧城市参与城市治理现代化建设推进至今，在全省 13 个试点城市中，只有省会长春市的发展最具代表性且相对全面，其次是吉林市、辽源市和通化市，这 3 个城市都在不同方面取得了一定进展，有的城市更侧重于社会治理过程中的环保和交通智慧治理，有的城市更侧重于公共服务中的医疗和教育智慧治理。总结经验不难发现，较好推进治理现代化的城市均较为重视顶层设计，充分考虑自身资源禀赋与财政情况，把智慧城市平台搭建与城市产业特色和居民需求充分融合，因此获得了市民的赞许，也得到了国家的肯定。但在建设过程中也存在较多问题，一是盲目上马项目，规划设计混乱；二是平台搭载缺乏实用性，与经济社会发展脱节，没有形成助力；三是出现了要素流动障碍，资源浪费与流失；四是忽视了顶层设计，缺乏合理规划设计，没有形成配套健全的体制机制，没有发挥好数智技术的助力作用。

（二）资源要素配置亟须优化

吉林省主要城市居于东北腹地，受天气、地理位置与经济发展环境影响，近年来人口流失现象严重，特别是高技术人才的外流，应尽快受到政府的关注。人才流失造成资源要素的流失，形成恶性循环。因为缺人才，所以缺乏技术研发与攻关实力，进一步使高技术特别是智慧城市建设所急需的物联网、云计算等数智技术突破成为难题，相应的专利技术与高技术成果转化较少，高技术与人才的匮乏是智慧城市治理能力提升的瓶颈。另外，高技术新兴战略产业启动需要投入大量的前期资金，在吉林省政府财政资金有限的前提下，东北地区招商引资存在天然短板，资本市场相比于全国其他地区也不够健全，资本市场多元化程度不足，因此在投资规模与投资渠道等方面均有较大提升空间。

（三）信息基础设施建设亟待加强

智慧城市的许多软硬件技术依旧依靠国外的支撑，国内发展相对缓慢。吉林省在信息基础设施搭建与平台组建方面也存在较大缺口。吉林省大多数试点城市受资金、技术和人才缺失的因素制约，信息基础设施建设进度不一致，建设的质量也参差不齐，信息基础设施不完善。移动互联网与5G网络覆盖程度虽然逐步提高，但覆盖质量还需进一步提升，仍有部分城乡地区千兆及百兆网络接入能力不尽如人意。在平台搭载方面，信息置换、交流与共享仍需加强。因此，在城市治理现代化过程中，既存在资源与信息流通不畅的问题，也存在资源无法共享与分配不合理的问题。在云计算与大数据采集方面，吉林省发展较为缓慢，除长春市外，其余试点城市均有较大差距，亟须加速发展。

（四）城市特征与数智技术融合不深

每个城市参与城市治理现代化的内容大同小异，覆盖面与基本服务领域差别不大。同时，智慧城市的软硬件技术以及信息基础设施也区别不大。但城市有自身属性与特色，每个城市都有自己独特的吸引力与魅力，应把数智技术与城市精神、城市特色相融合，打破冰冷的数智技术带来的千篇一律的城市印象，在高科技与数智技术积极参与城市治理现代化的过程中，体现城市个性、展示城市形象、打造城市魅力，甚至形成区别于其他智慧城市与城市治理现代化水平的自身独有的人情味与文化特色。这是在智慧城市技术、产业、要素、方法之外，另一个需要吉林省关注的人文视角与技术相结合的深层次的建设领域。

三　智慧城市推动城市治理现代化的对策建议

（一）建立健全规划与体制机制

智慧城市推动城市治理现代化是一个复杂的规划设计与不断融合发展的过程，不是一个部门、一个机构就可以完成的任务，需要多方协调、统一谋划、科学布局、协同推进、全局部署。吉林省各个城市的政府、规划机构、金融机构、行业协会等相关方面应高度重视，由政府牵头成立独立的组织协调机构，全面统筹智慧城市建设工作，同时构建实时共享与采集分发服务机制，加强城市基础地理与大数据信息平台建设，及时出台智慧城市推动城市治理现代化的顶层设计规划方案、相关法规或政府文件，确保公共平台的权威性、唯一性，制定数据更新、运行管理、应用服务以及各部门信息共享等相关实施细则，同时注意落实机构建设、经费投入、人员编制等相关政策。

（二）优化各项资源要素配置

在资金方面，在国家投入配套资金的基础上，由中央及省（区、市）共同出资建设，各级政府和有关部门应积极争取更多财政支持，将智慧城市的建设投入纳入本级年度财政预算或专项预算，实行专款专用，并且建立公共财政对智慧城市建设的稳定投入机制，保证智慧城市建设顺利实施。在招商引资方面，应努力破解吉林省城市投融资难的问题，积极拓展投融资渠道，通过与大型跨国信息技术企业合作，引导民间资本进入等多种投融资形式，尽可能地为智慧城市积累资金。在人才与技术配备方面，要把引进和培养高技术人才作为本地区的重点任务，积极制定和数智人才、高技术人才、高水平管理人才、高效运营人才相关的政策，鼓励高校和科研单位的专业技术人才通过技术参与或独立创业的形式参与智慧城市建设，给予资金和政策扶持。鼓励科研机构组建高素质的信息技术开发应用团队，鼓励产学研加快融合与成果转化进程。

（三）加强信息基础设施建设

以智慧城市推动城市治理现代化的核心要素是高新技术、数字技术对城市治理的积极参与和融合发展，实现的根本是信息技术的变革与不断提升。信息技术发展和信息网络构建是城市治理现代化实现的决定性因素。吉林省内以长春、吉林等信息基础设施建设相对较好的城市为代表，未来应该让更多城市加快在地理、环境、能源、公安、交通等多方面的信息数据收集和信息资源整合步伐，实现资源共享。大力提升城市信息基础建设水平，与企业合作建立覆盖全城的无线网、传感网和宽带网体系。构建社会化信息管理和服务系统，加速对社区管理、物业管理、家政服务、安保等方面的推广和应用。

（四）根据城市特质完善城市治理现代化

吉林省内城市各具特色，参与智慧城市试点建设的 13 个城市也具有不同的历史积淀、文化内涵、产业特色以及城市个性。以数智技术为基础，以智慧城市为依托，在城市治理现代化提升的过程中要因地制宜、突出城市个性，可以参考国内外其他城市的经验，但不能千篇一律地实行“拿来主义”，应优先在战略性产业、先导性产业或重大民生项目上构建智慧系统，通过发挥重点行业、重点项目的示范带动作用，促进智慧城市建设“全面开花”。当前，吉林省内以长春、通化、辽源为代表的一些城市正在积极探索符合自身发展实际的智慧城市建设模式。比如，辽源在顶层设计上以“市长视野、企业视角、百姓感受”三个角度融合作为设计理念，充分兼顾各层次居民需求，最大限度地满足各个层面的需求，真正实现全社会层面的城市治理现代化；通化则在智慧城市的建设过程中充分考虑城市自身的特点，重点推动智慧技术在社会治理、公共服务方面的应用，从强化城市现代化治理的角度实现资源整合，实现资源最优配置，以医疗和教育为一期试点，取得了有效成果；长春则根据自身“森林城”“电影城”“文化城”的特色，提出把“绿色城市”“人文城市”与智慧城市相结合的理念。

B.22
吉林省建设儿童友好城市的路径研究

韩佳均*

摘　要： 2022年8月，吉林省发布《关于推进儿童友好城市建设的实施方案》，提出将依托“五个友好”建设，到2025年分阶段、分领域推进吉林省儿童友好城市建设试点。试点建设儿童友好城市，在规划策略上应依据城市特色制定试点方案，广泛动员多元主体参与，渐进式创新完善政策措施，重点关注困境儿童生存状况。在实施路径上要以环境改善为规划的实践要点，持续加大服务与支持的力度，重视儿童参与的重要程度，渐进式完善相关配套政策制度，并科学评估具体执行情况。

关键词： 儿童友好城市　儿童参与　儿童事业

吉林省在儿童事业发展中一直稳扎稳打。自“九五”时期吉林省发布儿童发展规划开始，2001~2020年，吉林省每10年对儿童事业发展做出具体规划，在儿童的健康领域、福利保障领域、教育及社会环境领域、法律制度保护领域等取得了显著成就，实现了儿童健康水平的持续提升、受教育水平的持续提升、社会保障水平的持续提升和权益保障水平的持续提升。①

积极创建儿童友好城市对吉林省非常必要。“十四五”时期，儿童事业发展将开辟新局面、呈现新气象。随着“三孩”政策的放开，城市间的人口争夺日

* 韩佳均，吉林省社会科学院社会学研究所副研究员，研究方向为社会政策、社会保障。

① 《吉林省全面开展妇女儿童发展规划终期评估工作》，“吉林日报”百家号，2020年11月3日，https://baijiahao.baidu.com/s?id=1682326697848074709&wfr=spider&for=pc。

益激烈，除了人才本身的发展，下一代的成长也成为吸引人才、留住人才的重要影响因素之一。儿童对城市发展的重要性日益凸显，儿童已经成为城市可持续发展的基础与核心、未来与希望。儿童友好城市的创建成为我国城市国际化的重要标志。吉林省打造儿童友好城市，不仅能够提高城镇化的质量、提升城市的国际形象，而且有助于吸引人才和实现城市的可持续发展。

一　吉林省建设儿童友好城市的规划策略

根据 2019 年联合国儿童基金会发布的《构建儿童友好型城市和社区手册》，联合国儿童基金会确立了全球通行的儿童友好型城市认可标准，其中保障儿童权利、倡导儿童参与和消除儿童歧视是践行儿童友好型城市倡议的核心目标。[①] 儿童友好型城市认可标准分为 9 个基本模块（见图 1）。除保障儿童权利、倡导儿童参与和消除儿童歧视 3 个核心模块外，还包括儿童友好型法律框架、儿童权利部门或协调机制、儿童影响评价和评估、用于儿童的预算等。这套用以指导操作的研究工具以及国内现有的实践模式，为吉林省制定规划指明了方向。可以通过组合不同模块或者选取其中的核心模块进行实践，在核心组成部分上探索设计符合吉林省实际发展状况的行动框架。

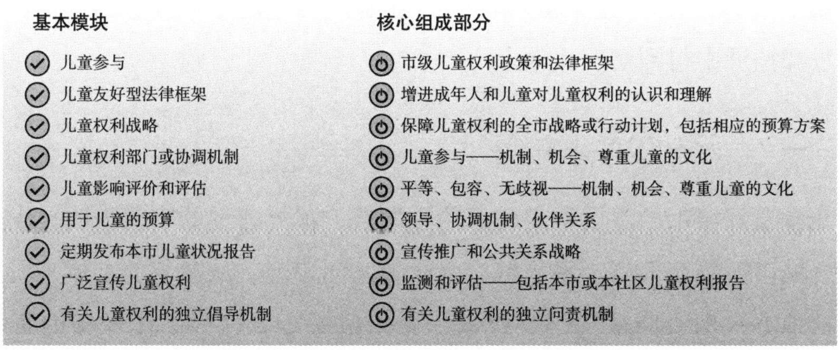

图 1　儿童友好型城市认可标准的基本模块及核心组成部分

资料来源：联合国儿童基金会编《构建儿童友好型城市：行动框架》，2019 年 5 月；联合国儿童基金会编《供国家委员会使用的儿童友好型城市和社区倡议工具包》，2019 年 5 月。

① 联合国儿童基金会编《构建儿童友好型城市和社区手册》，2019 年 5 月。

（一）依据城市特色制定试点方案

根据第七次全国人口普查数据，吉林省9市州中，长春市常住人口超过500万人，吉林市、松原市常住人口均超过200万人，延边朝鲜族自治州、四平市、白城市和通化市常住人口均超过100万人。[①] 吉林省有7个市州拥有创建国家儿童友好城市的试点资格，这7个市州可以依据自身的经济发展水平和优势、特点来选择儿童友好城市建设的议题。一是这7个市州可以按照人口数量分为三个层次，即第一层次为长春市，第二层次为吉林市和松原市，第三层次为延边朝鲜族自治州、四平市、白城市和通化市。每一层次的城市可根据城市发展中儿童所要解决的核心问题来调整制定规划，如长春市可以更加关注儿童服务与保障，吉林市和松原市可以更加关注困境儿童，延边朝鲜族自治州、四平市、白城市和通化市可以更加关注儿童参与等。二是依据城市的发展阶段，探索符合城市经济特征、文化特征、社会特征的儿童友好城市治理路径。各个城市的治理偏好不同，在初创探索阶段，可以依据城市的治理传统进行拓展。三是在儿童友好城市的创建过程中，首先考虑儿童权利保障状况的改善情况，即儿童受重视、尊重和平等对待的程度，表达意见的权利，享受基本服务的情况，成长环境的安全性，以及与家人享受游戏和娱乐的状况。[②] 儿童友好城市的创建是一个持续发展的过程，需要在逐步推进和拓展中得到切实成效。

（二）广泛动员多元主体参与

儿童友好城市的建设不是政府的独角戏，世界各地的实践表明，发展儿童友好城市需要跨部门、多领域、全社会共同参与。从参与的主体来看，主要包括地方政府、商业部门、媒体、社会组织等。这些主体承担的责任不同，发挥作用的领域也不同。一是政府作为城市治理发展的核心，主要承担

① 《吉林省第七次全国人口普查公报（第二号）》，吉林省统计局网站，2021年5月24日，http://tjj.jl.gov.cn/tjsj/tjgb/pcjqtgb/202105/t20210524_8079030.html。

② 联合国儿童基金会编《构建儿童友好型城市和社区手册》，2019年5月。

儿童友好城市建设框架制定、儿童发展监测和城市治理网络建立的职能。二是商业部门主要承担为儿童提供友好的产品和服务、为政府和社区工作提供支持、为儿童养育者提供便利等职能。三是媒体在创建过程中作用较大，可以通过宣传和倡议，提高社会对儿童权益的关注度，为儿童搭建社会参与的平台，并通过数字媒体拓宽儿童参与的渠道，提升儿童参与的能力。四是社会组织包括非政府组织、社区组织和志愿组织等，是发展儿童友好城市的中坚力量。他们可以从多个领域弥补政府、商业部门和媒体服务供给的不足，在监督儿童福利保障情况、提供专业服务、提高公众认识、支持政府工作层面起到重要的作用。最终形成党委领导、政府主导、部门协同、社会支持、人人参与的工作格局，凝聚全社会推进儿童友好城市建设的合力。①

（三）渐进式创新完善政策措施

儿童友好城市的建设是一个长期和缓慢的过程。从提出至今经过多年的发展才日趋成熟，而随着城市经济发展水平的不断提升，儿童友好城市的内涵和构建还在不断充实和完善。儿童友好城市的创建和治理，是需要不断探索、实践、总结、学习、完善的过程，每个城市在创建过程中，对于建构模块都有不同的选择，在具体实施过程中采用的治理策略和取得的成效也会不尽相同。因此，需要在锚定核心问题的基础上，采取渐进式的治理策略，选择合适的发展模块，不断提升儿童权利和福利的保障水平。

（四）重点关注困境儿童生存状况

2016 年发布的《国务院关于加强困境儿童保障工作的意见》明确了困境儿童包括因家庭贫困导致生活、就医、就学等困难的儿童，因自身残疾导致康复、照料、护理和社会融入等困难的儿童，以及因家庭监护缺失或监护

① 刘保林：《国家发展改革委新闻发布会　介绍关于推进儿童友好城市建设有关情况》，《中国产经》2021 年第 21 期。

不当遭受虐待、遗弃、意外伤害、不法侵害等导致人身安全受到威胁或侵害的儿童。[①] 在儿童友好城市的建设过程中，困境儿童是最脆弱的群体，他们的生存状况和权利保障需要更多关注和谨慎对待，避免对其造成不可逆转的伤害。对困境儿童的帮扶和救助需要城市给予更加包容的治理策略，不仅赋予困境儿童平等地享受福利和保障的权利，也给予其参与城市建设和社会治理的机会和能力。

二　吉林省建设儿童友好城市的实施路径

联合国儿童基金会梳理了儿童友好型城市倡议行动计划，对实施路径给予了具体指导，指出应从问题分析、目标设定、风险假设、逻辑框架、行动计划[②]等方面收集信息，进而为实施战略的选择和排序提供参考。依据这一思路，在推行试点建设过程中，应从以下几个方面加以考虑。

（一）以环境改善为规划的实践要点

儿童友好城市建设最直接也是最直观的改变就是儿童生活、成长环境的变化。因此，改善儿童生活品质，首先要改善儿童的交通出行状况、公共空间状况和基础设施状况。交通出行状况的改善包括保障安全的通学环境，优化校内外交通环境与公共空间；保障社区的出行环境，优化步行线路和人行设施；保障公共交通的出行环境，优化城市公共交通场站和慢行环境，营造绿色、舒适、便捷、清洁的出行环境。公共空间状况的改善包括保障城市公共空间的可达性，设立儿童优先绿色通道和特殊儿童服务专区；保障社区空间的趣味性，增加游戏设施，保障儿童游戏空间的安全；保障街道的安全性，满足儿童多样化需求。基础设施状况的改善包括保障儿童居住权益，如提供经济性住房和保障性住房，减轻育儿家庭的住房负担；保障儿童公共服

① 《国务院关于加强困境儿童保障工作的意见》，中国政府网，2016 年 6 月 16 日，http：//www. gov. cn/zhengce/content/2016-06/16/content_ 5082800. htm。

② 联合国儿童基金会编《构建儿童友好型城市和社区手册》，2019 年 5 月。

务设施如儿童医院、母婴室、儿童图书馆的建设；保障对育儿家庭日常照护的支持，包括提供普惠托育服务、普惠性学前教育等。

（二）持续加大服务与支持的力度

在硬件环境改善的基础上，还要实现服务水平的高质量发展，包括对儿童家庭教育的指导、医疗健康的支持和精神文明建设的引导。加大对家庭教育的指导和培育力度，通过主题教育宣传月、宣传周和优良家教家风评选活动，营造向上向善、共建共享的社会主义家庭文明新风尚。提高儿童健康管理水平和医疗服务能力，关注青少年的心理健康，加强疾病预防和体育锻炼，促进身体素质的提升。开展多样性的组织实践活动，以讲故事的形式开展历史教育和核心价值观教育。

（三）重视儿童参与的重要程度

儿童参与是衡量儿童友好城市建设成熟度的重要指标，儿童参与不仅包括参与社区的生活，还包括参与公共决策的制定。要保障儿童的知情权、表达权和参与权，探索建立儿童参与公共活动和公共事务的机制。在完善城市功能布局和优化空间设计时，引入儿童“体验官”，从儿童的视角感受城市的建设和变化。要实现有意义的参与，通常需经历以下四个过程：营造包容的空间，供儿童形成和发表意见；就儿童发表的意见采取适当的行动；以尊重的态度倾听儿童的意见；儿童有权利通过其选择的媒介和方式自由发表意见。[①] 国际上对“高质量参与”有以下共识：一是透明公开，自愿参与；二是尊重儿童，对儿童友好；三是有相关性，有包容性，负责任；四是有经过适当培训的成年人提供支持；五是确保安全，保持较强的风险防范意识。[②] 应从根本上扭转儿童参与的地位，使儿童从

---

① Lundy, “Voice is Not Enough: Conceptualising Article 12 of the United Nations Convention on the Rights of the Child,” *British Educational Research Journal* 33 (2007): 927-942.

② 《第 12 号一般性意见：儿童表达意见的权利》，中国人权网，2014 年 12 月 2 日，https://www.humanrights.cn/html/2014/6_1202/3476.html。

被动接受照顾转变为参与社会事务的决策，发挥“童心看世界”的积极作用。

（四）渐进式完善相关配套政策制度

综观各国儿童友好城市建设的思路，完善的立法保障和制度建设是保障儿童权益的前提条件。首先，应当完善和健全儿童福利制度，不仅包括儿童保护和救助，还应当向全面增进儿童福祉的方向转变。其次，要完善城市建设的相关配套政策，如居住政策、户外权益保障政策等。再次，在预算合理的基础上，对建设儿童友好城市项目给予适当的财政奖励或补贴，引导地方积极推行具体措施。最后，以财政支持引导为前提，聚集企业、社区、社会组织等多元力量，形成多元合力，保障项目实施的资金支持和多元主体间的紧密合作。

（五）科学评估具体执行情况

根据联合国儿童基金会公布的内容，儿童和青年全面参与儿童友好型城市倡议项目的周期一般包括创建儿童友好型城市倡议项目、开展儿童权利现状分析、制定儿童友好型城市倡议行动计划和预算方案、实施、评估和审评、举办儿童友好型城市倡议认可仪式六个阶段。[①] 其中最重要的环节是评估和审评，即对具体工作执行情况的全盘审视和认定。评估和审评的途径一般是财务审计、问卷调查和访谈。评估和审评的参与对象必须有儿童和青少年。儿童友好城市的建设应当重视阶段性的评估和反思，在地方建设中可以开展定期评估或年度评估，建立科学的评价指标体系，找到发展中的症结，评价项目目标的完成进度，并根据取得的进展和失败的教训形成儿童友好城市进展报告，向社会公众发布最新建设成果。

儿童友好城市建设并不是指城市发展的服务目标群体只是儿童，儿童的

① 《促进儿童和青年参与——备选行动方案儿童友好型城市倡议》，联合国儿童基金会网站，2019 年 4 月，https：//www. unicef. cn/reports/cfci-child-and-youth-participation。

需求只是城市生活的一部分，赋予儿童参与城市治理的权利是为了更好地适应儿童的发展，体现城市发展与儿童发展的相辅相成，是对城市弱势群体需求的回应。城市的发展也需要兼顾多代际的需求，以儿童友好城市建设为起点，最终实现全龄友好城市乃至全龄友好社会的构建，让城市生活回归以人为本。

参考文献

［1］曹现强、马明欢：《儿童友好型城市治理的路径分析与实践逻辑　基于 10 个国家治理实践的文本分析》，《山东大学学报》（哲学社会科学版）2022 年第 1 期。

［2］高亚琼、王慧芳：《长沙建设儿童友好型城市的规划策略与实施路径探索》，《北京规划建设》2020 年第 3 期。

［3］孟雪、李玲玲、付本臣：《国外儿童友好城市规划实践经验及启示》，《城市问题》2020 年第 3 期。

［4］邓凌云：《“儿童友好型城市”城市治理方案的构建与实践——以长沙为例》，2019 中国城市规划年会，重庆，2019。

［5］赵宏宇、杨鑫宇：《基于儿童诉求的儿童友好型城市建设国际启示及本土化思考——以长春市为例》，《吉林建筑大学学报》2019 年第 6 期。

［6］白玮：《中国特色儿童友好型城市建设经验与启示——以深圳市为例》，《社会福利》（理论版）2020 年第 8 期。

［7］《关于推进儿童友好城市建设的实施方案》，吉林省人民政府网站，2022 年 8 月 3 日，http：//xxgk. jl. gov. cn/zcbm/fgw/xxgkmlqy/202208/t20220803_ 8531170. html。

Abstract

This book is divided into five parts: general report, comprehensive reports, competitiveness of prefecture-level city reports, competitiveness of county-level city reports and comparison and reference reports. With the theme of "Economic Resilience: A New Dimension of Urban Competitiveness", the general report evaluated and analyzed the economic resilience of Jilin Province and the nine cities and prefectures through four dimensions of employment, structure, innovation and integration, and pointed out that the structural dimension and innovation dimension are the main constraints to the improvement of urban resilience and competitiveness of Jilin Province. The comprehensive reports includes the overall ranking and overall situation analysis of urban competitiveness of prefecture level cities and county-level cities in Jilin Province in 2021, which systematically and comprehensively summarizes the comprehensive development profile and comprehensive performance of urban competitiveness of all regions in the province in 2021. The competitiveness of prefecture-level city reports covers the 2021 annual competitiveness report of 8 prefecture level cities in Jilin Province. Through a comprehensive and systematic analysis of the status quo and advantages, problems and shortcomings, phenomena and laws of the competitiveness development of each city, targeted policy recommendations are put forward to promote the improvement of urban competitiveness. The competitiveness of county-level city reports includes the competitiveness report of three major county-level cities in Jilin Province. It mainly analyzes the current situation and trend of the competitiveness development of major county-level cities from the aspects of comprehensive economic competitiveness and sustainable competitiveness, with a view to providing reference for the development direction of county-level cities in the province. The comparison and reference chapter takes the successful practices of Jilin Province and other regions as the research object, analyzes and summarizes the carbon fiber industry innovation consortium in Jilin Province, the development strategy of education informatization in Jilin Province, smart cities in Jilin Province, the construction of children friendly cities in Jilin Province and the experience of technological innovation in innovative cities, and the evaluation and improvement path of digital competitiveness in Hangzhou as a reference to improve the development level of cities in Jilin Province.

Keywords: Urban Competitiveness; Economic Resilience; Industrial Structure; Technological Innovation; Jilin Province

Contents

Ⅰ General Report

Abstract: The era of resilience has begun, and economic resilience determines the stability of urban competitiveness. On this basis, this report evaluates and analyzes the economic resilience of Jilin Province through the four dimensions of employment, structure, innovation and integration, and points out that the structure and innovation are the main constraints on the improvement of urban resilience and competitiveness of Jilin Province. Based on this, it is pointed out that the economic resilience of various cities in Jilin Province should be improved, not only to integrate into the national unified market, but also to integrate the "one main and six doubles" high-quality development strategy of the same frequency, implement both inside and out, and the economic resilience of Jilin Province will continue to improve, and promote Jilin cities to break through the situation first and take the lead in the overall revitalization of the northeast of China.

Keywords: Economic Resilience; Urban Competitiveness; Industrial Structure

Ⅱ Comprehensive Reports

Abstract: At the end of The 13th Five-Year Plan, Jilin Province is facing unprecedented special difficulties and challenges. Adhere to the general tone of seeking progress while maintaining stability, and based on the new stage of development, overcome major difficulties and challenges such as the "lack of core" of automobiles and the shortage of coal and electricity. The national economy continues to maintain restorative growth, the economic foundation is stable and strengthened, and the industrial quality and efficiency are gradually improved. In response to the continuous decline in the ranking of comprehensive economic competitiveness and sustainable competitiveness, Jilin Province should accelerate industrial integration and innovation, promote regional coordinated development, optimize the scientific and technological innovation ecology, and strengthen the construction of resilient cities to comprehensively enhance the competitiveness of Jilin Province.

Keywords: Competitiveness of City; Economic Development; Resilient Cities

B.4 Ranking Urban Competitiveness (County-level City) in Jilin Province *Li Dongyan* / 040

B.5 A Summary of Urban Competitiveness (County-level City) in Jilin Province *Li Dongyan* / 042

Abstract: County-level cities have a key position and an important role in the regional composition of the provincial national economy. This paper analyzes and summarizes the pattern and advantages, problems and shortcomings, phenomena and rules of county-level cities in Jilin Province, In 2020, the competitiveness of county-level cities in Jilin Province has been continuously improved. The comprehensive economic competitiveness of county-level cities in the central region is relatively leading, the eastern region is polarized, and the western region is generally in the middle level; The overall level of sustainable competitiveness of counties is higher in the eastern region, stronger in the central region and weaker in the western region. The problems and shortcomings of the competitiveness development of county-level cities in the province are universal. Facing the general law and trend of the development of county-level cities, it is necessary to continuously improve the competitiveness of county-level city in the province by establishing an industrial system for county-level city development, cultivating county-level citiy innovation ability, introducing digital economy, strengthening green ecology and low carbon and other measures.

Keywords: County-level City; Comprehensive Competitiveness; Sustainable Competitiveness; County Economy

Ⅲ Competitiveness of Prefecture-level City Reports

Abstract: Guided by the coordinated development strategy of China's regional economy, Changchun has thoroughly implemented the deployment of the three sectors of "East, middle and west" and the high-quality development strategy of "one master and six doubles", which accelerated the construction of Changchun's modern metropolitan area, focused on the key tasks of "six city linkage" and "four services", and made substantial effort to ensure the main body, stabilize investment, promote consumption, benefit people's livelihood, prevent risks, and ensure the steady and healthy development of economy and society. To achieve the sustainable development of the city, Changchun should continue to promote the industrial transformation in the future, enhance the core competitiveness; make every effort to ensure the improvement of people's livelihood and enhance the inclusiveness of cities; strengthen the development and opening up by constructing an open and convenient city; strengthen environmental pollution control by constructing a green and livable city; to constantly optimize the business environment and build a business friendly advantage for the city.

Keywords: Urban Competitiveness; Sustainable Development; Technological Innovation

Abstract: Although the total economic volume has grown steadily, the investment scale has continued to expand, the industrial structure has been further optimized, the tourism industry has accelerated its development, and the resource environment has become more excellent, it still faces the problems of small total economic volume, low per capita GDP, and high proportion of traditional industries, which has led to the reduction of the overall economic competitiveness and sustainable competitiveness of Jilin. In the future, with the accumulation and growth of emerging kinetic energy, the continuous strengthening of the construction of development zones, the growth of county economy, and the promotion of rural revitalization by strong industrial towns, efforts should be made to promote industrial transformation and upgrading, to build a famous cultural tourism city, to promote high-quality agricultural development, to build an innovation and entrepreneurship highland, to build an ecological livable city, and to fully demonstrate the comprehensive economic competitiveness of Jilin City.

Keywords: Comprehensive Economic Competitiveness; Sustainable Competitiveness; Structural Adjustment

Abstract: In 2020, facing the severe and complex domestic and international environment, especially the impact of the COVID-19, Songyuan City thoroughly implemented the spirit of Xi Jinping's important instructions, coordinated the promotion of epidemic prevention and control, economic and social development. Adhering to the general principle of seeking progress while maintaining stability, steadily promoting the resumption of work and production, coordinating the development of "four cities" joint innovation, and creating a new way of integrating production, life and ecology, the economic development trend has gradually improved, and major indicators have rebounded. However, with the in-depth impact of the epidemic and the test of disasters such as floods and typhoons, the downward pressure on the economy has increased significantly, and the comprehensive economic competitiveness and sustainable competitiveness have continued to decline. In the future, Songyuan City still needs to speed up the transformation of its industrial structure, strengthen its ecological advantages, and continuously accumulate new kinetic energy, so as to turn Xi Jinping's high hopes that "Songyuan has great potential for development" into a vivid reality as soon as possible.

Keywords: Joint Innovation among the Four Cities; Sustainable Development; Competitiveness of City

Abstract: Under the background of increasing downward pressure on China economy even the global economy, Siping City has gradually improved its economic operation and gradually recovered its high-quality economic development by continuously deepening the reform of system and mechanism. In 2021, although Siping's comprehensive economic competitiveness is still at the national downstream level, it has improved compared with 2020, and the quality and efficiency of economic development have been improved. Siping's sustainable competitiveness ranks in the middle and lower level of the country, and its ranking has declined. In the future, with Siping coordinating regional development, accelerating the construction of a modern industrial system, deeply implementing the innovation driven development strategy, and boosting urban green transformation business environment, Siping's comprehensive economic competitiveness and sustainable competitiveness are expected to be further improved.

Keywords: Comprehensive Economic Competitiveness; Sustainable Competitiveness; Business Friendly Competitiveness

B.10 Jilin Province City Competitiveness (Liaoyuan City) Report

Liu Lian / 116

Abstract: In 2020, due to the impact of various adverse factors, Comprehensive economic competitiveness and sustainable competitiveness of Liaoyuan City showed an overall downward trend. Liaoyuan City has overcome various difficulties to ensure steady economic growth, but there are still practical problems such as weak economic foundation, slow growth, insufficient economic vitality, relatively backward business environment, and insufficient scientific and technological innovation. It needs to continue to optimize the industrial structure, continuously improve the business environment, adhere to the core position of innovation and development, and fundamentally improve the competitiveness of Liaoyuan city.

Keywords: Urban Competitiveness; Technological Innovation; Industrial Structure; Economic Vitality; Business Environment

B.11 Jilin Province City Competitiveness (Tonghua City) Report

Xu Jia / 132

Abstract: The year 2020 is an extraordinary year. The sudden COVID-19 pandemic has posed unprecedented challenges to economic and social development. At the same time, it is also the end of the 13th Five-Year plan. Under such circumstances, Tonghua implemented the spirit of Xi Jinping's inspection of Jilin, grasped the difficulties head-on, coordinated the epidemic and the city's economic and social development, Tonghua will continue to promote reform and innovation, maintain stability and seek development, and ensure the overall stability and improvement of the economy and society. Both the comprehensive economic competitiveness and most of the sub-indexes of sustainable competitiveness are stable and rising. In the future, Tonghua will continue to concentrate and take multiple measures simultaneously to promote greater progress in the overall competitiveness of the city.

Keywords: Urban Competitiveness; Comprehensive Economic Competitiveness; Sustainable Competitiveness

B.12 Jilin Province City Competitiveness (Baishan City) Report

Wang Tianxin / 148

Abstract: Since 2021, Baishan City has fully implemented the high-quality development strategy of "one main and six doubles", the urban economy has maintained stable development, the optimization and upgrading of characteristic industries has been accelerated, and social and people's livelihood guarantees have also been strengthened. According to the evaluation system of urban competitiveness indicators, Baishan City currently has shortcomings in factors such as agglomeration, population density, and open connections. During the 14th Five-Year Plan period, Baishan City should further leverage its geographical and resource advantages, strengthen innovation leadership and opening to the outside world, continue to optimize industrial ecology and enhance environmental construction, and improve urban competitiveness.

Keywords: Urban Competitiveness; Featured Industries; Green Transformation; High-quality Development

B.13 Jilin Province City Competitiveness (Baicheng City) Report

Wu Yan / 163

Abstract: In 2020, the economic development of Baicheng City stabilized and improved. The Comprehensive economic competitiveness remained stable as a whole. But the Sustainable competitiveness dropped significantly. The weak urban competitors, the weak entrepreneurial and foundation affected the improvement of urban competitiveness. Clear development strategy and increasing livability of cities provided good conditions for the further development of Baicheng City.

Keywords: Comprehensive Economic Competitiveness; Sustainable Competitiveness; City Development

Ⅳ Competitiveness of County-level City Reports

B.14 Jilin Province City Competitiveness (Ji'an City) Report *Yu Fan* / 175

Abstract: Under the unfavorable situation such as the new crown epidemic and economic slowdown, as well as the complex and changing external environment, Ji'an City concentrated its efforts to overcome difficulties, successfully completed the main tasks of the "13th Five-Year Plan" period, and achieved stable and healthy social and economic development. In 2020, the comprehensive economic competitiveness ranked 10th among the 20 county-level cities in Jilin Province. With the comprehensive efficiency competitiveness ranks the 6th, and the comprehensive incremental competitiveness ranks the 12th. At the same time, the sustainable competitiveness ranks the 3rd in the current index system. Inside it, the competitiveness of cultural is so excellent that it is at the top of the list again; the competitiveness of knowledge and harmony cities show obvious advantages; the competitiveness of ecological cities falls behind; the competitiveness of integration cities still need to be improved. In the future, Ji'an should make full use of the advantages of the city, improve the quality of development, enhance industrial advantages, coordinate the common progress of urban and rural areas, continuously improve the ecological environment, improve people's wellbeing, and promote harmonious development.

Keywords: Comprehensive Economic Competitiveness; Sustainable Competitiveness; Industrial Transformation

B. 15 Jilin Province City Competitiveness (Yanji City) Report

Sun Baochun / 190

Abstract: Yanji City strives for progress in economic and social stability, has strong comprehensive economic competitiveness, and ranks in the forefront of sustainable competitiveness. Among them, the competitiveness of regional cities, information cities and knowledge cities is strong. To further improve the level of urban competitiveness, we need to solve problems such as the slightly insufficient momentum of high-quality economic development, the relatively low competitiveness of harmonious cities, the low economic effect of brand building, and the competitiveness of ecological cities is relatively weak. In the future development, Yanji city will implement the strategy of ecological economic transformation, development and opening up, strengthen scientific and technological research and innovation, and stimulate new economic momentum through the integration of three industries and the high-quality integration of urban and rural development, so that the private economy will become an important driving force for economic upgrading. In order to further enhance the competitiveness of the city, Yanji needs to build modern industrial clusters, cultivate regional public brands, guide consumption, promote economic growth, optimize the business environment, and escort the development of private economy.

Keywords: Comprehensive Economic Competitiveness; Sustainable Competitiveness; Open Development

B. 16 Jilin Province City Competitiveness (MeiHekou City) Report

Ding Dong / 206

Abstract: Based on the comprehensive situation of Meihekou's national economic and social development, this paper expounds its current pattern and advantages, and on this basis, analyzes and compares the advantages and disadvantages of Meihekou in the national economic and social development according to the calculation results of the overall indicators and sub indicators of sustainable competitiveness. Through analysis of the current situation and existing problems, this report finds that Meihekou has a strong development momentum in recent years, the economic growth rate has been greatly accelerated, and the investment in science and technology, education and social security has gradually increased. It ranks among the top three county-level cities in the province in terms of ecological city construction, innovation driven development, opening up, urban-rural integration development, and harmonious city construction. At the same time, competitive weaknesses such as small economic aggregate, lack of high-level talents to promote economic and social development, and lack of driving force of powerful leading enterprises still exist. Based on the current situation and existing shortcomings, this report analyzes the current phenomena and laws of Meihekou City in the national economic and social development from multiple perspectives, and explores the future trend. In addition, put forward countermeasures and suggestions for Meihekou City to promote sustainable and comprehensive development, adhere to the guidance of opening up and cooperation, and build a high-quality development demonstration city with the support of the "4+3+N" modern industrial system. We will focus on innovation driven development and focus on talent development to build an all-round modern city for social undertakings. Further enhance the core competitiveness of modern industries and the comprehensive economic competitiveness. Stimulate the innovation vitality of leading enterprises in agricultural industrialization, and lay a foundation for retaining talents.

Keywords: Sustainable Competitiveness; Comprehensive Economic competitiveness; Industrial Revitalization

V Comparison and Reference Reports

Abstract: The law of *People's Republic of China on the National Economic and Social Development of 14th Five-year Plan and 2035 Vision Outline Planning Deployment*, give full play to the innovative city to achieve high levels technology of free-standing self-improvement and the construction of the strategic pivot role of science and technology power, full swing high level national innovative city construction. So far seventy-eight cities (districts) in China have been rated as national innovative cities, and five cities in Northeast China have been rated as national innovative cities, including Shenyang, Dalian, Changchun, Jilin and Harbin. In this report, according to *National Innovative City Innovation Ability Evaluation Report 2021*, the national innovative cities in Northeast China are classified and evaluated, and respectively to innovation governance, original innovation, technology innovation, achievement transformation and innovation driving force of five aspects of in-depth analysis and evaluation. The innovation ability of the five innovative cities in northeast China is different. Dalian's innovation governance ability, technological innovation ability and innovation driving force rank first in northeast China. The transformation of Shenyang's achievements is outstanding in northeast China. Changchun's original innovation capacity far exceeds other cities in northeast China. Further application of data envelopment method (DEA) analysis of a national innovative city in the northeast of input and output efficiency of science and technology innovation and the national innovative city in northeast Chin has yet to reach full effective, and there are large difference between science and technology innovation achievements conversion rate. Finally, according to the problems existing in the ability of science and technology innovation of national innovative cities in northeast China, the relevant countermeasures and suggestions are put forward, such as for establishing cross-regional cooperation platforms, promoting collaborative innovation development, enhancing the development of high-tech industrialization, and increasing basic research investment.

Keywords: National Innovation City; Technological Innovation; DEA; Comprehensive Efficiency; Allocation of Resources

Abstract: Digitalization evolution has become the main theme of global economic and social development, and urban digitalization has become a new track for major cities to compete for the commanding elevation. Based on the assessments of urban digital construction, such as *Digitalization Evolution Index* (*2022*), this report systematically evaluates digital infrastructure, digital society, digital government, digital economy and digital ecology of Hangzhou in Zhejiang Province; and puts forward policy suggestions to enhance the digital competitiveness of Hangzhou.

Keywords: Urban Competitiveness; Digital Competitiveness; Digital Transformation

Abstract: Foreign restrictions on bottleneck technologies have spawned innovative consortium in China. The report believes that the innovation consortium should have four innovation stages: theoretical self-consistency, secondary development, technical support and self-research route. And its internal structure can be divided into three innovation levels: theory, technology and product. Based on this, the report proposes that innovation consortium should be established relying on heterogeneous supply-side innovation cluster, be consolidated through trust and cooperation, sharing and equity structure, be developed by means of competition, task and incentive mechanism, so as to create a new type of innovation organization of carbon fiber industry in Jilin province.

Keywords: Innovation Consortium; Carbon Fiber; Core Enterprise

Abstract: The continuous development and application of information technology has brought significant impact on human society. In the 5G era, the development of education informatization has an important guiding role for urban construction, especially for information city construction. Education public service is a part of urban basic service. The development of education informatization is an important part of education public service in the information age. The establishment of digital education resource public service system is an important support for the development of education informatization. According to the elements of the core competitiveness of information cities, this report finds out the relationship between the development of education informatization and the promotion of the core competitiveness of cities, and bring foward the strategies for the development of education informatization in Jilin Province to improve the population quality, build a smart learning environment, and improve policy guidance.

Keywords: Urban Competitiveness; Smart City; Education Informatization; Education Resources; Public Service System

Abstract: The core of urban development in Jilin Province tends to be more efficient, open, innovative and integrated, and ection on the traditional urban development mode under the new wave of informatization, which is a comprehensive reflection of the in-depth development of informatization, urbanization and industrialization to explothe requirements for governance capability are constantly improved. The smart city uses complex science and information technology to carry on the modern urban governance core, so as to achieve the comprehensive efficiency improvement of modern urban governance level. More and more cities give full consideration to the integration of smart cities in the planning, construction and governance mode. Smart cities have become a reflre the new concept, new mode and new path of urban development. Smart city is a new type of urban renewal combining software and hardware. Jilin Province explores the integration of digital technology and urban resources, takes the development and utilization of information flow and information resources as the core, improves the utilization efficiency of urban resources, enhances the exchange of urban soft power, and makes digitalization and information flow penetrate into all aspects of urban governance and integrate them into people's actual life and work.

Keywords: Wisdom City; Urban Governance; Modernization of Governance

Abstract: In August 2022, Jilin Province issued the implementation *Plan on Promoting the Construction of Children Friendly Cities*, which will rely on the construction of " Five Friendly Cities " to promote the pilot construction of children friendly cities in Jilin Province by stages and fields by 2025. For the pilot construction of child friendly cities, the planning strategy should be based on the characteristics of the city to formulate pilot plans, widely mobilize the participation of multiple subjects, gradually innovate and improve policies and measures, and focus on the survival of children in distress. On the implementation Path, it is necessary to take environmental improvement as the key point of planning practice, continue to enhance the strength of services and support, attach importance to the importance of children's participation, gradually improve relevant supporting policies and systems, and scientifically evaluate the specific implementation.

Keywords: Children Friendly City; Children Participation; Children's Career

皮书

智库成果出版与传播平台

皮书定义

皮书是对中国与世界发展状况和热点问题进行年度监测，以专业的角度、专家的视野和实证研究方法，针对某一领域或区域现状与发展态势展开分析和预测，具备前沿性、原创性、实证性、连续性、时效性等特点的公开出版物，由一系列权威研究报告组成。

皮书作者

皮书系列报告作者以国内外一流研究机构、知名高校等重点智库的研究人员为主，多为相关领域一流专家学者，他们的观点代表了当下学界对中国与世界的现实和未来最高水平的解读与分析。截至 2022 年底，皮书研创机构逾千家，报告作者累计超过 10 万人。

皮书荣誉

皮书作为中国社会科学院基础理论研究与应用对策研究融合发展的代表性成果，不仅是哲学社会科学工作者服务中国特色社会主义现代化建设的重要成果，更是助力中国特色新型智库建设、构建中国特色哲学社会科学“三大体系”的重要平台。皮书系列先后被列入“十二五”“十三五”“十四五”时期国家重点出版物出版专项规划项目；2013~2023 年，重点皮书列入中国社会科学院国家哲学社会科学创新工程项目。

皮书网

（网址：www.pishu.cn）

发布皮书研创资讯，传播皮书精彩内容
引领皮书出版潮流，打造皮书服务平台

栏目设置

◆ **关于皮书**

何谓皮书、皮书分类、皮书大事记、
皮书荣誉、皮书出版第一人、皮书编辑部

◆ **最新资讯**

通知公告、新闻动态、媒体聚焦、
网站专题、视频直播、下载专区

◆ **皮书研创**

皮书规范、皮书选题、皮书出版、
皮书研究、研创团队

◆ **皮书评奖评价**

指标体系、皮书评价、皮书评奖

◆ **皮书研究院理事会**

理事会章程、理事单位、个人理事、高级
研究员、理事会秘书处、入会指南

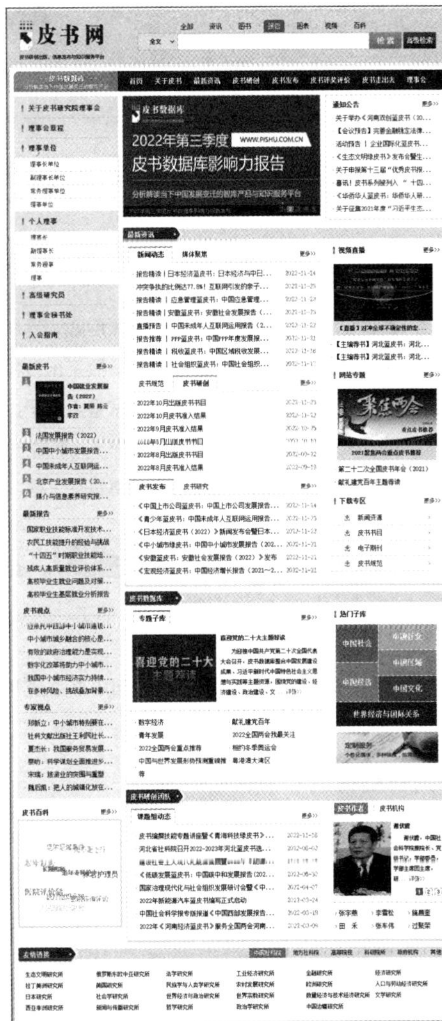

所获荣誉

◆ 2008 年、2011 年、2014 年，皮书网均在全国新闻出版业网站荣誉评选中获得“最具商业价值网站”称号；

◆ 2012 年，获得“出版业网站百强”称号。

网库合一

2014年，皮书网与皮书数据库端口合一，实现资源共享，搭建智库成果融合创新平台。

皮书网　　“皮书说”微信公众号　　皮书微博

S 基本子库
UB DATABASE

中国社会发展数据库（下设 12 个专题子库）

紧扣人口、政治、外交、法律、教育、医疗卫生、资源环境等 12 个社会发展领域的前沿和热点，全面整合专业著作、智库报告、学术资讯、调研数据等类型资源，帮助用户追踪中国社会发展动态、研究社会发展战略与政策、了解社会热点问题、分析社会发展趋势。

中国经济发展数据库（下设 12 专题子库）

内容涵盖宏观经济、产业经济、工业经济、农业经济、财政金融、房地产经济、城市经济、商业贸易等12个重点经济领域，为把握经济运行态势、洞察经济发展规律、研判经济发展趋势、进行经济调控决策提供参考和依据。

中国行业发展数据库（下设 17 个专题子库）

以中国国民经济行业分类为依据，覆盖金融业、旅游业、交通运输业、能源矿产业、制造业等 100 多个行业，跟踪分析国民经济相关行业市场运行状况和政策导向，汇集行业发展前沿资讯，为投资、从业及各种经济决策提供理论支撑和实践指导。

中国区域发展数据库（下设 4 个专题子库）

对中国特定区域内的经济、社会、文化等领域现状与发展情况进行深度分析和预测，涉及省级行政区、城市群、城市、农村等不同维度，研究层级至县及县以下行政区，为学者研究地方经济社会宏观态势、经验模式、发展案例提供支撑，为地方政府决策提供参考。

中国文化传媒数据库（下设 18 个专题子库）

内容覆盖文化产业、新闻传播、电影娱乐、文学艺术、群众文化、图书情报等 18 个重点研究领域，聚焦文化传媒领域发展前沿、热点话题、行业实践，服务用户的教学科研、文化投资、企业规划等需要。

世界经济与国际关系数据库（下设 6 个专题子库）

整合世界经济、国际政治、世界文化与科技、全球性问题、国际组织与国际法、区域研究 6 大领域研究成果，对世界经济形势、国际形势进行连续性深度分析，对年度热点问题进行专题解读，为研判全球发展趋势提供事实和数据支持。

法律声明